湖北省公益学术著作
Hubei Special Funds 出版专项资金
for Academic and Public-interest
Publications

新能源发电项目开发建设法律事务标准化管理论丛

海上风力发电项目开发建设法律手续管理原理与实务

陈世香　刘继瀛　潘晔华 等　著

WUHAN UNIVERSITY PRESS
武汉大学出版社

图书在版编目(CIP)数据

海上风力发电项目开发建设法律手续管理原理与实务/陈世香等著.
—武汉:武汉大学出版社,2022.1(2022.4 重印)
新能源发电项目开发建设法律事务标准化管理论丛
2021 年度湖北省公益学术著作出版专项资金资助项目
ISBN 978-7-307-22766-8

Ⅰ.海…　Ⅱ.陈…　Ⅲ.海风—风力发电—基本建设—经济管理—经济法—研究—中国　Ⅳ.D922.297.4

中国版本图书馆 CIP 数据核字(2021)第 251535 号

责任编辑:喻　叶　　　责任校对:李孟潇　　　版式设计:马　佳

出版发行:**武汉大学出版社**　(430072　武昌　珞珈山)
(电子邮箱:cbs22@ whu.edu.cn 网址:www.wdp.com.cn)
印刷:武汉邮科印务有限公司
开本:787×1092　1/16　印张:17.25　字数:406 千字　插页:1
版次:2022 年 1 月第 1 版　　2022 年 4 月第 2 次印刷
ISBN 978-7-307-22766-8　　定价:88.00 元

《新能源发电项目开发建设法律事务标准化管理论丛》
编 委 会

总　序

新能源的开发和利用是全球能源发展的总体趋势。随着社会经济的发展，人类社会对能源的需求只增不减，但是化石能源储量有限且不可再生。随着人类的大规模开采，化石能源短缺的矛盾日益突出，且化石能源的消耗导致生态环境受到严重破坏，造成全球气候变暖、环境公害事件频发。因此，新能源的开发与利用对调整能源系统结构、缓解世界性的能源危机、遏制全球气候变暖具有重要意义。

然而，新能源项目投资与开发建设是一项系统性工作，从项目策划、可行性研究、投资决策，到筹集资金、采购材料设备、组织各方力量建设实施、调试启动、投运生产，直至最终实现投资目标，无不体现出其专业性、复杂性与综合性，涉及经济、政策、财务、法律、管理、工程、技术等多方面知识和内容。为了引导和规范新能源项目的开发与建设，各国政府纷纷出台了各种法律法规和政策文件。作为一个新兴能源开发与经济发展行业领域，新能源项目投资与开发建设涉及海域管理、新型能源开发与管理、经济项目投资、社会安全生产与环境保护等多个政府职能领域。因此，在新能源项目的投资、开发与建设过程中，法律事务管理是一项风险管理和内部控制的重要工作，而其中的法律手续管理具有极其重要的意义，不仅会影响项目投资的经济收益、社会效益，更会直接造成项目开发建设的合法性风险，应该予以高度重视。

基于以上考虑，我们组织编写了这套《新能源发电项目开发建设法律事务标准化管理论丛》。本论丛由中国三峡新能源（集团）股份有限公司与武汉大学政治与公共管理学院、武汉大学地方政府公共服务创新研究中心、武汉大学出版社有限责任公司共同策划和组织出版。武汉大学、中国地质大学（武汉）、信阳农林学院等高等院校的中青年专家学者协同中国三峡新能源（集团）股份有限公司相关部门的实践专家共同参与了论丛的著述工作。在此，谨向他（她）们表示敬意和衷心感谢。

《新能源发电项目开发建设法律事务标准化管理论丛》编辑委员会

2021 年 5 月

1

目　　录

第一篇　管理原理篇

第二篇　法律实务篇

第一篇　管理原理篇

第一章　海上风电项目开发建设概论

第一节　海上风力发电概述

可再生能源的开发和利用是未来全球能源发展的总体趋势，随着社会经济的发展，人类社会对能源的需求只增不减，但是化石能源储量有限且不可再生。随着人类的大规模开采，化石能源短缺的问题日益突出，且化石能源的消耗导致生态环境受到严重破坏，造成全球气候变暖、环境公害事件频发，因而可再生能源的使用对调整能源系统结构、缓解世界性的能源危机、遏制全球气候变暖具有重要意义。在众多可再生能源当中，风能具有分布广泛、储量丰富、开发成本相对较低、对环境影响较小等特点，具备大规模开发利用的条件，是可再生能源中具有较高利用价值的一种。

一、海上风力发电的基本原理和特征

风力发电是指将风的动能转化为电能，具体而言是将风的动能转变为机械动能，再将机械动能转变为电力动能，整个过程需要通过风力发电机实现。利用风力发电机带动风车叶片旋转，然后通过增速机将旋转速度提升，从而让发电机发电。当前风能的开发应用技术已经相对成熟，形成了较为完整的开发—利用产业链，具备较好的商业化发展前景，因而风力发电的开发利用已成为全球各国可再生能源开发的重点关注领域。

风力发电厂起初只分布于陆上，但是随着风电的开发规模迅速扩大，受到土地资源利用、噪声污染等因素的影响，陆上风电的开发利用面临瓶颈。相比之下，海上风力发电具有风力稳定、风速较高、不受土地利用限制、噪声污染较小等特点，因而逐渐受到重视，成为风电开发的新动力。

相较于陆上风电，海上风电具有以下优势。

（1）资源丰富。风力资源主要包含两个方面：第一是风力资源的储量；第二是是否适合被开发。风力资源的储量主要是由风速决定的，风速受到垂直高度、地形地貌、地理位置等因素的影响。与陆地相比，海面的粗糙度较小，由于地表摩擦阻力的作用，海上的风速明显大于沿海，沿海的风速又明显大于陆地。例如，台风登陆后100km，其风速相较于海上衰减了约50%。研究表明，离岸10km的海上风速比岸上高25%以上。一般而言，海上风速会比陆上风速高出20%~100%。[①] 此外，陆地地形地貌较为多样，对风速产生

---

① The British Wind Energy Association（BWEA）. Prospects for offshore wind energy, a report written for the EU（Altener contract XVII/4. 103/Z/98-395）[A]. Ente per le Nuove Tecnologie, l'Energiae l'Ambiente ENEA（Rome）. OWEMES 2000 Proceedings [C]. Rome：ENEA, 2000：327-259.

了较大的影响，例如山口风速要大于平坦地面，这就导致陆上风电场的建设必然会考虑到地形的影响。相比之下，海上风电的开发受到地形的影响较小。因而，无论是风速还是适合进行风电开发的区域，海上风电的资源都要比陆地更为丰富。

（2）对土地资源需求较少。因为陆地发电受到地形地貌的影响，所以适合进行陆地风电场建设的区域较为有限，更重要的是，风力发电场的建设需要占用足够大的土地面积，但是陆上可利用的土地资源较为有限，进行陆上风电场的建设往往会受到土地资源的制约。海上风电场可以减少对陆上土地资源的占用，并且海上具有大片连续空间可以进行大型风电工程的建设，相较陆地具有较为明显的优势。

（3）环境污染较小。风力发电所产生的电磁波、噪声等会对其周围居民的正常生活和身体健康产生负面影响，因而部分陆上风机为减少对环境的影响会降低风机叶片的旋转速度。但是，海上风电受到环境因素的制约较小，不必担心会对居民产生不良影响，因而风机可以高速运转，提升了发电的效率。

虽然海上风电相较于陆上风电存在着较为明显的优势，但是海上风电的开发也受到一些因素的制约，其中，最为主要的是成本较高。首先，相较于陆地，海上气候环境恶劣，天气、海浪、潮汐等因素复杂多变，间或对风机的结构产生灾难性的破坏，还需考虑到海水长期腐蚀的因素，这就对风机的支撑结构和材质以及叶片质量提出了较高的要求。其次，海上风机的安装难度高于陆上风机的难度。在工程开始之前需要树立测风塔，并且要对海底地形和海水运动等基本情况进行详细勘察。在安装时还需要使用特种船只，整个过程较为复杂，对技术的要求也更高。最后，海上风机的维护和检修成本比陆上风机高，难度也更大，这也是由海上风机的特点所决定的。

二、国外海上风力发电的发展

目前，欧洲是海上风电开发的核心地带，其不仅是最早进行风电开发的区域，而且无论是技术、规模、产业成熟度还是政策完善度，都是世界最高水平。

欧洲海上风电的开发受益于其得天独厚的自然环境。第一，地理因素。欧洲大陆海岸线长 37900km，是世界上海岸线最曲折的一个洲。半岛、岛屿和港湾较多，其中半岛面积约 2400000km^2，约占欧洲面积的 24%，岛屿面积约 750000km^2，约占总面积的 7%。也就是说，在欧洲，仅半岛和岛屿的面积就占据其总面积的约 1/3。此外，还有众多深入大陆的内海和海湾。第二，气候因素。欧洲是世界上温带海洋性气候分布最为广泛的大洲。除了北部沿海、北冰洋中的岛屿以及南欧沿海地带之外，欧洲绝大部分地区都处于温带，气候具有海洋性特征，温和湿润。优越地理和气候特征为欧洲的海上风电开发提供了良好的基础。

根据欧洲风能协会（European Wind Energy Association，EWEA）统计，截至 2020 年，欧洲海上风电累计装机容量为 25014 兆瓦（MW），包含 12 个国家 116 座海上风电场 5402 台并网机组，其中 99% 的装机容量来自英国、德国、丹麦、比利时和荷兰这 5 个国家。英国以 10428MW 的装机容量占有最大份额，约占总容量的 42%。其次是德国，装机容量为

7689MW，约占总容量的 31%。此外，丹麦、比利时和荷兰分别占 10%、9% 和 7%。①

（一）欧洲海上风电发展总体历程

1991 年，丹麦建成世界上首个海上风电场 Vindeby。在 30 年的时间内，欧洲海上风电的开发经历了从无到有、逐渐成熟的历程，大概可以划分为试验示范、规模化应用和商业化发展三个阶段。

（1）试验示范阶段（1990—2000 年）。早在 20 世纪 60 年代初，进行海上风能开发，建设海上风能发电场的想法就已经出现。在 80 年代，欧洲开始了大范围的海上风能资源评估和相关技术研究。90 年代初，海上风电项目正式步入实践，到 1997 年，终于完成了样机的试制。通过对样机进行试验首次获得了海上风力发电装备的工作经验，随后，荷兰、丹麦和瑞典陆续建成一批海上风电示范工程项目。这些风电场多集中于浅水海域，离岸距离 1.5~3km，水深 2.5~5m。但当时发电机的功率仅为 500~600 千瓦（kW，1MW = 1000kW），不论是风力发电的实际需求还是海上风电项目的投资运营，这种规模的发电机都难以正式投入大规模生产。到 2000 年年底，全球仅有 8 个小型海上风电项目，单机装机容量最多为 10.5MW，累计装机容量仅 36MW。随后，丹麦、荷兰等欧洲国家在此基础上开始了更具开发价值的发展计划。

（2）规模化应用阶段（2001—2010 年）。2001 年，丹麦 Middelgrunden 海上风电场建成运行，共安装 20 台 2MW 的风电机组，总装机容量 40MW，拉开了 MW 级海上风力发电装备发展的新阶段，是全球第一个规模级海上风电场，标志着欧洲海上风电从此进入规模化应用阶段。此后，海上风电机组单机容量均超过 1MW，至 2010 年，欧洲海上风电累计装机容量达 2946MW。

（3）商业化发展阶段（2011 年至今）。进入 21 世纪以来，欧洲海上风电开发进入商业化发展阶段，欧洲新建海上风电场平均规模达 200MW，风电机组平均单机容量 3.6MW。到 2020 年，风电机组离岸平均距离为 44km，水深为 36m。② 随着 5MW 级的风力发电装备的开发利用，海上风电场的建设朝着大规模、深水化和离岸化的方向发展。

（二）英国

截至 2020 年年底，英国以 10428MW 的装机容量占有全欧洲的最大份额，约占总容量的 42%，是目前世界装机总容量排名第一的国家，也是全球海上风电产业的最大市场。英国是世界上海上风能资源最丰富的国家之一，具有商业价值开发的风电项目总量高达 48 吉瓦（GW，1GW = 1000MW），占欧洲海上风能可开发潜能的 1/3 以上，③ 且英国位于温带海洋性气候带，常年湿润多雨的天气并不适合大规模太阳能开发，而狭小的国土也并不适合进行大规模陆上风电场的建设，因而进行海上风电的开发是其最优选择。虽然与丹

① European Wind Energy Association. Offshore wind in Europe-key trends and statistics 2020 ［R/OL］. (2021-02-08) ［2021-03-24］. https：//windeurope. org/data-and-analysis/ product/ offshore- wind- in-europe-key- trends-and-statistics-2020/.

② European Wind Energy Association. Offshore wind in Europe-key trends and statistics 2020 ［R/OL］. (2021-02-08) ［2021-03-24］. https：//windeurope. org/data-and-analysis/ product/ offshore- wind- in-europe-key- trends-and-statistics-2020/.

③ 方韬. 英国海上风电发展模式及借鉴意义 ［J］. 中国能源，2014，36（12）：26-30.

麦、荷兰等国家相比，英国的海上风电开发并不是最早起步，在 2000 年，英国建成首个具有试验性质的海上风电场，在 2004 年才建成第一个规模化的海上风电场，但是，由于政府不遗余力的支持，英国的海上风电开发利用步入了高速发展阶段，取得了巨大成就。

英国在 1990 年开始实施《非化石燃料义务政策》，其中最早提出了发展海上风电的思路，并将其作为提高非化石能源比重的重要一环。《非化石燃料义务政策》是英国可再生能源商业化的起点，有了政策的明确指导，就有了清晰的发展思路。在 2000 年 12 月，英国第一个海上风电项目在 Blyth Harbour 开始筹建，海上风电发展的大幕徐徐拉开。整体来看，英国海上风电的发展是由政府主导的三轮海上风电发展计划直接推动的。第一轮海上风电发展计划于 2000 年 12 月启动，2001 年 4 月宣布中标人，计划共投产 16 个项目，实现装机 1.2GW。开发形式为开发商自由选择风电场场址，并向英国皇家资产管理局租赁该海域，租赁期限为 22 年，计划还同时规定了每个风电场的面积与机组数量的上限。2003 年 12 月，该轮计划首个完工的风电场 North Hoyle 项目竣工；而于 2013 年实现并网的 Teesside 项目则标志着该轮计划的整个项目已经全部完成。第二轮海上风电开发计划于 2002 年 7 月启动，英国贸易和工业部针对第一轮计划中出现的风电场规划审批困难的情况，专门制定了该轮计划的战略框架，选取了 Liverpool Bay、Thames Estuary 和 The Wash 三个海上区域作为指定开发区域。在此轮计划中，风电场规模更大、离岸更远、水深更深，在技术上相较于第一轮有了明显的突破。同时，针对第一轮计划中风电场建设过程存在的环境问题，在此轮加强了对环境影响的考虑。所有项目都必须进行严格的环境影响评估以确保将海上风电场对环境的负面影响保持在合理的范畴。第二轮计划确定了 16 个项目，共计装机 6.4GW。2010 年 4 月，Gunfleet Sands 2 项目竣工，为该计划首个投产项目；2013 年投产的 London Array 项目拥有 175 台风力发电机组，装机容量达 630MW，直到今天依旧是世界上最大的海上风电场。截至 2013 年年底，该计划已经投产 7 个项目，共计 2.45GW。第三轮海上风电开发计划于 2008 年 6 月由英国皇家资产管理局推动启动，共规划了 9 个海域，总装机规模预计达到 25GW，远大于前两轮计划的总和。

除了制定并推动详细的海上风电开发计划之外，英国政府还从政策上予以强力支持。2002 年，英国开始实施《可再生能源义务法》，规定供电商所提供的电力中必须有一部分来自可再生能源，并规定了具体的数额，2003 年为 5%，2010 年为 10.4%，2015 年为 15.4%，逐渐递增。若企业完成了可再生能源发电指标，按照比例可获得一定数量的可再生能源义务证书（ROCs）。2008 年，英国政府修订了《电力法案》，规定每 1MW 合格的可再生能源电力可获得 1 个 ROCs。考虑到海上风电建设成本较高的因素，每 1MW 海上风电发电量可获得 2 个 ROCs。此外，《可再生能源义务法》还规定若电力企业无法完成可再生能源发电指标，则需要在市场上购买 ROCs，或者向监管机构缴纳其营业额 10% 的罚金；若超额完成，则可将多余的 ROCs 在市场上进行交易。《可再生能源义务法》对企业进行可再生能源开发的义务作出了明确的规定，对占有英国可再生能源发电重要地位的海上风电开发起到了直接而强有力的推动作用。2012 年，英国颁布《能源法案草案》，规定从 2014 年起开始实施差价合约政策。所谓差价合约政策，即成立国有的差价合约交易公司，由可再生能源发电企业与差价合约交易公司自愿签订购电协议。根据市场规律，电价是由供求关系决定而处于持续的波动状态，但是签订差价合约之后，无论上网电价如何变化，发电企业售电均采用合约规定的执行价格，产生的差额由国家补贴，此项补贴通过差价合约交易公司支付。

为有效推动海上风电开发计划，英国形成了高效的产业管理机制。其中，英国皇家资产管理局是海上风电的主要推动机构，负责制定海上风电的开发计划并进行招标；能源和气候变化部负责制定涉及海上风电产业发展的各类规划，对海上风电产业的发展目标、手段和支持政策等进行详尽的描述；商业、创新和技能部负责海上风电项目的审批；环境、食品和农村事务部负责环境评估；天然气和电力市场办公室则专门负责可再生能源配额制度的实施，同时管理和协调电网建设。

预计到 2026 年，英国海上风电装机发电量将增至 27.5GW，超过陆上风电装机发电量。到 2030 年，英国的海上风电装机发电量较 2020 年将提升 4 倍，达到 40GW。到 2050 年，英国可再生能源发电量将占发电总量的 60%。[①]

(三) 丹麦

丹麦海上风能资源十分丰富。丹麦海岸线长达 7314km，近海海域的水深、海床条件好，且与其相连的北海风力资源丰富。这些都为海上风力发电场的建设和开发提供了优良的自然条件。丹麦是全球最早进行海上风电开发的国家，也是当前世界上风电发展最好的国家之一，1991 年建成世界首个海上风电场 Vindeby。在 2019 年，丹麦风力发电占电力消费比例达到 47%，位居全球首位。[②]

丹麦海上风电发展的成功与政府的大力支持密切相关。经历 1973 年的石油危机之后，历届丹麦政府都对可再生能源的开发保有坚定的立场，而风力发电在新能源发展规划中占据着重要地位。丹麦能源署在海上风电开发中处于主要领导地位。根据该国可再生能源发展目标，丹麦能源署讨论并制定海上风电开发的整体规划，内容包括海域使用范围、具体项目用地、开发时间节点等。规划确定之后由丹麦气候能源部部长报送议会，经过议会讨论决定，使规划具有法律效力，然后相关部门按规定执行。由于海上风电开发具有综合性和复杂性，涉及主管部门和利益相关方关系的协调，需要进行统一规划、统筹管理，因而1995 年，在丹麦议会的指导下，丹麦能源署协调相关部门，成立"海上风电规划委员会"。委员会的工作主要包括：规划并协调海上风电电网建设和扩展，协调包括渔业、航运、军事等部门在内的海域使用相关部门和岸线地方政府，确定可用海域；测绘海域信息，明确标识航线、环保区、电缆布局等信息；监测项目的海洋影响并不断调整规划。

丹麦海上风电项目有两种开发方式：一是政府招标，二是开放式项目。其中，政府招标的一般程序是由丹麦能源署首先对海上风电项目进行环境影响评价，同时开展海域交通、电网接入等前置性调查和方案设计。在前期工作完成后，对符合建设条件的海上风电项目，丹麦能源署主持招标程序，向社会公布信息进行公开招标。价格最优

---

① Renewable UK. Powering the Future: Renewable UK's Vision of the Transition [R/OL]. (2020-06-08) [2021-03-24]. http://vision. renewableuk. com/.

② Jacob Gronholt-Pedersen. Denmark sources record 47% of power from wind in 2019 [EB/OL]. (2020-02-02) [2021-03-24]. https://www. sej. org/headlines/denmark-sources-record-47-power-wind-2019.

惠的投标人中标,同时也要承担相关的前期工作费用。开放式项目中,开发商就海上风电场项目向丹麦能源署申请开展前期调查的许可,申请成功后,在规定的区域内进行海上风电场的建设。

为扶持风电产业,丹麦政府规定风力发电在电力部门总发电量中必须占有一定的比重,在电价方面也有一定的补贴。具体而言,在政府招标项目中,项目投产后5万小时满负荷发电期内拥有固定上网电价补贴,超出的部分将按市场电价出售;在开放式项目中,项目开发商可以得到和陆上新风电场项目一样的电价补助,在2.2万小时满负荷发电期内可以获得补贴。

2020年6月,丹麦议会通过新的气候行动计划,计划到2030年增加7GW的海上风电装机容量,包括开发两座分别位于北海和波罗的海的能源岛,其中,最早投运的将是建在北海的Thor风电场,装机容量800~1000MW,预计完工时间为2024—2027年。此外,丹麦也已经为18GW的海上风电项目划定了适合开发的海域。①

(四)德国

由于陆上风能资源开发程度较高,可继续进行开发的潜力较小,因而德国近些年来将风电开发的重点由陆地分散开发转向海上大规模开发。德国是近些年来世界上风电发展最快的国家之一,其海上风电装机容量在全球排行第二,仅次于英国。

1990年颁布的《电力上网法》是德国第一部在开始风能开发利用后促进可再生能源利用的法律。2000年,德国政府通过了《可再生能源法》以取代之前的《电力上网法》,此法成为该国推动可再生能源电力发展的首要法律。2002年,在原有法律基础上制定了《德国政府关于海上风能利用战略》,海上风电的开发从此上升到一个新的高度,拉开了德国海上风电产业开发的大幕。2004年,修订后的《可再生能源法》开始实施,提高了风电并网价格,同时还对陆上风电和海上风电的并网价格进行了明确划分,规定海上风电电价为13欧分/(kW·h)。此后,在2009年、2012年和2014年,德国政府又先后对《可再生能源法》进行了三次修订,不断调整海上风电的开发政策,对海上风电的并网价格也一再调整。根据2014年的《可再生能源法》,2018年开始新建的海上风电场可以选择投产后前12年内上网电价为14.9欧分/(kW·h)的普通模式或者是前8年内18.4欧分/(kW·h)的加速模式,两种电价之后统一调整为3.9欧分/(kW·h)。从2020年开始,普通模式的补贴电价每年下调0.5欧分/(kW·h)。② 此外,补贴价格还会随着海上风电场的离岸距离与水深情况进行一定的调整。

截至2019年年底,德国海上风电装机容量达7.34GW,提前一年完成2020年6.5GW的目标。在此情势下,为实现德国2030年全国65%的电力来自可再生能源的目标,德国政府规划,到2030年将预期的装机容量的目标从15GW提升至20GW。2020年6月,德国联邦议会通过了《海上风电法案》(WindSeeG)的修正案。此外,德国经济与能源部起

---

① CREIA, GWEC, CWEA, SEWPG. 海上风电回顾与展望2020 [R]. 第五届全球海上风电大会, 2020,8 (28):7.

② H. Degenhart. Konsequenzen für die Finanzwirtschaft [Z]. Erneuerbare-Energine-Gesetz 2014 (EEG 2014), https://www.gesetze-im-internet.deleeg_2014/index.html.

草了法案，设定 2030 年海上风电装机容量达到 20 GW，2040 年达到 40GW 的目标。[1]

（五）欧洲发展海上风电的成功经验

1. 明确的长期规划

以英国为代表的一些欧洲国家在进行可再生能源开发利用的探索时，已经意识到海上风能对于国家可再生能源行业的重要意义，并将其作为调整能源结构、缓解能源压力、改善生态环境的重要手段。例如，英国在 1990 年开始实施《非化石燃料义务政策》中已经提出了发展海上风电的思路，而丹麦则是世界上最早进行海上风电实践的国家。在将海上风电作为国家能源战略的重要发展方向后，一些国家从长远发展的角度对海上风电的开发利用进行战略规划，并且在政策支持、科技支持、跨国交流合作等方面进行了宏大而又细致的布局，为整个产业的健康发展、高速发展提供了保障。

2. 政策保障

为促进海上风力发电的发展，政府制定并不断完善相关法律法规，往往是政策先行，明确开发思路和重点，然后逐步付诸实施。在欧洲，推动海上风电发展的政策多样且完备，从不同方面影响海上风电场的投资、建设和收益，包括能源政策、财政补贴政策、税收激励政策、并网政策等。以财政补贴政策为例，英国规定以投资成本的 40% 为上限提供资本补贴，而《可再生能源义务法》确保了 25 年的经营期限，为海上风电提供长期市场；丹麦则在政策中豁免能源税、二氧化碳税，并且对海上风电实施环境奖励。在众多类型的政策中最主要的是"强制入网和收购政策"，一般而言，该政策共存在三种形式，即固定电价、浮动电价和组合电价，对于电价的设置会直接影响海上风电场的经济效益。

3. 重视研究和开发

海上风电作为战略性新兴产业，其建设与可持续发展离不开科技创新的强力支持，对国家的技术水平提出了极高的要求，因而海上风电的技术研究与开发工作一直是政府关注的重点。在欧盟，各国科研机构之间保持密切的交流与合作，部分国际组织或平台在各国科研机构之间的研究工作中起到了重要的协调作用。例如，2016 年在欧盟委员会的协调下成立了欧洲风能技术与创新平台（ETIP-Wind），汇集了风能行业的利益相关方，包括产业界、政府部门和研发机构，主要工作是制定欧洲风能技术研发重点并进行沟通和协调，实现欧洲气候和能源目标。

三、中国海上风力发电现状

我国的风能资源十分丰富，开发前景广阔。首先，我国海岸线长约 18000km，拥有 6000 多个岛屿，近海风能资源十分丰富。其中，东南沿海及其附近岛屿是我国近海风能资源最集中的区域；其次，我国沿海地带处于典型的季风气候区，北部为温带季风气候，东部为亚热带季风气候，南部为热带季风气候。受益于夏秋季节热带气旋活动和冬春季节北方冷空气的影响，夏季沿海盛行东南风，冬季盛行偏北风，风能资源丰富。根据风能资

① CREIA, GWEC, CWEA, SEWPG. 海上风电回顾与展望 2020 ［R］. 第五届全球海上风电大会，2020，8（28）：6.

源普查成果，我国 5～25m 水深、50m 高度海上风电开发潜力约 2000GW；5～50m 水深、70m 高度海上风电开发潜力约 5000GW。① 2019 年，中国海上风电新增装机容量占全球的 40%，达到创纪录的 2.4GW，同比增长了近 51%，位居世界第一；中国海上风电累计装机容量占全球的 23%，达 6.7GW，排在英国和德国之后，位居世界第三。②

2009 年，我国政府在哥本哈根气候大会上作出 2020 年单位 GDP 的碳排放量比 2005 年下降 40%～45% 的承诺。③ 到 2017 年年底，我国碳排放强度比 2005 年下降 46%，提前三年完成了目标。④ 而在 2015 年巴黎气候大会期间，我国提出了 2030 年应对气候变化的行动目标，包含在 2030 年我国碳排放强度比 2005 年下降 60%～65%，非化石能源占一次能源消费比重提高到 20%。为达成此目标，我国加强了对可再生能源的开发利用，作为发展潜力巨大的风能，风力发电在可再生能源中的比重不断增加。目前我国的风能开发主要以陆上风能为主，然而陆上风能受到风电场占地面积大、可开发地区少以及环境保护等因素的制约，且我国当前陆上风能资源集中在东北、华北和西北地区，但这些地区电网系统相对薄弱，无法满足风电规模化发展的需求。我国东部沿海地区不仅有着丰富的海上风能资源，也建设有较强的电网系统，非常适合进行规模化海上风能资源的开发利用，因而当前我国风力发电正在逐渐由陆上风能向海上风电发展。

2007 年 11 月 8 日，中国海洋石油总公司投资并自主设计、建造安装的海上风力发电试验样机投产，经过 20 天试运行后并网发电，为此后海上风电的发展提供了技术储备。2010 年东海大桥海上风电场建成，这是中国首个真正意义上的海上风电场。近十年来，我国的海上风电经历了一个快速发展的阶段，这主要得益于政府对海上风电发展强有力的政策支持。从 2006 年起，为加快能源结构调整，国家先后出台《可再生能源法》《国家能源发展"十二五"规划》指导可再生能源的发展。在此基础上，2012 年，国家能源局发布《风电发展"十二五"规划》，对风电发展的指导思想、基本原则、发展目标、开发布局和建设重点进行阐述，规划明确指出要促进海上风电规模化发展，重点开发建设上海、江苏、河北、山东海上风电，加快推进浙江、福建、广东、广西和海南、辽宁等沿海地区海上风电的规划和项目建设，是"十二五"时期我国风电发展的基本依据。

2016 年，《风电发展"十三五"规划》出台，明确了"十三五"期间风电发展目标和建设布局。规划强调要重点推动江苏、浙江、福建、广东等省的海上风电建设，到 2020 年四省海上风电开工建设规模均达到百万千瓦以上。同时，要积极推动天津、河北、上海、海南等省（市）的海上风电建设；探索性推进辽宁、山东、广西等省

---

① 胡毅 . 丹麦、德国、英国、中国海上风电发展趋势分析［EB/OL］. (2018-09-04)［2021-03-25］. http：//news. bjx. com. cn/html/20180904/925493. shtml.

② CREIA, GWEC, CWEA, SEWPG. 海上风电回顾与展望 2020［R］. 第五届全球海上风电大会，2020, 8 (28)：16.

③ 新华网 . 强化应对气候变化行动——中国国家自主贡献［EB/OL］. (2015-06-30)［2021-03-24］. http：// www. xinhuanet. com// politics/2015-06/30/c_1115774759. htm

④ 中国应对气候变化的政策与行动 2018 年度报告［R］. 生态环境部，2018, 11 (26)：1.

（自治区）的海上风电项目。到 2020 年，全国海上风电开工建设规模达到 10GW，力争累计并网容量达到 5GW 以上。① 预计至 2030 年，累计装机将达到 58.8GW，届时将跃居全球首位。②

第二节　海上风电项目开发建设工作内容

一、海上风电项目开发建设工作的政策依据与阶段划分

根据《风电开发建设管理暂行办法》和《海上风电开发建设管理办法》的有关规定，海上风电开发建设涉及海上风电的发展规划、前期工作、项目核准、工程建设、竣工验收、运行监督等各个环节。按照工程项目建设整体流程，海上风电项目开发建设包含三个阶段，即前期阶段、实施阶段和竣工验收及运营阶段。其中，前期阶段工作包括风电场选址、风能资源评价、风电项目工程规划、预可行性研究、风电项目工程可行性研究、项目核准等重要工作内容；项目实施阶段是将风电场投入建设实施的过程，主要工作包括项目公司成立、招标及合同签订、工程组织实施与管理、设备安装及运行等重要工作内容；竣工验收及运营阶段就是海上风电项目建设完成后，对于设备及其管理和交接等工作，包括竣工验收、运营维护、项目评价等重要工作内容。海上风电项目的整体开发和建设流程包括三个循序渐进的主要阶段，其中前期工作是后续两个阶段的工作基础。三个阶段的重点内容如图 1-1 所示。

二、海上风电项目开发建设工作的阶段内容

（一）海上风电前期工作阶段

根据国家发改委办公厅 2005 年发布的《风电场工程前期工作管理暂行办法》第一、二章关于前期工作内容相关界定，风电场工程前期工作管理包括对风能资源评价、风电场工程规划、预可行性研究和可行性研究阶段工作的行政组织管理和技术质量管理。

1. 风电场选址

风电场选址，要结合诸多因素对候选风电场进行综合评估，主要涉及风能资源及相关气候条件、地形和交通运输条件、工程地质、接入系统、环境保护以及影响风电场建设的其他因素。风电场选址分为宏观选址和微观选址。其中，宏观选址是对若干场址地区风能、电网接入、建设条件以及环境等的分析比较，从而确定风电场建设和开发的过程。而微观选址则是宏观选址选定的小区域中明确风机布置使得风电场经济效益更高的过程。风电场宏观选址要遵循指导文件《风电场场址选择技术规定》的相关规定。风电场选址可委托有经验的咨询单位进行，主要考虑选址风能质量好、风向基本稳定、风速变化小、风

① 风电发展"十三五"规划［R］.国家能源局，2016（11）：7，11.
② GWEC. Global Offshore Wind Report 2020［EB/OL］.（2020-08-05）［2021-03-24］. https：// gwec. net/ global-offshore-wind-report-2020/.

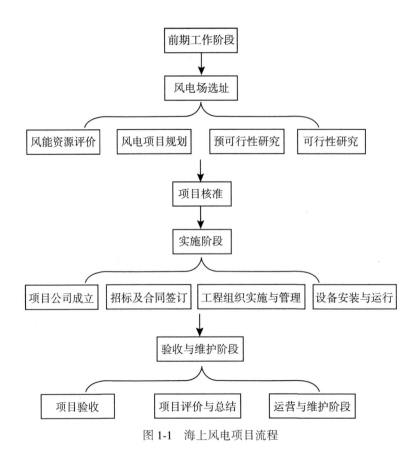

图 1-1　海上风电项目流程

垂直切变小、湍流强度小、交通方便、靠电网近、对环境影响最小、地质条件满足施工的
地区。①

2. 风能资源评价

风能资源测量及评估是指根据有关气象资料，并结合必要的风能资源测量手段，对风
能资源进行分析和评价，并估算风能资源总储量及技术开发量。现有的风能资源评估技术
手段有三种：基于气象站历史观测资料的评估、基于气象塔观测资料的评估以及风能资源
评估的数值模拟。具体来说，就是严格按照《风电场风能资源测量方法》《风电场风能资
源评估方法》《风电场风能资源测量和评估技术手段》三个指导文件的具体要求，委托专
业公司安装测风塔，安装地点为具有代表性的地方。依据相关规定，风塔数量根据风场面
积和资源分布合理确定，测风时间满足国家标准，并且必须经过至少 1 年的测量，且有效
数据完整率达到 90% 以上，才可以进入风电场工程规划阶段。②

---

①　高煜坤，李杨，王辉．浅谈风电项目环境影响评价中风电场选址的论证条件 [J]．资源节约与
环保，2014（4）．

②　肖松，刘艳娜．风资源评估及风电场选址实例 [M]．沈阳：东北大学出版社，2016：131.

3. 风电项目工程规划

所谓风电项目工程规划，就是以风能资源评价成果为基础，综合考虑地区社会经济、自然环境、开发条件及市场前景等因素，规划选定风电场场址，并对选定的各规划风电场进行统筹考虑，初步拟定开发顺序。依据《风电场工程规划报告编制办法》，风电场工程规划主要研究内容包括：规划装机容量、接入系统初步方案、环境影响初步评价、开发顺序以及下一步工作安排等。其中，规划装机容量是根据地形、风资源分布、风向等确定适用的机型来完成风机布置。接入系统初步方案根据场址与变电站的距离，来确定当前是否需要新建变电站、改变电网结构、容量等相关规划建设方案。环境影响初步评价是确定海上风电场对外部环境的影响程度，以及是否会对环境、居民等产生较大影响。开发顺序以及下一步工作安排需要项目经理或负责人决定风电场是否分期开发或先开发哪一片区域。经过上述几个阶段后，可以组织专家对项目公司提交的《风电场工程规划报告》进行评审，评审合格过后进行整体开发规划。

4. 风电项目工程预可行性研究

在工程规划基础上，根据《风力发电厂项目可行性研究报告编制办法》《风电场工程可行性研究报告编制办法》的相关规定或标准编写可行性研究报告，对选定风电场进行风能资源测量和评估，开展工程地质勘察、工程规模与布置、工程投资估算和初步经济评价等工作，初步研究风电场建设的可行性，并初步确定风电场的建设方案。[①] 预可行性研究阶段就是对海上风电项目作一个概括性了解，如对风资料进行初步分析处理、对风电场接入电力系统和风电场的建设条件进行初步规划等。

5. 风电项目工程可行性研究

海上风电项目可行性研究是在批准了项目建议书基础上进一步调查、落实和论证风电场工程建设的必要性和可能性。可行性研究报告必须要论述对风资源的评估、风电机组类型的选取、机位优化和发电量估算、风电机组最佳轮毂的高度、经济评价等，可行性研究报告获得批准后即可进入工程实施阶段。可行性研究工作程序包括资料收集、风资料处理、地质勘察、风力发电机组机型选择、机位优化和发电量估算、风电场接入电力系统及风电场主接线设计、土建工程设计、工程管理、施工组织设计、环境评价、设计概算及经济评价等工作。

6. 项目核准

项目核准，即对关系国家安全、涉及全国重大生产力布局、战略性资源开发和重大公共利益等项目，项目核准机关依照相关标准对申请立项的项目进行审核，实行核准管理的具体项目范围以及核准机关、核准权限，由国务院颁布的《政府核准的投资项目目录》确定。[②] 根据《风电开发建设管理暂行办法》第 19 条规定，"风电场工程项目须经过核准后方可开工建设。项目核准后 2 年内不开工建设的，项目原核准机构可按照规定收回项目。风电场工程开工以第一台风电机组基础施工为标志"。

① 王民浩主编. 中国风电场工程建设标准与成果汇编［M］. 北京：中国水利水电出版社，2009：63-66.

② 国家发展和改革委员会. 企业投资项目核准和备案管理办法［Z］. 2016，12（14）：1-2.

（二）海上风电项目实施阶段

实施阶段的重要工作包括项目公司成立，招标及合同签订，工程组织实施与管理，设备安装、调试和试运行。项目公司从人、机、料、法等各项生产要素的优化组合、多专业施工配合、进度计划控制、与各方协调管理相结合，来促进工期的顺利实现。

1. 项目公司成立

当项目建议书得到批准之后，就可以成立风电项目公司，进行项目的公司化运作，进行下一步的项目融资、工程建设、维护运行以及项目管理工作。风电项目公司的经营范围一般限于所投资建设的风电项目本身和与风电项目有关的业务。

2. 招标及合同签订

这一阶段既包括对风力发电机组、塔架升压站等设备招标与合同签订，还包括对风电场微观选址设计招标、勘察设计以及监理招标，并与中标单位签订设计及实施合同。风电场工程建设要达到投资目的较有效的方法是采用工程招标进行工程建设，严格执行国家颁布的招投标法和关于采购工作的规定。最好是采用整个工程的一揽子总承包，即交钥匙工程方法招标。这样对保证工程质量、确保工期、降低工程造价都有好处，也便于工程管理。

3. 工程组织实施与管理

风电场工程施工包括土建、道路、场地、风力发电机基础、风机塔架、场内配送电、升压站建筑及安装、集中监控及电气二次、电力送出工程、场内运输、机组吊装和调试、试运行等，归纳为土木建设、电气建设、风力机组生产制造、调试运行四个大类，以及相应的阶段验收，包括单元工程验收、分部工程验收、单位工程验收、工程启动验收和工程移交生产验收。风电场工程施工专业门类多，施工管理复杂，协调工作量大。

4. 设备调试与运行

当海上风电项目建设完成后，新能源开发企业协调风机生产商家派出调试人员，施工单位、运行人员与其配合共同进行风机的调试与运行。在监督检查环节，由省电力质检部门对项目进行三次检查，分别为升压站带电前监督检查、风机基础设施完成后监督检查、风机整套调试运行后监督检查。当风机设备调试运行正常工作，通过工程移交生产验收后，整个海上风电项目实施阶段才算终结。

（三）海上风电项目竣工验收与运营阶段

海上风电站移交生产后，新能源开发企业应当办理竣工验收手续并在风电项目投入生产后进行运营和维护。电站项目通过环保、消防、安全、并网、节能、档案及其他规定的各项专项验收后，还应当按照《风电开发建设管理暂行办法》《海上风电开发建设管理办法》《风电场工程竣工验收管理暂行办法》等规定完成竣工验收。运营维护是在项目建设后期对风电工程进行的进一步运营，注重对海上风电项目投入生产和产生收益过程中的整体管理。项目评价与总结即项目建成后实际产生收益与预期收益进行对比，并对偏差、经验和教训进行总结。

1. 竣工验收

项目投运并具备相关条件后，应尽快组织工程竣工验收。工程竣工验收在工程移交生产验收后6个月内进行，通过后签发工程竣工验收鉴定书。海上风电项目的竣工验收主要以中华人民共和国住房和城乡建设部公告第 1004 号《风力发电工程施工与验收规范》（编号 GB/T 51121—2015）和中华人民共和国国家发展和改革委员会于 2004 年 3 月 9 日发布的《风力发电场项目建设工程验收规程》（DL/T 5191—2004）为依据。

2. 运营维护

海上风电工程项目在运营维护阶段主要包含运营管理、设备售后服务及技术改造等内容。海上风电工程移交生产前，需要组织项目建设单位、监理单位、施工单位和设备厂家等将相关工程资料、图纸、设备说明书等移交至项目运行单位。此外，还需建立项目运营维护方案和工作制度，及时解决项目运营过程中出现的问题。

3. 项目评价与总结

项目竣工交付后，需对海上风电项目进行评价工作。项目后评价是指完成海上风电项目建设后，对已投入使用的建设项目、项目前期、投产期等情况与预期情况进行对比，对出现偏差的原因进行综合分析，并提出有建设性的意见和建议，为下一次的风电项目建设总结经验。

第三节　中国海上风电项目开发建设环境

一、中国海上风电发展前景

（一）行业发展潜力巨大

从 2010 年建成第一座海上风力发电场开始，我国海上风电开发迎来了高速发展的阶段，目前已经进入了规模化、商业化发展阶段，未来有着巨大的发展潜力。首先是风能资源优势。中国海岸线长达 1.8 万 km，可利用海域面积 300 多万 km^2，海上风能资源丰富。据《中国可再生能源发展报告》，中国近海风能资源主要集中在东南沿海及其附近岛屿，风功率密度基本在 300W/m^2 以上。近海 100m 高度内，水深在 5~25m 的风电资源可开发量约 190GW，水深在 25~50m 的风电资源可开发量约 320GW。其次是就近消纳优势。与我国陆上风电主要分布在三北地区、远离中国经济中心、开发已趋于饱和不同，海上风电开发重点布局在江苏、浙江、福建、广东等省市，紧邻中国经济中心，也是中国电力负荷中心，无需长距离运输且电力系统较为完善。

《风电发展"十三五"规划》对全国海上风电的建设进行了整体布局，到 2020 年，全国海上风电开工建设规模达到 10GW，力争累计并网容量达到 5GW 以上，预计至 2030 年，累计装机将达到 58.8GW，届时将跃居全球首位。[①] 在电价方面，2014 年，国家发改委印发《关于海上风电上网电价政策的通知》（发改价格〔2014〕1216 号），明确规定 2017 年以前（不含 2017 年）投运的近海海上风电项目上网电价为 0.85 元/（kW·h），远高于当时燃煤电价 0.42 元/（kW·h）。在政策的支持与鼓励下，全国 11 个沿海省份均开展了风电开发利用的研究工作，吸引了一众开发商投资参与。

---

① GWEC. Global Offshore Wind Report 2020 [EB/OL]. (2020-08-05) [2021-03-24]. https：// gwec. net/ global-offshore-wind-report-2020/.

（二）机组逐步国产化、大型化

在中国海上风电开发建设初期，核心设备都依赖于国外进口，这就导致两个较为突出的问题。第一，中国海上风电开发区域的自然条件，包括海床构成、台风影响等与欧洲海上风电开发区域有明显区别，导致直接引进的欧洲风机出现了"水土不服"的情况；第二，进口设备会直接导致海上风电建设的成本大大增高，对之后的运营带来沉重的压力。因而，将海上风电机组国产化，让海上风电机组有更高的可靠性和更低的成本是我国海上风电开发技术改进的关键环节。

江苏如东海上（潮间带）示范风电场是国内首个海上风电示范项目，于2010年12月6日获国家发改委核准，2011年6月正式开工，年底投产发电。如东海上风电场的顺利竣工一举填补了世界潮间带风电开发的技术空白，标志着我国已经全面掌握海上风电建设的核心技术。近十年来，在巨大市场需求的带动下，海上机组逐步实现国产化。

除了国产化之外，海上风机大型化也是我国海上风电开发的重要趋势。随着海上风电上网电价国家补贴力度的降低，若想实现盈利，除了降低建设成本外，还需要尽量提高发电量。在同样的风速下，大转轮直径的机组由于扫风面积的增加会产生更大的发电量，由于海上恶劣的施工条件，海上风电机组的施工和安装成本要远高于陆上风电，在此种条件下，虽然大容量机组的单体施工成本要高于小容量机组，但是在相同面积的风场中数量较少，能够减少总成本。因此，大容量机组更加受到开发商的青睐。预计未来五年，中国海上风电机组单机平均容量可达7~8MW，未来十年将达到10MW。

（三）近海规模化、远海示范化

目前我国的海上风电开发主要集中在近海海域以及浅水海域。数据显示，中国海上风电场已核准的海上风电项目以离岸距离小于50km的近海项目为主，[①] 而目前和今后一段时期（至少5年左右）的开发都处于过渡水深海域，即水深在30~50m。[②] 在未来，我国海上风电开发将逐步向深海、远海方向发展，呈现近海规模化、远海由小规模示范到大规模集中开发的整体格局。但是，远海海况更加复杂，且风电机组的运输、安装与维护随着离岸距离的增加带来成本的提高，不仅对技术提出了更高的要求，对于建成后的运营也是重要的考验。

二、未来我国海上风电开发面临的重点问题

1. 政策支持

从过去30年国内外海上风电开发的经验来看，由于海上风电具有技术要求高、投入成本高、投资周期长、战略意义重大等特点，国家的政策支持在整个开发过程中往往起到决定性的作用。在众多政策中，电价补贴对海上风电场的运营至关重要。2014年，国家发改委出台的《关于海上风电上网电价政策的通知》明确了固定上网电价的政策，海上

---

① 我国海上风电离岸距离有多远？[EB/OL]. (2020-11-20) [2021-03-24]. http: // www. tanpaifang. com/ xinnengyuan/2020/1120/75393. html.

② CREIA, GWEC, CWEA, SEWPG. 海上风电回顾与展望2020 [R]. 第五届全球海上风电大会, 2020, 8 (28): 21.

风电的上网电价为 0.85 元/（kW·h）。在政策刺激下，我国海上风电迎来了快速发展的时期。

2019 年，国家发改委出台《关于完善风电上网电价政策的通知》（发改价格〔2019〕882 号），将海上风电标杆上网电价改为指导价，新核准海上风电项目全部通过竞争方式确定上网电价。2019 年符合规划、纳入财政补贴年度规模管理的新核准近海风电指导价调整为 0.8 元/（kW·h），2020 年调整为 0.75 元/（kW·h）；① 2020 年 2 月，《关于促进非水可再生能源发电健康发展的若干意见》（财建〔2020〕4 号）提出新增海上风电不再纳入中央财政补贴范围。② 据统计，2019 年我国海上风电项目成本为 0.521～0.779 元/（kW·h），平均度电成本约 0.614 元/（kW·h），距离平价上网还有一定差距。海上风电对资金技术支持有较高的要求，促进海上风电持续稳定发展，保持政策的稳定和收益预期是其重要的保障。在海上风电生产运营造价偏高的初期，若没有足够力度的政策补贴支持，尤其是地方政府的配套支持政策，大规模的开发将面临较大的经济性风险。

当前，海上风电的开发和电力消纳基本集中在我国东部沿海 10 多个省份，对缓解东部沿海地区用电压力、带动地区经济发展、实现产业升级都具有重要意义。因而，在享受海上风电开发所带来的红利时，地方政府应当进行一定的补贴以减少海上风电开发初期所承担的经济风险，实现良性循环。

2. 完善海上风电资源勘察与评估

进行海上风电规划布局的前提是进行详备的风能资源评价和海底地形地貌的勘察，这关系到风电场选址、机型选择、发电量估算和后续运营等一系列工作。在海上风力发电开发处于领先地位的欧洲，政府在资源勘察和评估方面发挥了主导作用。在英国，商业、能源和工业战略部（BEIS）负责对海上能源战略环境进行评估和编制报告，为开发商进行海况勘察与风电场选址提供决策依据；在丹麦，无论是政府招标项目还是开放式项目，环境影响评估、海洋勘测等主要前期工作都是由政府负责；在德国，2021 年开始并网的海上风电项目，由联邦海事和水文局完成前期选址和勘察等工作。

目前，无论是全面性还是精准度，我国海上风电资源的勘查与评估都无法满足当前大规模海上风电的开发需求。第一，海上风资源的勘察。目前我国进行海上风资源评估的依据主要来源于气象局通过卫星以及测量船开展的信息收集。由于海上观测覆盖区域小，无法全面反映海上风力资源的状况，而缺失的部分就需要通过计算模型进行模拟推算，在精准度上存在一定偏差。此外，企业在进行项目开发时，需要设立海上测风塔，根据测风数据进行风资源的评估。根据《海上风电场风能资源测量及海洋水文观测规范》（NB/T31029—2012）要求，海上测风塔的高度不应当低于 100m，③ 但是出于节约成本的考虑，目前众多海上测风塔的高度都不足 100m，导致对海上风资源的评估出现偏差。第二，海

---

① 国家发展和改革委员会. 关于完善风电上网电价政策的通知 [Z]. 2019，5 (25).

② 财政部，发展改革委，国家能源局. 关于促进非水可再生能源发电健康发展的若干意见 [Z]. 2020 (1).

③ NB/T 31029—2019，海上风电场工程风能资源测量及海洋水文观测规范 [S]. 北京：中国水利水电出版社，2020.

洋水文和地貌的勘察。目前我国海洋水文和地貌的勘察区域主要集中在近海海域,这也是我国海上风电开发的核心区域。但是,随着近海海域风电资源开发已近饱和,进行深海风电开发布局,水文和地貌的勘测刻不容缓。

海上风电资源的勘查与评估需要联合众多管理部门,涉及多个利益相关方,程序复杂、成本较高,因而政府应当起到统一领导、统筹规划、协调各方的主导作用,并做好数据公开的工作。

3. 科学合理的规划布局

海上风电规划布局需要考虑两个层面。

第一,海上风电场的建设实践表明,风电场区很难与其他海上活动兼容,大规模进行海上风电场建设会导致其他行业的用海空间被过多挤占。例如,2015 年,上海市海上风电规划区域面积占全市所辖海域总面积的 4.4%,2020 年占比达到 10.7%;江苏省 2015 年海上风电规划区域面积占总面积的 3.5%,2020 年占比达到 6.6%,[①] 且未来依旧处于持续增高的趋势。随着海洋开发的程度不断提高,海上活动类型更为多样,除了传统的渔业之外,交通运输、油气开发、临港工业、旅游等都对用海区域提出了更多需求,如何利用有限的海洋资源协调各行业的用海需求对政府的规划能力提出了挑战。目前我国海上风电开发处于快速发展的阶段,由于缺乏更为合理的规划,导致海上风电场规划面积过大,挤压了其他行业的用海空间,影响海洋经济的发展。

第二,海上风电规划除了需要考虑风能资源是否丰富、是否可以实现稳定收益外,还必须考虑对环境的影响。目前我国共有 15 个国家级海洋自然保护区,26 个省级海洋自然保护区,所保护区域面积近 130 万公顷。众多海洋自然保护区划定的生态红线区限制导致我国海电资源的实际可开发量小于理论可开发量。这对如何在生态保护范围内对海上风电资源进行更为合理和高效的开发提出了更高的要求。

根据当前我国海上风电规划布局中存在的问题与困难,在未来,首先,需要在进一步评估海上风资源和海洋水文及地貌的基础上,对各行业的用海需求和用海区域进行综合分析,合理确定海上风电的发展规模和开发区域,采用集中区块布置的思路,与其他海洋开发活动协调发展。其次,对已经确定的适合进行海上风电开发的区域,要强化资源的利用效率,着重改进海上风电场建设工程技术和并网技术,提高装机容量密度,有效实现海洋资源的节约。

---

① 刘佰琼,徐敏,刘晴. 我国海上风电发展的主要问题及对策建议 [J]. 海洋开发与管理,2015,32(3):7-12.

第二章　项目开发建设法律手续管理原理

本章重点介绍与海上风电项目开发建设相关的法律手续管理基本功能构成及其工作原理。为此，需要回顾和阐述一般管理理论溯源沿革，在此基础上，建构海上风电项目开发建设法律手续管理主要内容构成和需要遵循的基本管理原则。

第一节　项目开发建设法律手续管理理论渊源

自人类社会出现以来，稀缺性始终是个体与社会生活状况的基本属性之一。个体生活与人类社会的运行、发展过程，就是一个不断实现各种能够加以开发与利用的有限资源的整合、配置，追求资源最大效用实现的过程。究其实质而言，为实现稀缺资源的有效利用而对各种资源进行整合与配置的各种尝试与努力活动，就是管理活动。从这个角度看，作为一种资源的配置过程与实践方式，管理活动自有人类活动以来就得以发生、存在与发展。管理活动是人类生存的一种基本方式与实践行为形态。但是，作为一种一般性科学理论形态，管理科学的出现则是晚近的事情。通常认为，作为一种有意识的理性思维结果和一般性规律形态存在管理学理论，管理科学是随着现代工厂制度和工厂管理实践的发展，在 19 世纪末 20 世纪初开始系统形成的。这一理论形态大致经历了古典管理理论、行为科学管理理论、现代管理理论三大阶段。

一、古典管理理论

（一）背景

19 世纪末 20 世纪初，以科学管理理论、一般管理理论和古典组织理论为代表，管理学理论从经验发展成为一门科学。这些系统的管理学理论虽然在时间节点上集中涌现，但其发展成型经历了实践与理论的长久孕育。

经济层面，动力能源的变化带来了工业革命，技术进步、资本积累和市场需求增加使大规模生产成为可能，自由市场的竞争也需要更大的生产规模。工厂制取代了家庭作坊，为生产规模的扩大和集中提供了组织场所和管理基础。不断扩大的生产规模导致效率低下的问题，缺乏训练、适应传统生产习惯并且抗拒新方法的工人的存在使劳资关系成为工厂管理中面临的重大难题。技术进步、市场需求增加和劳动生产率缓慢增长的现实矛盾需要有规范和系统的理论来为管理提供指导。

思想层面，罗伯特·欧文对组织中激励和人的因素的关注、查尔斯·巴比奇的技术操作研究和利润分享计划、安德鲁·尤尔关于工业教育和制造业系统的三种划分以及查尔斯·杜宾对法国工业教育的推动构成了对工厂管理的早期研究,① 为古典管理理论的形成奠定了基础。

文化层面,文艺复兴以来,新教伦理、自由伦理和市场伦理的兴起改变了关于公民、工作和利润的文化价值观,亚当·斯密击败了重商主义持有的"饥饿的工人是最好的工人"的信条,对个人努力进行奖赏的社会价值观成功占据了社会的主流,他提出的"经济人假设"认为人的行为动机根源在于经济诱因,人都要争取最大的经济利益,工作是为了取得经济报酬,这成为了古典管理理论建立的前提基础。②

古典管理理论的代表人物有弗雷德里克·泰勒、亨利·法约尔和马克斯·韦伯。

(二) 代表人物及理论概述

科学管理理论由弗雷德里克·泰勒 (Frederick Winslow Taylor) 建立,他曾因眼疾辍学,学徒三年后,于1878年进入米德维尔钢铁厂做机械工人,并一路升至总工程师的职位。在这里,他开展了一系列关于工人操作方法和工作时间的实验,认识到了科学的管理方法对提高生产效率的重要性,并逐渐建立了科学管理的理论与制度,著有代表作《计件工资制》(1895)、《科学管理原理》(1911)。

科学管理的中心问题是提高劳动生产率,泰勒的理论在作业方法、激励制度和组织管理三个方面展开,在作业方法上制定科学的工作方法,通过工时研究改进操作方法和制定合理的工作量并标准化。对工人进行科学的选拔和培训,挖掘他们的潜能,这样才能挑选出"第一流的工人"。在激励性的报酬制度方面,提出采用差别计件工资制,在确定合理工作量标准的基础上,以较高的工资率为完成和超额完成工作定额的工人支付工资,以较低的工资率为未完成定额的工人支付工资。在组织管理方面,提出将计划职能与执行职能分开的构想,职能工长制和例外原则为管理理论和实践的后续发展提供了重要思路。

泰勒认为,实施科学管理的本质是一场心理革命,雇主和工人都要在精神和思想上有所变革,强调双方对工作、对同事、对上级或下级的责任感,只有这样,才能实现真正的科学管理。③

科学管理理论在当时引起轰动并为泰勒带来了一些支持者,亨利·L. 甘特对任务和奖金系统以及各种辅助管理中计划与控制行为的图解方法的设计,吉尔布雷斯夫妇在建筑行业中科学管理操作的研究、动作研究、疲劳研究等工作使科学管理理论在更广泛的领域中得到拓展。

一般管理理论的代表人物是亨利·法约尔 (Henri Fayol),与泰勒的经历不同,他是从低级管理人员开始他在企业中的实践的。在商业公司担任领导职务促使他对管理问题进行研究,并著有《工业管理和一般管理》(1916)、《国家在管理上的无能》(1921)、《公共精神的觉醒》(1927) 等。

一般管理理论研究的中心问题是组织结构和管理原则的合理化及管理人员职责分工的合理化。法约尔用自己的观察和经验,提出了一个包含实践原则和管理要素的知识体系。

---

① 郭咸纲. 西方管理学说史 [M]. 北京:中国经济出版社,2003:62-72.

② 丹尼尔·A. 雷恩. 管理思想史 [M]. 北京:中国人民大学出版社,2009:40.

③ F. W. 泰勒. 科学管理原理 [M]. 胡隆昶等译. 北京:中国社会科学出版社,1984:238.

他首先将企业的活动分为了技术活动、经营活动、财务活动、安全活动、会计活动和管理活动六种，从而将管理活动与其他活动区分开来。管理活动由计划、组织、指挥、协调、控制五项要素组成。计划指预测未来、制定组织的行动计划；组织就是确定执行任务的机构、人员和物质资源；指挥是对下属的行动作出指导，使人员发挥作用；协调指做出行动使部门、人员和物质资源相互配合，以实现组织目标；控制在于确保一切活动与规定的计划和标准相符合。

法约尔认为实现组织目标的途径在于遵循合适的组织原则，他提出了劳动分工、权力与责任、纪律、统一指挥、统一领导、个人利益服从整体利益、人员报酬公平、集权、等级链、秩序、平等、稳定的员工任期、主动性、团结精神共十四条组织原则，这些原则源于他最频繁使用的经验，并强调它们并非一成不变，事态的变化决定着规则的变化。①

在教育方面，法约尔认为管理理论是能被学习、传授和实践的，缺乏管理教育的原因是缺少被普遍接受的管理理论。这为管理理论的一般化和管理教育的发展作出了重要贡献，管理要素的划分为管理过程提供了现代的概念体系。

官僚制理论是由德国著名的社会学家马克斯·韦伯提出的，他曾多次参加军事训练，对军事生活和组织制度了解颇多，这对他的组织理论产生了较大影响。

韦伯认为有必要为大型产业组织建立一种理性的基础，并提出了一种"理想的行政组织体系"的理论，他认为等级、权威、行政制度是一切社会组织的基础，权威包含合理合法化权威、传统权威和超凡权威三种类型，其中只有合理合法化权威是理想的组织形式的基础。以理性-法律权力为基础的官僚制度的构成要素包括：要有合理的分工，在组织中明确划分组织成员的职责权限并以法规的形式将这种分工固定下来；对组织中的职务和权力划分等级，形成一个层级节制的等级链条；人事任命上要根据能力考核选拔成员，薪酬固定且存在考核机制；组织管理非人格化，在组织中以法律、法规等正式的规则约束组织成员的行动，做到公私分明；依照规章办事的运行机制，任何管理行为按章行事；形成正式的决策文书，重要的决定和命令以正式文件的形式下达。

韦伯强调官僚制是理想化的，是组织的最纯粹形式，是可以结合社会实际做出适应性变化的，这在时代背景下为小型组织向大型组织的过渡提供了一种解决方案。

（三）评述

古典管理理论是管理理论系统化发展的开端，这一时期的管理思想对具体生产领域的方法改进与管理、组织管理的结构和一般化原则均有所涉及，法约尔和韦伯等人关于组织结构、组织原则的理论是对泰勒科学管理理论的有益补充，他们的学说在企业管理实践中也发挥了实际的作用，为后续管理理论的发展砌上了进一步开拓的台阶。

古典管理理论的不足之处在于，其所依据的前提假设——"经济人假设"对人的经济利益需求存在一种近乎狭隘的关注，这决定了作为与人的活动密切相关的管理理论具有类似的局限性。古典管理理论关注的是操作如何更有效率、工作如何更好地组织和完成，无论是在工作方法的改进还是对组织结构的构建中，效率逻辑下对人的社会需求和心理需求的关注微乎其微。即便泰勒多次强调雇主与工人的共同利益，工厂制的实际发展也并未

---

① 丹尼尔·A. 雷恩. 管理思想史 [M]. 北京：中国人民大学出版社，2009：251.

真正践行泰勒的心理革命，法约尔的"首创精神"也缺乏深入的分析。这一时期管理理论的关注点在于组织内部如何实现更有效率的管理，尚未注意到组织外部环境对实现组织目标的影响，这与年轻的大型组织面临的简单环境有一定的关联。

二、行为科学管理理论

（一）背景

在 20 世纪 20 年代经济大萧条的大背景下，西方国家受到了危机的巨大冲击，凯恩斯主义替代了斯密的自由放任主义成为国家自救的稻草，加大国家对经济的干预和刺激消费的主张逐渐改变了曾经主导社会的新教伦理和市场伦理对节俭和自由放任的价值导向。

具体到企业管理上，"管理方面对效率逻辑的强调窒息了个体获得集体认同、社会满意和社会目的愿望"①，对利润的追逐导致了雇主对工人剥削和压榨。在俄国十月革命的影响下，欧美国家爆发了多次工人运动，劳资关系成为政府部门干预企业的一个切入点，企业也对如何实现更有效的管理进行了探索。

经济危机过后，社会面临的是个人主义的衰落和集体主义价值观的兴盛，追求归属感的需求超过了对成就需求的关注。斯科特认为，存在一种从个人主义伦理到社会伦理的转变，社会伦理着眼于集体以及人的集体性和对合作与社会团结的需求。②

古典管理理论无法解释实践中出现的影响组织效率的人的因素和非正式组织的作用，行为科学管理理论可以视为从这个角度对古典管理的补充，管理学理论正在向更广阔的领域拓展。

这一时期的代表理论有人际关系理论、需求层次理论、双因素理论、X-Y 理论和 Z 理论。

（二）代表人物及理论概述

人际关系理论开始于乔治·埃尔顿·梅奥（George Elton Mayo）对霍桑试验结果的总结，梅奥发现生产效率不仅受物理和生理因素的影响，而且受社会环境和社会心理的影响，从而提出了人际关系理论，他的代表作是《工业文明中人的问题》（1933）。

人际关系理论提出了工人是"社会人"的基本假设，这一假设认为，人是有思想、有感情的社会人，而不是单纯的"经济人"。作为一个复杂的社会成员，金钱和物质虽然对其积极性的产生有重要影响，但是起决定性作用的不仅仅是物质报酬，还有精神需求的满足，如友谊、安定、归属感和尊重等，其行为是以社会需求为动机的，因此满足工人的社会心理需要是提高生产效率的关键。梅奥还发现，企业中存在非正式组织，并对组织成员的行为有重要影响。工人的士气或情绪是决定生产效率的另一个重要因素。企业提高效率所需要的新的领导能力在于提高工人的满意度，高的满意度来源于工人个人需求的有效满足，包括对物质需求和精神需求的满足。

梅奥的人际关系理论受到了维尔弗雷多·帕累托将组织视为一种社会系统的观点的影响，对于决策效率逻辑与情感逻辑之间的平衡问题，管理者需要将组织视为一个社会系

---

① 丹尼尔·A. 雷恩. 管理思想史［M］. 北京：中国人民大学出版社，2009：338.
② 丹尼尔·A. 雷恩. 管理思想史［M］. 北京：中国人民大学出版社，2009：441.

统，使个体愿意通过合作实现共同的目标。

需求层次理论、双因素理论、X-Y 理论和 Z 理论都是行为科学管理理论的进一步发展，在"社会人"假设的基础之上，对组织的激励策略有所研究。

马斯洛（Abraham H. Maslow）的著作有《人的动机理论》（1943）、《动机和人格》（1954）等，他提出的需求层次理论指出，人的行为由动机引起，动机产生于人的需求。人的需求从低级到高级可以分为生理需求、安全需求、感情和归属需求、受人尊重的需求和自我实现需求五种。低级的需求得到满足后，会产生更高级的需求，这些需求对人的行为有激励和引导作用。1970 年马斯洛将需求层次扩展为八个层次，在最初的五种之外又增加了认知需求、审美需求和超越需求。

赫茨伯格（Frederick Herzberg）提出了激励双因素理论，他的代表作有《工作的激励因素》（1959）和《工作与人性》（1966）。激励双因素理论包含保健因素和激励因素两种，保健因素包括地位、监督、工作环境、人际关系等，保健因素缺乏容易使人产生不满和消极的情绪，它通常与工作的外部环境有关，对组织成员没有激励作用；激励因素的存在有明显的激励作用，激励因素得到满足将使人有更好的表现或更高的劳动热情。它以工作为中心，激励因素的缺失也会引起员工不满。

道格拉斯·麦格雷戈（Douglas M. Mc Gregor）提出了 X-Y 理论，他的代表作是《企业中的人性》（1960）。X-Y 理论建立在对人性认识的基础上，麦格雷戈发现各种管理人员以他们对人的性质的假设为依据，通过不同的方式来组织、控制和激励被管理者。X 理论以人性恶假设为基础，认为一般的人都具有厌恶工作的特性，因此必须采取控制、强制的措施，才能使他们达到工作目标；Y 理论则相反，认为人性本善，人在一般情况下是愿意承担责任的，对工作的态度取决于工作对他是一种满足还是惩罚，因此需要创造一个能满足组织成员多种需求的环境，以发挥他们的潜能。

威廉·大内（William Ouchi）提出了 Z 理论，他的代表作是《Z 理论——美国企业界怎样迎接日本的挑战》（1981）。Z 理论是在研究日本企业管理经验的基础上得出的，认为企业管理者和职工利益是一致的，二者的积极性可以融为一体，并提出了畅通的管理体制、基层管理者享有充分权利、中层管理者起承上启下作用、企业的雇佣应当是长期的、鼓励职工参与企业决策、重视员工培训、管理者要关心职工以实现上下级关系的融洽等主张。

（三）评述

行为科学管理理论关注到了古典管理理论忽视的人的社会心理因素对管理效率的影响，提出的"社会人"的假设是对"经济人"假设的修正。这一时期的理论综合运用社会学、心理学、工程学等领域的知识和方法对人的行为规律进行了研究。管理学的研究重点发生了变化，理论界找到了提高组织成员积极性和工作效率的新途径。

行为科学理论注意到了效率逻辑和情感逻辑两种影响企业管理的因素，但是更加侧重于对人的行为的研究，认为影响组织工作效率和产出的主要因素是人，提出了按照人的行为和心理规律来进行管理的主张。但是行为科学理论并没有对效率逻辑和情感逻辑进行整合。

三、现代管理理论

（一）背景

二战后世界经济迎来了新一轮的快速发展，原子能带来了能源上的变化，科学技术革命带来了生产经营方式的巨大变化，企业规模进一步扩大，内部组织结构愈加复杂，生产和资本出现集中的趋势，经营范围扩大到全球，出现垄断和跨国的组织，多元化与国际化水平提高，企业与外部环境的关系更加紧密。

现代自然科学和技术科学的新成果不断涌现，且不同学科之间都在互相交叉渗透，其中，自然科学思想对管理科学的渗透为管理理论的发展注入了新的活力。企业的管理越来越受到政府机关、技术革新、社会变革与思想潮流和世界意识的影响，多元的社会价值观使得企业需要做出相应的调整，以系统科学为理论基础的现代管理理论逐渐发展起来。

（二）代表人物及理论概述

20世纪60年代，管理理论进入现代管理理论阶段，现代管理理论研究领域更为广泛，方法运用更加多变。这一时期哈罗德·孔茨关于管理丛林的论述可以看作对管理学体系较为全面的概括，1961年哈罗德·孔茨发表了《管理理论的丛林》一文，指出由于各类科学家对管理理论兴趣的增长，他们采用不同的研究角度和方法对掌握的不同材料进行研究，各种管理学理论学派呈现出一种丛林化的趋势，他总结出了管理过程学派、经验主义学派、人类行为学派、社会系统学派、决策理论学派和数学学派等6个主要学派。①1980年孔茨发表《再论管理理论的丛林》，认为此时管理学派已经发展至11个，分别是管理过程学派、经验主义学派、人际关系学派、群体行为学派、社会系统学派、社会技术系统学派、系统管理学派、决策理论学派、数学学派、权变理论学派和经理角色学派。

这些学派中，具有重要地位的是系统管理学派，系统管理理论和权变理论的出现是试图引导人们走出丛林的尝试。②

系统管理理论是以一般系统理论为基础发展起来的，一般系统理论源于理论生物学中的生物机体论，是在研究复杂的生命系统中诞生的，它为研究社会组织及其管理提供了新的范式，给人一种从整个组织及其与环境的相互作用中看待组织的方法，为组织管理理论的汇合提供了机会，也为组织及其管理的权变观念规定了基本的参照局。

系统管理理论将管理对象视为一个有机联系的整体，认为对组织管理的研究要从系统的整体出发，关注研究对象与系统内部各组成部分的关系以及同系统外部环境的联系。系统管理理论的代表人物是卡斯特和罗森茨韦克，他们著有代表作《组织与管理——系统方法与权变方法》，书中认为，作为一个开放的社会-技术系统，任何组织都是由目标与价值分系统、技术分系统、社会心理分系统、组织结构分系统和管理分系统这5个子系统构成，分系统之间相互独立又相互作用，不可分割，构成一个组织整体。每个子系统还可以分为更小的系统。

①　哈罗德·孔茨. 管理理论丛林 [J]. 管理学术杂志，1961（11-3）：182-186.
②　郭咸纲. 西方管理学说史 [M]. 北京：中国经济出版社，2003：192.

企业首先是由人、物资、机器和其他资源在一定目标下组成的系统，这些要素影响着企业的发展。其中，人是具有主动性的主体，其他要素仅具有被动性。只有保持这些要素的动态平衡和相对稳定，企业才能应对各种情况的变化，实现预期目标。此外，企业还是更大的社会系统下的一个子系统，因此企业目标的实现还要受到资源、市场、社会技术水平等外部因素的影响。组织与环境互相影响，并在互动中实现动态平衡。

从系统的观点来认识管理的基本职能，可以将企业视为一个投入—产出系统，投入物资、劳动力和各种信息，产出各种产品或服务。通过系统观点的运用，可以帮助管理人员在重视与自己有关的特殊职能的同时兼顾大目标，清楚地认识自己在组织中的地位与作用，从而提高组织的整体效率。

权变的基本观点认为组织具有多变量性，应当具体研究组织与它所处的环境之间的关系；组织的外部环境和内部系统都处于动态变化中，因而不存在普遍适用于所有环境的组织原则和方法；权变理论追求组织与外部环境以及组织内系统间的动态一致。①

（三）评述

现代管理理论考虑到了组织系统的动态变化，并将数学方法、模型理论和计算机手段运用到了理论与实践中。这一时期利润最大化不再是企业的唯一目标，而成为主要目标，组织对于社会目标的认知不断增长，目标中的社会因素有所增多。这一时期的理论认识到了以某种绝对的人性假设为出发点建立的管理理论是存在缺陷的，因此现代管理理论总体上更倾向于积极的人性观点，以激励组织成员的方法来提高组织运行的效率和实现组织目标的目的。

具有代表性的系统管理理论提供了研究管理行为的系统视角，并试图总结出管理中最普遍性的规律，实现了对强调结构分系统和管理分系统的古典管理理论、强调社会心理分系统的行为科学管理理论、强调技术分系统的管理科学学派等理论的有机整合，是学派林立的管理学理论中比较成功的综合体。

美国组织理论家斯科特（W. G. Scott）称，系统管理理论是管理学的真正革命，并把它比作是从牛顿的经典力学到爱因斯坦的相对论的转变。但是这一理论的缺陷在于，系统方法过于抽象，对想要从这个理论收获管理经验的组织管理者来说，这是难以实践的。② 孔茨的《再论管理理论的丛林》一文也提到，对于经验丰富的管理者来说，这并不是什么新鲜的观点。理论上具有重大意义的系统管理理论在实践中的价值有限。

21世纪以来，世界逐渐呈现出信息网络化、经济全球化、知识资源化和管理人本化的时代特征，③ 与之相适应的，企业开始更多地应用计算机管理系统来提高管理效率，内部组织结构出现扁平化的趋势，在战略上更加重视人力资本和知识的力量。管理学理论多学科交叉的趋势更加明显，彼得·圣吉（Peter M. Senge）的学习型组织、迈克尔·波特（Michael Porter）的竞争战略理论等新理论也相继出现。

---

① 卡斯特，罗森茨韦克. 组织与管理：系统方法与权变方法［M］. 傅严等译. 北京：中国社会科学出版社，2000：139-146.

② 郭咸纲. 西方管理学说史［M］. 北京：中国经济出版社，2003：325.

③ 周三多. 管理学——原理与方法（第五版）［M］. 上海：复旦大学出版社，2009：85.

第二节　海上风电项目开发建设法律手续管理基本内容

在海上风电项目的投资开发建设中，法律事务管理是一项集风险管理和内部控制于一体的重要工作，而其中的法律手续管理具有极其重要的意义，应该予以高度重视。

法律手续管理就是在海上风电项目开发建设过程中，为了取得项目生产过程所必需的合法性支持并规避各种法律风险，依照国家机关所制定的相关法律法规与政策规定，对于项目投资与建设单位应该办理的各种法律报批手续的日常操作与管理过程的统称。一方面，海上风电开发建设作为一个新兴能源开发与经济发展行业领域，涉及许多不确定的经济社会问题，项目开发涉及海域管理、新型能源开发与管理、经济项目投资、社会安全生产与环境保护等多个政府职能领域。相应地，海上风电项目的投资开发建设的政策性很强，整个开发建设过程涉及诸多行政许可、登记、备案以及开发建设过程的事中及事后政府监管事项。这些法律手续的办理直接关系到项目开发建设过程乃至整个项目投资的合法性，若开发建设过程中某些环节缺失或违规，则会直接影响电站资产的确权登记、并网发电或补贴电费申报，不仅会影响项目投资的经济收益，更会直接造成项目开发建设的合法性风险。另一方面，项目开发建设法律手续事务处理也是一个管理过程，要考虑到效益和效率，实现项目管理的合理性价值目标。项目开发建设法律手续事务的核心是报批、登记或备案手续的办理，涉及各种相关支持性材料与法律文书的组织准备，需要与很多个不同类型的组织与部门沟通，往往需花费大量时间，因此法律手续管理是一个涉及成本控制与效率管理问题。这正是本书撰写的初衷与出发点。

本节主要基于管理学一般原理，结合各国，尤其是我国海上风电项目开发建设相关法律法规规定和项目开发建设实践，建构海上风电项目开发建设法律手续管理的主要内容。具体来说，就是在总体上将海上风电项目开发建设法律手续管理工作划分为基础性管理与实务性管理两个部分。其中，基础性管理部分构成主要是基于系统管理理论，将海上风电开发建设项目法律手续管理划分为流程管理、组织管理、工具管理与环境管理四个部分的管理工作；实务性管理部分则根据项目开发建设基本流程和法律手续之间的内在关系，将项目开发建设法律手续管理工作划分为项目开发前期、建设期和竣工验收期等三个方面的实务性管理工作。

一、海上风电开发建设项目法律手续管理的基础性构成内容

所谓基础性构成内容，就是作为社会管理系统的一个构成部分，为了实现基本管理价值、实现管理过程的科学化，海上风电开发建设项目法律手续管理工作所应该具备的一般性管理内容。如前文所述，在管理实践发展的不同阶段，由于价值取向与经济技术条件的不同，管理工作的基本构成内容有着不同的理解和实践模式。依据一般管理系统理论和管理要素理论基本原理，一个完整的生产管理组织通常可以细分为计划、组织、技术与环境等管理子系统。由于在海上风电开发建设项目法律手续管理实践中，计划管理主要是法律手续管理流程方案的设计与实施过程，而技术管理主要是围绕各种法律文书的草拟、申报、管理与利用过程，因此，本书将分别引入流程管理和工具管理以取代计划管理与技术

管理作为基础性管理内容。相应地，海上风电开发建设项目法律手续管理基础性构成包括流程管理、组织管理、工具管理与环境管理四个方面的基本内容。

（一）流程管理

海上风电开发建设项目法律手续管理的直接目标就在于获取项目开发建设过程的各种法律法规支持，实现项目开发建设的合法性。它主要是围绕一系列法律文书的报批、登记与备案等各项法律手续工作展开。为了实现工作过程的有效性，就有必要实现手续管理过程的科学化，这就是法律手续的流程管理问题。所谓法律手续流程管理，就是海上风电开发建设项目法律手续管理组织为了提高自身运转效率、明确办事流程，在组织战略的指导下，为实现海上风电项目开发建设过程的合法合规性和有效性，针对组织内部的具体事项而进行标准化和规范化管理的过程。具体来说，海上风电开发建设项目组织流程管理可以划分为流程管理方案设计、流程实施与管理、流程反馈与优化等三个方面基本内容。

一是流程管理方案设计，也可以简称为流程设计。海上风电开发建设项目法律手续组织管理者需要根据组织的实际情况将法律手续管理过程进行分解，并结合组织的战略管理目标对整体组织的管理流程进行设计规划。流程设计的重点就是要理清法律报批手续过程的各个环节，做好报批过程的规划设计，以节约整个流程的办事时间，提高办事效率。

二是流程实施与管理。这是海上风电开发建设项目法律手续管理流程方案得以贯彻落实的执行过程。在流程方案实施的过程中，法律手续组织管理者要做好前期准备，在此基础上按照计划对法律手续管理流程方案进行实施，并对流程实施进行实时控制，以确保整个流程方案得以有效贯彻落实。

三是流程反馈与优化。这是对组织流程方案及其实施过程按照一定标准进行的检测与评价，以便及时发现可能存在的偏差与问题，并及时加以修正。海上风电项目法律手续管理流程的反馈与优化应该以流程精简、明确、高效为目标，时刻关注外部环境的变化，注重在流程设计及其实施过程中处理好组织内外各相关主体之间的关系，以法律手续办理流程为中心完善相关组织制度和结构，发挥好流程清单的作用，及时优化和完善组织流程，以促进海上风电项目法律手续报批流程不断优化与高效运行。

（二）组织管理

管理工作本身构成了一个协作系统。这个协作系统的组建、运行与监控过程，构成了其组织管理子系统。这个子系统所承担的核心工作任务就是建立使整个管理系统得以有效运行的组织载体，并且对这个组织载体的日常运行进行监督和评估。海上风电开发建设项目法律手续组织管理功能具体包括以下几方面内容。

一是组织设计与重塑。这就是要对一个特定海上风电开发建设项目所要办理的各项法律手续管理任务进行分析、组合与调整。基于一定的组织原则，根据工作任务的内在关联、繁简难易程度、技术要求和时间属性等相关要素，将各项具体任务组合成为该项目开发建设法律手续管理工作得以实施的不同管理岗位，进而将不同管理岗位组合为不同的工作小组、部门，最终设计和建立一个完整的项目开发建设法律手续管理组织。同时，组织建成之后并非是恒定的，由于工作任务或者相关法律法规的变化，还需要对该项目开发建设法律手续管理组织进行岗位与机构重组，也就是实施所谓的组织改革过程。

二是组织人力资源管理。这就是对一个特定海上风电开发建设项目内协调、处理法律事务的从业人员招聘、录取、培训、使用、升迁、调动、退休的全过程管理。通过"选人""用人""留人""育人"四个阶段，对组织内部的流动情况、流入和流出行为进行预测，制订动态的法律人才供求平衡计划，使得法律手续管理组织内的人力、物力保持最佳比例。同时，由于法律实务人力资源具有区别于其他资源的独特性，应增强人力资源管理的前瞻性和预见性，完善信息化管理系统，塑造良好的企业文化，构建适合海上风电开发建设项目法律手续组织的人力资源管理模式，有效应对外部竞争与挑战，合法、有序地推进项目开发和建设。

三是组织运行的监督与绩效考评。这就是一个特定的海上风电开发建设项目法律手续管理组织根据绩效目标协议书所约定的评价周期和评价标准，选择公平、合理、有效的评价方法，收集、分析、评价和传递有关员工法律手续事务处理方面行为表现和结果的过程。通过监督与绩效考评，法律手续组织管理者可以将精力集中在对绩效有最大驱动力的法律业务活动上，获悉、监控每项法律事务处理的进展状况和任务完成度，同时运用科学的定量与定性相结合的方法，对员工个人行为的实际效果、岗位贡献和产出价值进行客观描述，确定每位员工对组织的贡献和各个岗位任务的完成情况。

（三）工具管理

海上风电项目法律手续工具，主要是指海上风电项目开发建设法律手续管理过程中形成的各种文档资料的统称，既包括法律手续过程中的核心文件（例如各种报批、批复文件）及其支撑性文件（如各种报批文档的模板、法律依据文件），也包括本企业或本部门日常办公过程中形成的其他各种公务往来文件。海上风电项目开发建设法律手续工具管理则是指通过严格规范的制度和科学有效的方法对上述法律手续工具的数量、质量和运作过程进行监控和掌管，包括法律手续文档的拟制与传递、整理与分类、归档与保存以及利用与查询等。法律手续工具管理有利于构建规范化的文件管理体系，有利于促进企业文档工作的标准化，有利于促进法律手续工具的信息化、知识化。具体而言，法律手续工具管理主要包括文档一体化管理和知识化两个方面的工作内容。

法律手续文档一体化就是从文件管理和档案管理的连续性和整体性出发，将其融入统一的管理系统中，使之成为一个有机的整体，实现从文件到档案的无缝衔接和全流程管理，使之系统化和规范化并达到文件与档案资源的最优管理和利用效果。法律手续文档一体化管理有利于保障法律手续文档质量，提高文档管理水平，尤其是对于电子文件管理意义重大。一体化的内容主要包括法律手续文档生成的一体化，法律手续文档管理的一体化，法律手续文档利用的一体化。结合文档管理的阶段，一体化管理具体包括法律手续文件生成前的管理、法律手续文件生成及运转中的管理、法律手续文件鉴定及归档中的管理和法律手续档案维护及提供利用中的管理。为了进一步保障法律手续文档一体化管理的实施，应该加强文档一体化管理组织体系及队伍建设、完善文档一体化管理的制度建设、升级文档一体化管理信息化建设。

法律手续文档资料是风电企业重要的知识资产，风电企业员工的日常工作尤其是风电项目开发建设法律手续过程都离不开前期法律手续文档资料的支持，在知识管理环境下，风电企业要加强法律手续文档资料的知识化管理。从知识管理和文档管理相结合的角度出发，法律手续文档知识化管理可以包括文档知识挖掘和文档知识服务。文档知识资源挖掘要尤其注意隐性知识的挖掘，促进信息的增殖，增加企业创新动力。文档知识服务则要注重用户需求的满足，突出以"知识"提供服务，实现基于知识管理的文档服务创新。

（四）环境管理

为了确保海上风电开发建设项目各阶段法律手续能够顺利完成，需要营造一个良好的公共关系环境。借助良好的公共关系环境，有利于在办理各项法律手续的时候花费更少的时间，节约更多的人力和资金成本。所谓海上风电开发建设项目法律手续环境管理，其实质就是运用各种公关沟通策略，建构项目法律手续管理过程中良好的公共关系环境的过程。具体而言，海上风电开发建设项目法律手续环境管理主要包括以下几个方面内容。

一是公共关系管理。在办理各种法律手续的过程中所面临的对象是一个庞大并且复杂的群体，根据办理法律手续需要面对的公众对象，主要涉及内部员工、政府部门、媒体、社区、竞争对手和国际合作者。相应地，公共管理管理涉及对员工关系、政府关系、媒体关系、社区关系、竞争对手关系和国际公共关系的管理。

二是公关沟通传播。公共关系需要同各类公众进行交流、沟通，而沟通和交流又常常经由不同的"传播"渠道或方式来加以实现。在公共关系中，传播是社会组织利用各种媒介，将信息或观点有计划地与公众进行交流的沟通活动。传播是一个有计划的完整的行动过程，是一种信息的分享活动。[①] 其中比较常用的沟通传播方式包括人际交往和口语传播、文字沟通传播、大众沟通传播和网络沟通传播。通过分析了解这些沟通传播模式，将有助于掌握不同传播模式的沟通技巧。

三是危机公共关系管理。海上风电开发建设项目在开发建设过程中，会遇到各种危机状况。这些危机轻则会给法律手续审批主管单位留下不好的印象，导致后续手续办理受阻；重则会引发媒体的报道、社会舆情而使得组织形象受损。不论一些大的事件抑或是小的事件，都有可能会导致组织陷入危机当中。而所谓危机公关管理就是在危机法治化过程中采取合适的沟通手段与策略，影响目标公众对项目开发建设的态度和行动，营造一个良好的公共关系环境氛围的过程。通过了解公共关系危机的特点、处理原则以及处理流程，有利于组织面临危机之时有效应对。

二、海上风电开发建设项目法律手续管理的实务性构成内容

所谓实务性构成内容，就是海上风电开发建设项目法律手续管理作为一种特殊管理活动，其自身所特有的不同于其他管理工作类型的各种管理事务的统称。由于海上风电开发建设项目法律事务管理的主要目标在于实现项目开发建设的合法性与合理性，在一般的基础性管理工作基础上，其核心工作是要确保项目建设的合法合规性，也就是要依照相关法律法规的要求，完成各种报批、登记与备案法律手续，获得各种支持性的法律文书。这些工作构成了海上风电开发建设项目法律手续管理最为重要的实质性工作任务，或者说实务性管理工作。如上所述，这方面工作包括项目开发建设前期、建设期和竣工验收期等不同阶段的法律手续实务性工作。

---

① 赵宏中. 公共关系学 [M]. 武汉：武汉理工大学出版社，2006：94.

（一）建设前期法律手续实务性工作内容

海上风电项目开发建设前期主要进行项目策划和决策，要对项目的经济性、可行性进行研究，在此基础上取得办理项目的核准手续，获得项目开发权。这一阶段法律手续管理所有工作都围绕项目开发权展开，获得项目开发权是这个阶段最终的工作成果，也是项目投资开发建设的基础。

海上风电项目开发建设前期的法律手续主要包括海上风电项目的核准手续，以及在开工建设前应具备的各行政许可事项和对项目生产运营具有重要意义的其他手续。具体包括：项目核准、用海预审、海上环境影响评价、环境影响评价、水土保持方案、海底电缆路由调查勘测、地震安全性评价、军事设施保护意见、职业病危害预评价、电网接入系统设计审查、安全生产条件和设施综合分析，以及对项目能源利用情况、节能措施情况和能效水平进行分析等法律手续。

（二）建设期法律手续实务性工作内容

建设期是海上风电项目开发建设的关键环节，是资金密集投放、项目资产形成的阶段。这个阶段工作量最大、任务最重，新能源开发企业确定参建各方、筹集资金、采购材料设备，组织参建各方开展建设任务，在质量、造价、工期的限制条件下，以及自然环境和社会环境的约束下，完成建设任务，实现投资目标。这个阶段可以划分为施工准备、主体工程施工、工程启动验收和工程移交生产验收四个环节。这一阶段法律手续管理的重点在于确保项目建设施工过程的合法性保障，也就是要为项目开发建设各个环节各项工作取得合法性支持，规避各种法律与政府监管风险。

海上风电项目建设期的法律手续主要包括开工建设过程中各种行政许可、备案、登记和政府监管检验手续，以及并网启动环节的各种合规手续。具体包括海域使用权审批手续、建设工程规划手续、水上水下活动许可手续、质量监督、消防设计手续、防雷设计手续、海底电缆管道铺设许可、通航安全检查、职业病危害因素监测和环境保护监测，以及质量监督机构验收手续、并网调度协议、高压供用电合同、购售电合同、电价文件、并网启动验收鉴定书、工程移交生产验收鉴定书等手续文件。

（三）竣工验收期法律手续实务性工作内容

竣工验收是工程建设的总结和生产运营的开始。这个阶段主要完成工程质量验收、各专项验收、竣工决算和审计、概预算执行情况审核、工程档案整理等工作，进而取得项目的合法营运资格。这一阶段法律手续管理工作重点在于为获得项目营运资格而取得各种前置性支持文书。

海上风电开发建设项目竣工验收阶段的法律手续主要包括环保验收、水土保持验收、消防验收或备案、安全验收、计量验收和档案验收等各专项验收手续，以及工程竣工验收鉴定书。

第三节 项目开发建设法律手续管理基本原则

本节重点在于结合海上风电项目法律手续管理实践与发展趋势，立足于管理科学化一般准则和法律手续管理合法性、有效性的基本价值定位，阐述法律手续管理所需要遵循的基本管理原则。

管理原则是管理原理或理论在管理实践中的具体化行为准则。原理范畴指的是某种客观事物的实质及其运动的基本规律。所谓管理原理就是对管理工作的实质内容进行科学分析提炼而成的理论形态。它是管理实践的抽象，是对各项管理制度和管理方法的高度综合与概括，因而对一切管理活动具有普遍的指导意义。① 通常来说，原理是人们对于客观对象的实质及其运行规律的认识结果，这种结论的得出应该是客观的、价值中立的。如果认识对象存在确定的本质和不变的运行规律，那么，所谓原理就应该是唯一的、不变的。但是，由于人们认识的局限性，也可能是由于不存在唯一的、不变的原理或者真理，人们关于管理实践的认识经历了一个不断发展的过程，形成了形形色色的管理理论流派。这些理论都是所谓管理原理在不同时期、不同主体认识过程的结果。不过，无论管理理论有多少流派，管理理论丛林如何复杂，人们总是认为管理理论或者说管理原理应该是客观的、可重复的、价值中立的。

管理原则是人们根据对管理实践的认识，基于一定的价值考量和现实情境考虑而主动或被动遵循的行动准则。管理原则的确定通常应以客观原理为依据，但作为管理活动的行动准则，它又要受到行动主体的价值导向、认知与行动能力以及具体管理情境等诸多主客观因素的制约与影响。因此，在日常管理工作中，我们既要认识原理与原则的内在一致性关系，又要注意二者之间的区别。在确定海上风电开发建设项目法律手续管理的基本原则时，就有必要在各种管理理论基础上，结合海上风电开发建设项目法律手续管理的价值定位与运行实践，确定既符合一般管理原理，又切合项目法律手续管理价值定位与运行时间情境的行动准则。

如前所述，人们逐渐认识到任何管理系统都是由价值目标、组织、技术、管理流程、信息与环境等子系统共同构成的一个有机统一体。任何管理目标的实现，有赖于这些子系统之间的协同互动，进而促成有机体整体性功能的有效发挥。就海上风电项目开发建设法律手续管理工作而言，为了实现项目开发建设过程的合法性与有效性，法律手续管理工作也是由各种基础性管理与实务性管理工作共同构成了一个有机体系。基于管理系统理论和法律手续管理的自身价值诉求，海上风电开发建设项目法律手续管理应该遵循系统化、人本化、专业化、效益化、标准化与信息化等基本原则。

一、系统化原则

系统化原则来源于人们对客观原理的再认识，其确立固然以客观原理为依据，但是也融入了一定的人为规定性，一般带有指令性和法定性，约束和规范着人的行为。② 海上风电项目是一个系统性的固定资产投资工作，其开发建设过程每个阶段都涉及纷繁复杂的法律手续，而任何环节的法律风险都可能会影响项目的合法性。因此，海上风电项目开发建

---

① 周三多，陈传明，鲁明泓. 管理学——原理与方法（第三版）［M］. 上海：复旦大学出版社，1999：109.

② 周三多，陈传明，鲁明泓. 管理学——原理与方法（第三版）［M］. 上海：复旦大学出版社，1999：109.

设法律手续管理首先要遵循系统化原则。

（一）系统化原则概念的提出

在组织管理研究领域，美国著名管理学家巴纳德在 1948 年出版的《组织与管理》一书中最早运用系统的观点从多层次、多方面对组织问题进行了研究，并建立了一套影响深远的系统理论体系。在巴纳德的系统理论体系中，组织是由物质、技术、人和社会关系等组成的协作系统，并指出要把系统作为一个动态和发展的整体来看待，因为系统的每一部分都与其他部分有着重要的关系，当这些关系发生变化时，作为整体的系统也会发生变化。同时，巴纳德区分出了协作系统中的组织子系统、物质子系统、人员子系统、社会子系统。组织子系统起着核心作用，物质子系统是机械设备、材料等物质手段的系统，人员子系统指管理者和工作人员组成的集团，社会子系统指一个协作系统同其他协作系统交换效用的系统。基于子系统分析，巴纳德进而提出了组织三要素：协作的意愿、共同的目标、信息交流。最后巴纳德还分析了系统平衡需要的两个条件：一是组织对成员有吸引力，二是成员对组织有贡献，这种相互的作用保证了组织内部和外部的平衡。①

在巴纳德之后，系统和系统观逐渐成为组织管理研究领域的基本概念。阿尔蒙德主张使用"政治系统"这一新概念来替代国家、政府、民族等传统的局限于法律和机构意义的政治学术语。② 戴维·伊斯顿尝试应用系统方法对政治进行分析，他认为，"我们可以把政治生活看作一个行为系统，它处于一个环境之中，本身受到这种环境的影响，又对这种环境产生反作用"。正是基于这个观点，他创立了以输入和输出为循环系统的政治系统论。③ 此后，帕森斯、利维、默顿等学者基于系统论发展出结构功能主义，认为社会是具有一定结构或组织化形式的系统；构成社会的各个组成部分，以其有序的方式相互关联，并对社会整体发挥相应的功能；社会整体以平衡的状态存在着，其组成部分虽然会发生变化，但经过自我调节整合，仍会趋于新的平衡。④ 在这样的理论发展背景下，基于人们对系统理论认知的深化，系统化原则逐步形成和发展。

（二）系统化原则的内涵

系统化原则指以整体性、动态性、开放性、环境适应性、综合性的视角和方法对管理活动进行系统分析和指导，以达到优化管理及提高管理效益的目标。具体地，系统化原则可以细分为整体性原则、动态性原则、开放性原则、环境适应性原则和综合性原则，⑤ 每种原则都有其丰富的内涵。

---

① ［美］丹尼尔·A. 雷恩. 管理思想的演变（第四版）［M］. 李驻流等译. 北京：中国社会科学出版社，1997：347-357.

② ［美］加布里埃尔·A. 阿尔蒙德，小 G. 宾厄姆·鲍威尔. 比较政治学——体系、过程和政策［M］. 曹沛霖等译. 上海：上海译文出版社，1987：3-27.

③ ［美］戴维·伊斯顿. 政治生活的系统分析［M］. 王浦劬等译. 北京：华夏出版社，1998：3-20.

④ 叶克林. 现代结构功能主义：从帕森斯到博斯科夫和利维——初论美国发展社会学的主要理论流派［J］. 学海，1996（6）：73-78.

⑤ 周三多，陈传明，鲁明泓. 管理学——原理与方法（第三版）［M］. 上海：复旦大学出版社，1999：114-117.

（1）整体性原则。任何系统都是一个有机的整体，它不是各个部分的机械组合或简单相加，系统的整体功能是各要素在孤立状态下所没有的性质。系统要素之间以及要素与系统之间的关系以整体为主进行协调，局部服从整体，使整体效果达到最优。实际上就是从整体着眼、部分着手、统筹考虑、各方协调，达到整体的最优化。

（2）动态性原则。系统的功能是时间的函数，因为不论是系统要素的状态和功能，还是环境或联系的状态都是在变化的。掌握系统动态原理、研究系统的动态规律，可以让我们预见系统的发展趋势，树立起超前观念，减少偏差，掌握主动，使系统向期望的目标顺利发展。

（3）开放性原则。任何有机系统都是耗散结构系统，系统与外界不断交流物质、能量和信息，才能维持其生命。并且只有当系统从外部获得的能量大于系统内部消耗散失的能量时，系统才能克服熵而不断发展壮大。所以，对外开放是系统的生命。

（4）环境适应性原则。如果系统与环境进行物质、能量和信息的交流，能够保持最佳适应状态，则说明这是一个有活力的理想系统。否则，一个不能适应环境的系统则是无生命力的。系统对环境的适应并不都是被动的，也有主动的，那就是改善环境。

（5）综合性原则。所谓综合性就是把系统的各部分、各方面和各种因素联系起来，考察其中的共同性和规律性。任何一个系统都可以看作是由许多要素为特定的目的而组成的综合体，如世界、社会、国家、企业、学校、医院以及大型工程项目几乎都是非常复杂的综合体。

（三）系统化原则的基本要求

基于现有理论，海上风电项目开发建设法律手续管理作为一项系统风险管理和内部控制的重要工作，应以系统理论以及系统化原则为指导，明确管理过程中需要遵守的各项基本要求。

第一，整体性原则要求人们在认识和改造系统时，必须从整体出发，从组成系统的各要素间的相互关系中探求系统整体的本质和规律。因此，一方面应将项目的整个过程划分成开发前期、建设期和竣工验收期三个阶段，并逐个对每个阶段涉及的法律手续进行针对性的管理，突出每一个阶段管理工作的特征和重点；另一方面需要把三个阶段联系起来，做好不同阶段间法律手续的对接协调工作，注重从整体上提升管理工作的效率和效益。此外，项目开发涉及经济、社会、环境、海域、能源、财务、制度、工程、技术等各个领域，既要对每个领域的法律手续进行详尽管理，还应该把各个领域综合起来考量，协调各子系统之间的相互关系，确保项目的合理性和合法性。

第二，动态性原则要求人们以动态的、变化的、发展的眼光看待系统，研究其中的动态原理和规律，使系统向预期目标顺利发展。因此，需要把握海上风电项目开发建设法律手续管理的动态性，根据不同阶段和要素的运动规律，区分出常规管理和例外管理。常规管理注重根据各阶段的特征规划好法律手续工作；例外管理侧重制定完备的应急预案，以应对法律手续管理过程中随时可能发生的例外情况。动态性原则还要求海上风电项目开发建设法律手续管理需要紧跟国家的法律法规、方针政策、社会政治经济等各种环境因素的发展而作出调整变化，保证项目最后顺利通过各项审核和验收，进而投入运行，获取效益。

第三，开放性原则强调系统是开放的而非封闭的，特定系统与其他系统以及外在环境之间不断进行物质、能量和信息的交流。在这个开放的过程中，系统通常会主动采取交流、学习、交换、吸纳、输出等策略手段。因此，海上风电项目开发建设法律手续管理过程中应时刻保持与其他相关主体和环境的沟通联系，主动学习最新的法律法规和政策规范，学习其他主体的先进管理技术和手段，积极吸纳优秀的各类人才，排除内部的不利因素，最终保持法律手续管理的高效运行。除了维持系统与外界的开放之外，系统内部各子系统也应该保持开放状态。海上风电项目系统中的法律、财务、技术等各子系统相互开放，互通信息和资源，相互促进和制衡，最终提升法律手续管理的效率效能。

第四，环境适应性原则更加侧重系统以被动或主动的方式与环境进行交互作用，适应环境的制度规范和运行逻辑，从而增加系统的合法性。因此，海上风电项目开发建设法律手续管理要立足于所处的环境，包括政治、经济、文化、社会、制度等领域环境，清晰界定每一种环境的运行特征规律，在此基础上调整法律手续管理的策略手段，以适应环境的整体要求。需要注意的是，相较于被动适应，海上风电项目开发建设法律手续管理更应该主动去适应环境，积极筹备系统的管理方案，科学应对环境中存在或可能存在的各类风险。甚至提出对环境的改造意见和建议，在适应环境的过程中，促进系统与环境的同步发展。

第五，综合性原则的侧重点是把系统的各部分、各方面和各种因素联系起来，考察其中的共同性和规律性，在综合局部的基础上更好地把握整体。从这个原则出发，海上风电项目开发建设法律手续管理需要运用综合性的视角，详细深入分析内部各个子系统和构成因素的规律性，进而掌握其中的共同性，把握主要矛盾和次要矛盾，以及矛盾的主要方面和次要方面，通过对各因素的综合分析，更好地对项目法律手续进行管理。

二、人本化原则

正如我们能清楚感知到的，这个世界正在发生日新月异的变化，相应地，管理的变化也是一日千里，其速度之快和程度之深完全超出我们的想象。但无论世界怎样变化，我们都不能将组织与其中的人割裂来看。管理不仅仅要关注对技术的掌握，更多的是需要一种对生活的人文看法。作为管理的基本原则之一，人本化原则就是以人为主体的管理思想，人本化原则的主要观点就是尊重人、依靠人、发展人、为了人。

（一）人本化原则的概念

纵观管理理论的沿革，"人本化"是与"以物为中心"的管理思想相对应的概念。在西方资本主义前期，传统的管理理论以技术与结构为核心，将组织视作机器，将人视作"活的工具""经济人"等，通过专业分工和详细的指导、控制来适应短期的效率需求。比如，科学管理理论的奠基人泰勒就致力于挖掘作为机器附属物的劳动者的潜能，而之后的几十年中，管理理论都没有摆脱这种把人视作工具的观点。直到20世纪50年代，一部分管理学家和行为科学家开始认识到劳动者的行为决定了企业的生产效率，将组织中的个人、非正式群体、群体间关系，以及正式结构的社会系统这些概念放到了极其重要的地位。行为科学认为，"人"不单单是"经济人"，还是"社会人"，即影响工人生产效率的因素除了物质条件之外，还有人的工作情绪，自此逐渐形成了现代的人本管理的理论与实践。

有学者将人本化的管理原则概括为"3P"原则，即 of the people（企业最重要的资源是人和人才），by the people（企业是依靠人进行生产经营活动），for the people（企业是为了满足人的需要而存在）。基于这样的观点，学者们认为，现代企业管理的三大任务是创造顾客、培养人才和满足员工需要，而人自始至终处于经营管理的核心地位。芮明杰提出，人本化的管理原则应当从两层含义来理解：首先，确立人在管理过程中的主导地位，继而围绕着调动人的主动性、积极性和创造性去开展企业的一切管理活动；其次，通过以人为本的管理活动和以尽可能少的消耗获取尽可能多的产出的实践，来锻炼人的意志、脑力、智力和体力，通过竞争性的生产经营活动，达到完善人的意志和品格，提高人的智力，增强人的体力，使人获得超越束缚于生存需要的更为全面的自由发展。①

综上所述，结合本书的研究对象和研究内容，人本化原则可以定义为：在海上风电项目的法律事务管理活动中，以人为中心，把"人"视作企业管理的核心和企业最重要的资源，围绕着如何充分利用和开发企业的人力资源，服务内外利益相关者，从而实现企业目标以及员工和顾客的价值追求。

（二）人本化原则的基本内涵

从人本化原则的概念中，可以反映人本化原则的基本内涵。

第一，人本化原则的核心是人。与以"物"为中心的管理原则的最大区别在于，人本化原则强调项目的法律事务管理过程要围绕识人、选人、用人来展开。如果忽视人，企业内部领导之间、各部门之间、上下级之间遇事相互推诿、扯皮，管理者与员工纠纷不断，那么再好的内部环境也会被耗尽，再好的外部环境也将错过，致使项目最终走向失败。

第二，企业全体职工都有权参与企业管理。人本化原则意味着全员参与的管理，在人本管理的企业中，每位员工都是真正的主人。在工作秩序上不是由上到下的控制导向的管理模式，而是通过授权，让员工享受权力、信息、知识和酬劳，从而使得人人都有授权赋能的感受。

第三，实现企业目标的主要方式是使人性得到完美的发展。从人本化原则的视角来看，人是决定企业兴衰成败的决定性因素。在管理过程中，除了关注人的行为，利用和开发企业的人力资源，更要关注员工人性的发展。在多样化的组织中，实施每一项管理措施、制度、办法时，不仅要考虑经济效益，同时要考虑对人精神状态的影响，要从尊重人及其种族、信仰、文化、爱好、兴趣出发，促进人的全面发展。

第四，管理活动的服务对象是人。这里所讨论的"人"不仅包括企业的管理者、企业的全体员工，还包括企业外部的、通过提供产品为之服务的用户。企业生产经营的目的是为了通过销售产品来实现利润，因此，除了生产者和经营者，企业更要关注用户需要，根据需求确定企业的经营和产品发展方向。

（三）人本化原则的基本要求

第一，重新认识人。管理理论对人性的假设经历了"完全理性人"—"有限理性

① 芮明杰.管理学：现代的观点［M］.上海：上海人民出版社，2006：28.

人"—"经济人"—"社会人"—"自我实现人"几个阶段,知识经济时代要求我们重新认识人以及人与企业之间的关系。人本化原则就是要求管理者在项目开发前期、建设期和竣工验收的各个阶段都要重视人的地位与作用,重新认识人的本质和心理活动,采取有效的制度设计和管理活动来最大限度调动员工的积极性和创造性。

第二,关注企业与员工的同步发展。这一层面的人本化原则要求企业实行参与管理、民主管理,使全体员工既成为管理的客体,也同时成为管理的主体;重视法律事务人才的选拔、培养和保护,加大人力资本投资的力度;创造良好的企业文化,形成员工共同的行为模式,开展团队之间的合作与学习,建立学习型组织。

第三,关注人际关系管理。海上风电项目的法律事务工作是一个由多人组成的协作系统,企业内部、外部都存在着错综复杂的人际关系。对企业内部人际关系的构建有助于实现项目目标,对外人际关系网络具有信息沟通、调动资源、增强互信等功能,对项目生产过程所必需的合法性支持、规避各种法律风险具有重大意义。

三、专业化原则

(一) 专业化原则概念的提出

在组织管理研究领域,专业化原则最早由被誉为"科学管理之父"的泰勒提出。泰勒在 1912 年出版的《科学管理原理》一书中提出了科学管理的中心问题是提高劳动生产率;为了提高劳动生产率,必须为工作挑选"第一流的工人";要使工人掌握标准化的操作方法,使用标准化的工具、机器和材料,并使作业环境标准化;把计划职能同执行职能分开,变原来的经验工作法为科学工作法;实行职能工长制。这些原则构成了泰勒科学管理理论的基本内容,也形成了组织管理上专业化原则的早期雏形。与泰勒的观点相似,"管理过程学派"的奠基人法约尔提出了管理的 14 条原则,其中包括劳动分工原则,认为劳动分工可以提高劳动的熟练程度和准确性,从而提高效率。[1] 尽管早期的理论更多关注组织内的分工,但分工是专业化原则得以形成的基础。

现代官僚制理论的奠基人韦伯提出官僚制是建立在高度分工和专业化基础上的。作为一种理想的行政组织形式,官僚制具有合理分工的特征,即明确划分每一个组织成员的职责权限并以法规的形式严格固定这种分工,直至将每个小的方面的工作分工至每个职位所应承担的任务。韦伯同时强调工作的专业化便是高度明确分工的结果。这样不仅有利于组织成员通过训练掌握专门的技能,更有利于提高组织的工作效率。而为了提高专业化水平,韦伯还提出组织需要建立适应工作需要的专业培训机制,各个部门均有专业的技术人员以及一套稳定且详细的技术规范要求,进而从根本上提高组织效率。[2]

率先将行为主义研究方法和决策概念引入行政管理研究的行为主义行政学家西蒙在分析组织设计的时候提出了组织的专业分工原则,他认为由于组织成员是有限理性的,所以

① [美]哈罗德·孔茨,海因茨·韦里克. 管理学(第十版)[M]. 张晓君等编译. 北京:经济科学出版社,1998:21.

② [美]弗莱蒙特·E. 卡斯特,詹姆斯·E. 罗森茨韦克. 组织与管理:系统与权变方法(第四版)[M]. 傅严等译. 北京:中国社会科学出版社,2000:83-85.

必须将作为整个决策系统的组织分解为彼此相对独立的子系统，即进行决策职能的分工，从信息处理的角度对组织结构纵横两个方面进行专业化分工，认真设计有关的信息沟通网络。①

经历了传统公共行政、新公共行政时期的发展，组织管理理论的研究步入了新公共管理发展阶段。英国著名管理学家胡德归纳新公共管理的特征之一为在公共部门中实施专业化管理，让公共管理者自己管理并且承担责任。奥斯本也强调，分权的机构产生更高的士气、更强的责任感、更高的生产率。② 显然，专业化原则成为管理理论中的一个基本原则，强调将工作划分成各种专业化的任务，然后把这些专业化的任务组成不同的部门，据此提高组织的管理效率和效能。

（二）专业化原则的基本内涵

根据既有理论，专业化原则指的是将整体工作划分成各种专业化的任务，进行合理职位设置，并为每个部分配置专业的人员、设备和标准，不断完善各部分工作的专业程度，从而促进整体工作效率和效能的提升。

专业化原则内涵强调分工的重要性。组织应在合理分工的基础上确定每个人的职位，明确规定各职位应担负的职责任务。职责不是抽象的概念，而是在数量、质量、时间、效益等方面有严格规定的行动规范。表达职责的形式主要有各种规程、条例、范围、目标、计划等。所以，职责是整体赋予个体的任务，也是维护整体正常秩序的一种约束力。它是以行政性规定来体现的客观规律的要求，绝不是随心所欲的产物。③

专业化原则还注重职位设计和权限委授的合理性。明确了职责，就要授予相应的权力并给予相应的利益。职责和权限、利益、能力之间的关系遵守等边三角形定理。职责、权限、利益是三角形的三个边，它们是相等的，能力是等边三角形的高，根据具体情况，它可以略小于职责。这样，就使得工作富有挑战性。此外，对人员的奖惩要分明、公正而及时，并且奖惩工作尽可能地规范化、制度化。职责、权限、利益相均衡是实现专业化原则的可靠保证。④

专业化原则还应以达成整体目标为前提。尽管专业化是在整体的基础上进行分工，然而，专业化分工又要求目标的整体化，以达到共同的目标。这是一种既有分析又有综合的过程。也就是说，按照专业化活动的要求，将任务分成几部分，然后朝向完成目标的方向将这些活动结合起来。因此，整体化是专业化的目的，专业化是整体化的手段。⑤ 值得注

---

① 周三多，陈传明，鲁明泓. 管理学——原理与方法（第三版）［M］. 上海：复旦大学出版社，1999：10.

② ［美］戴维·奥斯本，特德·盖布勒. 改革政府：企业精神如何改革着公营部门［M］. 东方编译所编译. 上海：上海译文出版社，1996：235-236.

③ 周三多，陈传明，鲁明泓. 管理学——原理与方法（第三版）［M］. 上海：复旦大学出版社，1999：125.

④ 周三多，陈传明，鲁明泓. 管理学——原理与方法（第三版）［M］. 上海：复旦大学出版社，1999：126-127.

⑤ ［美］弗莱蒙特·E. 卡斯特，詹姆斯·E. 罗森茨韦克. 组织与管理：系统与权变方法（第四版）［M］. 傅严等译. 北京：中国社会科学出版社，2000：13.

意的是，科学技术的发展扩大了专业化的趋势，但专业化不应形成专业孤立，而应在专业化的基础上进行分工协作和一体化。

（三）专业化原则的基本要求

在现代管理理论视域下，作为系统性固定资产投资工作的海上风电项目，其开发建设法律手续管理机构在审批手续报批过程中需要遵循专业化的原则，并按照专业化原则的基本要求合理规划管理工作的进程。

第一，进行科学合理分工，明确每个人的职责。在合理分工的基础上明确规定海上风电项目法律手续管理过程中不同部门和个人必须完成的工作任务和必须承担的与此相应的责任。首先，职责界限要清楚。要按照与实体成果联系的密切程度，划分出直接责任与间接责任、实时责任与事后责任。例如，在管理第一线的，应负直接责任和实时责任，而在后方部门和管理部门的，主要负间接责任和事后责任。其次，职责内容要具体，并作具体规定。只有这样，才便于执行与检查、考核。再次，职责中要包括横向联系的内容。在规定某岗位工作职责的同时，必须规定同其他单位、个人协同配合的要求，只有这样，才能提高组织整体的功效。最后，职责一定要落实到个人，只有这样，才能做到事事有人负责，也便于对人员进行考核和奖惩。

第二，注重职位设计和权限委授的合理性，使职责、权限和利益相匹配。海上风电项目开发建设法律手续管理过程中，在合理分工和确定职位职责的基础上，还需要注意具体职位的职责、权限和利益相互匹配，保证三者之间相互协调均衡。如果三者关系失衡，将不利于职位和分工的稳定性，进而损害组织的专业化水平和效益效能。

第三，提高人员和设备的专业化水平。海上风电项目开发建设法律手续管理工作需要配备专业化的人员和设备。为了提升人员的专业化水平，应该定期提供技能培训，使其掌握先进前沿的工作技术和能力。此外，还应对人员的考核和奖惩制定明确的制度机制，激发专业化人员队伍的工作积极性。除了人员之外，还应该提升法律手续管理工作相关设施设备的专业性能，配备先进的设备，提升工作的效率。

第四，以整体目标为引导，在专业化的基础上进行分工协作和一体化。海上风电项目开发建设法律手续管理一方面要注重专业化发展，提升人员的设备的专业化水平；另一方面需要注意所有专业化分工应紧紧围绕共同的整体目标而展开，不因专业化的发展而导致专业孤立，而是以完成共同目标为方向将这些分工结合起来，促进整体效益的提升。

四、效益化原则

对于管理来说，效益是永恒的主题。任何组织的管理都是为了获得某种效益。效益的高低直接影响着组织的生存和发展。

（一）效益化原则的概念

要理解效益的概念，就要厘清其与效果、效率之间的区别与联系。效果是指在给定的条件下由其动因或其他原因或多因子叠加等行为对特定事物所产生的系统性或单一性结果。效果可以是有效益的，也可以是无效益的。例如，有的企业生产的产品虽然质量合格，但它不符合社会需要，在市场上卖不出去，积压在仓库里，最后甚至会变成废弃物资，这些产品是不具有效益的。所以，只有那些为社会所接受的效果才是有效益的。

效率是指在单位时间里完成的工作量，或者说是某一工作所获的成果与完成这一工作所花时间和人力的比值。① 效率与效益的概念虽然非常相似，但在实践过程中，效率和效益两者是不相等的。例如，企业花费巨额投资增添技术设备来提高生产效率，如果实际结果使单位产品生产的物化劳动消耗的增量超过了活劳动的减量，从而导致生产成本增加，就会出现效率提高而效益降低的现象。管理大师彼得·德鲁克曾简明扼要地指出，效率是"以正确的方式做事"，而效益则是"做正确的事"。②

项目的报批报建是一项系统性的工作，被业界认为是最繁杂的事务之一，审批手续数量多，各种审批手续之间又存在着错综复杂的关系。因此，效益化原则是指在海上风电项目法律手续系统的管理中，要注意讲究实效，要以实现有效性、追求高效益作为目标的一项管理原理。

（二）效益化原则的内涵

第一，效益化的核心是通过科学有效的管理，对人、对组织、对社会有价值的追求，实现经济效益和社会效益的最大化。作为管理者，不论职位高低，都必须力求有效。管理的效益原则应该是管理的效率和效果的统一。其实现的重要途径是确立有效管理的评价体系，在评价标准上要注意成果和价值的实现，在评价内容上要以工作绩效为主，在评价方法上应综合不同评价主体的评价结果。

第二，效益是一个对比的概念，通过尽可能小的投入来取得尽可能大的产出。传统的投入产出分析目的可以简单地归纳为减少支出、降低投入，但单纯的降低成本并不能为管理者提供正确的信息，反而使企业陷入为控制成本而停滞不前的发展状态。现代管理将成本与效益联系在一起，从"投入"与"产出"的对比分析来看待"投入"（成本）的必要性与合理性。对于企业来说，如果成本增加能够提高产品竞争力，为企业带来更大的经济效益，那么这种成本增加就是符合效益观念的。

第三，多数情况下，要通过对投入产出微小增量的比较分析来考察实际效益的大小。如果边际效益呈现增长的趋势，那么企业的经营和投资是成功的。但是，当增加的投入超过某一水平之后，新增的每一个单位投入换来的产出量会下降。因此，要实现企业效益的长期增长不能仅依靠增加劳动力或者降低成本来实现，还需要引进先进的设备和提高管理水平。

（三）效益化原则的基本要求

一是保证管理工作的有效性。管理活动要以提高效益为核心。追求效益的不断提高，应该成为管理活动的中心和一切管理工作的出发点。在实际工作中，海上风电项目管理效益的直接形态是通过报批报建的效率而得到表现的。对于开发和建设单位来说，丰富的经验和熟练的技巧运用是提升报批效率的前提，报批单位可以建立流程和案例库，总结和提炼企业报批报建的实践经验，从而节约时间成本，并实现对法律事务的动态管理。综合评价管理效益，必须首先从管理主体的劳动效率及所创造的价值来考虑。

---

① 刘慧龙，王成方，吴联生. 决策权配置、盈余管理与投资效率 [J]. 经济研究，2014（8）：93-106.

② 彼得·德鲁克. 卓有成效的管理者 [J]. 许是祥译. 当代电力文化，2013（6）：80.

二是树立正确的管理思想。影响管理效益的因素有很多，其中管理思想正确与否占有相当重要的地位。在现代化管理当中，采用先进的方法和管理手段，建立合理的规章制度无疑是必要的，但更重要的是企业的管理战略，这是更加具有全局性的问题。报批报建的效率固然重要，但项目是否合规关乎企业的管理效益能否实现。因此，建设单位要认真研究国家相关政策，熟悉相关法律法规，从而确保项目的合法性与建设的可行性，避免出现违规项目。

三是追求局部效益必须与追求全局效益协同一致。全局效益是一个比局部效益更为重要的问题，如果全局效益很差，局部效益也难以持久。因此，管理必须把全局效益放在首位。海上风电项目涉及项目核准、用海预审、海上环境影响评价、环境影响评价、水土保持方案、海底电缆路由调查勘测、地震安全性评价等复杂繁多的法律手续，管理者要通盘考虑，在前期核准阶段应科学合理地布局，尽量保证相关设计达到标准要求，以防反复修改，保证工作流程顺利开展。

四是管理应追求长期稳定的高效益。企业每时每刻都处于激烈的竞争中。如果企业只满足于眼前的经济效益水平，而不以新品种、高质量、低成本迎接新的挑战，就会随时有落伍甚至被淘汰的危险。尤其是对于海上风电项目来说，行政审批历时时间比较长，存在很多不确定因素和未知的困难。所以，管理者必须有远见卓识和创新精神，一方面做好材料准备工作，明确各阶段报批手续的内容和流程；另一方面在实际工作中要采取灵活多样的工作方式，为项目法律事务的管理奠定基础。

五、标准化原则

（一）标准化原则的概念提出及其相关概念

标准，即为了在一定的范围内获得最佳秩序，经协商一致制定并由公认机构批准，共同使用和重复使用的一种规范性文件。标准化是人类在长期生产和生活实践中摸索和创立的一门科学，也是一门重要的应用技术。标准化作为人类生产实践的一部分，随着生产力的发展而逐步发展起来，为了在生产和社会活动中建立起正常的秩序和共同遵守的基本准则，标准化在人类生产和生活中发挥着越来越重要的作用。标准化是为了在一定范围内获得最佳秩序，对现实问题或潜在问题用标准来制定共同使用和重复使用的条款活动；①标准化强调的是一项活动和一个过程，主要包括制定、发布和实施标准的过程，对重复性事物和概念通过制定、发布、实施、监督标准，达到统一，以获得最佳秩序和社会效率的过程。因此，海上风电项目标准化，即在海上风电经营、管理范围内获得最佳的秩序，对海上风电项目经营管理面临的现实问题或未来可能面临的机遇和挑战，通过制定一套海上风电管理标准，以使海上风电集团使用和遵守的活动。

（二）标准化原则的基本内涵

第一，标准化不是一项孤立的事务，而是一个制定标准、实施标准和修订标准的活动过程。这一过程不是简单的、一次性的，而是不断循环往复、螺旋式上升的，每一次循环

---

① 国家标准 GB/T20000.1—2002·标准化工作指南［S］. 北京：北京邮电大学出版社，2006：516.

的结束，标准的水平就上升一个层次。标准化作为一门学科，就是研究标准化过程中的方法与规律；标准化作为一项工作，就是根据客观规律的变化，科学利用规律促进这种循环的有效推进。标准作为标准化活动的产物，标准化的目的和作用都要通过制定和实施标准来体现，所以，标准化活动的基本任务和内容就是制定、修订和实施标准。

第二，标准化是一项有目的的活动。标准化可以有一个或多个特定的目的，以使产品、过程或服务具有适用性。这样的目的可能包括品种的控制、可用性、兼容性、互换性、环保性、经济效益等。标准化的作用除了达到预期改进产品服务、增加适用性和提高效益之外，还包括防止贸易壁垒、促进技术的交流与合作等。

第三，标准化是在一定范围内的活动。按照范围可以将标准化划分为国际标准化、区域标准化、国家标准化和地方标准化、行业标准化或者企业标准化。按照性质可以将标准化划分为强制性标准化和推荐性标准化。按照属性可以将标准化划分为技术标准化、管理标准化、工作标准化。按照对象可以将标准化划分为基础标准化、产品标准化、方法标准化、安全标准化、卫生标准化、服务标准化和环境保护标准化等。

第四，标准化的本质是统一。标准化就是要在混乱中建立秩序，即在既定范围内获得最佳的秩序，标准化就是用一个确定的标准将对象统一起来，达到统一的状态。所以，标准化也是一种统一的、一致的和均衡有序的状态。

（三）标准化原则的基本要求

第一，遵守标准化的生产过程。标准化的生产过程又是标准信息的生成过程，由于标准化对象的差异性，这个过程所包含的活动内容也存在很大的差异性。这一过程主要包括以下几个活动：（1）标准需求调查，即明确制定标准的目的和应满足的需求；（2）试验论证，根据需求对有关问题进行必要的试验和论证；（3）起草标准并反复征求意见，必要时补充调查或试验；（4）编写送审稿，并组织审查；（5）编写报批稿并经主管部门或机构进行复核、审批和发布。

第二，完善标准化的实施过程。标准化是一项有目的的活动，通过实践经验的总结并用以指导实践，标准的实施、改进和创新是否具有合理性、科学性只有通过实践才能得以验证。标准化的实施过程主要包括：（1）实施过程的策划，即明确目标、责任、程序、进度和措施；（2）实施准备，组织准备、物资准备、技术资料准备和相关人员培训；（3）实施过程管理，记录相关文件、执行标准；（4）总结和改进，对效果进行评价、提出改进意见、必要时对标准进行重新修订。

第三，重视对标准化过程的反馈。信息反馈是标准化过程的终结，同时又是下一个过程的起点。它是对前一个过程的经验和问题的总结，并依据客观实践和环境的变化，提出新的修订目标，这是标准化过程循环的推动力。信息反馈过程的内容和方式因标准不同而不同，对于企业标准而言，反馈实施的范围仅仅局限于企业内部。而对国家标准而言，由于标准涵盖的范围广，需要建立完善的信息反馈渠道，确立接收信息、分析信息和处理信息的专门职能。

第四，加强对标准化过程的控制。由于标准是以系统的形式存在并发挥作用，这个系统又必须随着环境的变化而改变并适应环境的要求，但标准系统具有无自组织、自适应能力的特征，如果离开人为的干预或控制，标准化将无法形成和发展，因此，对标准化的控制是标准化过程管理的重要任务。对过程的控制，能够有效降低阻力，提高资源和信息的转换效率，进而保持标准的适应性和适用性。

六、信息化原则

信息化是对信息技术普遍应用、信息经济形成态势的高度概括。当信息突破时空局限，广泛地渗透到生产、流通、消费等各个领域时，它就会改变传统的行为方式、经营模式和生产组织形态，对世界范围内的产业结构和资源配置产生深刻影响，并加速推进全球化进程，同时，也给海上风电项目在全球范围内的有效资源配置提供新的发展机遇和空间。

（一）信息化原则的概念提出及其相关概念

信息和信息化是一个动态演进的过程，信息化在信息的基础上不断发展演变而成，《情报与文献工作辞典》中对"信息"释义为"物质存在的方式之一，是一种静态或动态状态，是任何事物普遍存在的属性之一"；"信息"也指"数据或消息包含的意义，这种意义使得对内容的理解更加确切和不确定性减少"。1963 年 1 月，日本社会学家梅棹忠夫在《信息产业论》中首次使用"信息化"一词，将其定义为"通信现代化、计算机化和行为合理化的总称"①。在这里，梅棹忠夫注重计算机技术和通信技术在信息化过程中的核心作用。由于知识结构、环境、制度以及文化背景的差异，西方国家没有对"信息化"作出概念性的表述，而是提出了"信息通信技术"的概念，简称"ICT"，认为信息通信技术是由硬件、软件、网络、收集、存储、加工、传输和信息发布等媒介构成，信息通信技术部门由电信、传播部门和信息技术部门组成。西方国家对信息化概念的深化进一步丰富和扩大了信息化的概念范畴。

国内学者自 20 世纪 80 年代以来，在沿用"工业化""现代化""知识化"等形式的基础上，提出"信息化"概念。在 1997 年首届全国信息化工作会议中，将信息化定义为"培育、发展以智能化工具为代表的新的生产力并使之造福于社会的历史过程"。实现信息化需要构筑、完善和开发利用信息资源，建设国家信息网络，推进信息技术应用，发展信息技术产业，培育信息化人才，建立和完善信息监管制度体系。2000 年，我国颁布实施《国民经济和社会发展第十个五年计划信息化重点专项规划》中指出，信息化是以信息技术广泛应用为主导，以信息资源为核心，信息网络为基础，信息产业为支撑，信息人才为依托，法律法规、政策、标准体系为保障的综合体系。林毅夫（2003）将信息化定义为"建立在 IT 产业发展与 IT 在社会经济各部门扩散基础之上，运用 IT 改造传统的经济、社会结构的过程"②。信息化亦指人们对现代信息技术的应用达到较高的程度，在全社会范围内实现信息资源的高度共享，推动人的智能潜力和社会物质资源潜力充分发挥，使社会经济向高效、优质方向发展的历史进程。同时，信息化也代表了一种信息技术被高度应用，信息资源被高度共享，从而使得人的智能潜力以及社会物质资源潜力被充分发挥，个人行为和组织决策，以及社会运行都趋向于合理化的理想状态。

---

① 芦艳荣. 信息化背景下的政府采购问题研究 [M]. 北京：国家行政学院出版社，2012：27.

② 林毅夫. 信息化——经济增长新源泉 [J]. 科技与企业，2003（8）：53-54.

结合本书的研究对象和研究内容，可以将信息化定义为：所谓信息化，即海上风电开发建设项目为加强管理和控制，提高核心竞争力，以提高效益和效率为目的，以集团流程重组为基础，以信息技术为支撑，通过运用计算机技术、网络技术和数据库技术，将信息技术和信息观念全面融入海上风电开发建设项目的过程中，控制和集成化管理集团的生产经营活动中的所有信息，实现集团内部和外部信息的共建共享，实现对信息和知识资源的有效开发和利用，调整和重构集团组织结构和业务模式，从而提高海上风电开发建设项目竞争力的过程。海上风电领域信息化主要包括管理信息化和商务信息化两大类。其中管理信息化是借助电子、数字信息技术而进行的风电管理活动，它以公司集团董事会为管理主体，具体包括电子化办公、网络视频会议、电子化监管、电子绩效评估等。商务信息化主要是通过电子信息方式进行的相关商务活动，以风电集团、政府、社会、市场以及个人为实施主体，主要包括网络开标评标、电子化采购、电子支付、网络招标、电子合同等。

（二）信息化原则的基本内涵

信息化内容丰富，其内涵可以从以下几个方面进行阐释。

第一，信息化是科学技术和人类社会发展所必然经历的阶段，其演变历程与"科学—技术—经济—社会"的一般路径基本相同。信息化的发展与科学技术的发展一脉相承，科技的创新与进步推动信息技术的变革与突破，而信息技术在经济社会中的应用又促进了科技的发展，推进社会文明的进步和社会的变迁。信息化作为经济社会发展的必然趋势和历史规律，个人、国家和社会都应该遵循这种规律，自觉引导和推进信息化发展。

第二，个人或组织既是信息化的主体，又是信息化的客体。信息化的产生与发展是经济社会发展的客观现实需要，信息化水平的提高在推动经济社会进步的基础上，又进一步通过信息革新推进经济社会向更高层级进阶。因此，信息化的发展需要全体社会组织和成员的积极有效参与，在提高信息技术手段的同时，推进信息技术的成果向生产力的转化。

第三，信息化涵盖经济社会生活的所有领域。信息化的应用对象范围广阔，包含了社会经济的各个领域，不存在社会经济某个领域、某个方向不需要信息化的情形。但是因地区间客观因素的制约，经济社会各个领域的信息化也存在一定差异。

第四，信息化是国家战略发展的重要内容之一。作为人类历史社会发展的必然趋势，需要从国家顶层制度设计的高度对信息化进行战略定位，以此推进信息化的进程。由于国情、国家综合实力不同，信息化需要采取因地制宜的发展模式，不能照搬照抄同一种发展路径。要从国家战略高度对信息化进行科学的引导，依据国家基本国情，走出一条符合国家发展实际的信息化道路。

（三）信息化原则的基本要求

第一，明确审批手续报批信息化建设规划。海上风电开发建设项目审批手续报批过程的信息化建设，需要利用计算机网络、数据库等信息技术手段实现各类审批手续的数字化，将网络化办公条件下的网上审批实行网络一体化，完成各类项目资源的数字化转换，以文档一体化技术为支撑，实现网络审批一体化。集团公司需要明确信息化发展目标，建立信息化发展规划，将信息化发展作为公司的重要战略之一，全面贯彻信息化原则理念，培养信息化意识与文化。

第二，促进数字化技术的提升。现代数字信息技术是实现海上风电开发建设项目审批手续报备过程的技术前提，建立安全、快速和准确的信息渠道不仅能够保障审批手续信息化的实现，同时也能减少审批环节，提高审批效率。这就要求集团内部建立完善的信息局域网络，实现内部信息网络交流的顺畅。未来维护内部信息网络的安全性，防止信息的泄露或被侵入，需要建立网络维护团队，保障网络的安全运行。同时，进一步扩大网络云存储空间，实现审批的自动化识别，积极培育数字化审批专业人才，实现审批的开发、及时收集、维护和改进。

第三，完善信息化管理的制度规范。加快完善海上风电开发建设信息化相关的制度体系，针对缺失的制度规范，在借鉴相关经验的基础上进行有效的补充和完善。制定审批手续报备过程信息化的管理规范和安全管理协议，既做到服务的高效性，又保证安全管理的实现。

第三章　海上风电项目开发建设法律手续流程管理

从流程管理的基本原理出发，本章从流程管理的特征与功能、设计与实施、反馈与优化等方面全面探讨流程管理的全过程，并结合海上风电开发建设项目法律手续管理实践，概述其基本流程构成以及应该注意的基本事项。

第一节　法律手续流程管理概述

一、流程管理的形成背景

19 世纪末 20 世纪初，组织的规模随第二次工业革命的发展而不断扩大。为了提高运转效率，组织按照分工理论进行纵向分级和横向分工，对内部事务进行专业化管理，即各个专业部门各司其职。由此，越来越多的组织开始采用这种专业化的运作方式。到 20 世纪 80 年代以后，随着信息技术的发展和经济全球化的不断推进，顾客需求越来越多元化，市场竞争日益激烈，组织以往的分工模式不仅无法继续提升运作效率，反而成为了组织应对复杂多变的市场环境的障碍。传统的分工理论认为，分工越细致、操作越简单则组织的效率越高。但在这种理论指导下，组织的管理环节不断增多，管理成本日益增高，反而导致组织效率低下。因此，研究者和实务专家开始寻找新的组织方案，流程管理应运而生。

流程管理思想最早起源于泰勒的科学管理理论。科学管理理论强调应该制定科学的工作方法，为组织工作挑选合适的工人并对他们进行激励。泰勒认为，采用科学的方法能够对工人的操作方法、使用的工具、劳动及休息的时间进行合理搭配，同时对机器安排和作业环境等进行改进，消除各种不合理的因素并把最好的因素结合起来，有助于形成一种标准的作业条件。[1] 20 世纪 20 年代，美国质量管理专家休哈特博士首先提出了组织流程管理的三阶段：计划（Plan）—执行（Do）—检查（See）。戴明在此基础上进一步将其发展为：计划（Plan）—执行（Do）—检查（Check）—处理（Act），简称 PDCA 循环理论或戴明环循环，成为了全面质量管理的方法依据。PDCA 循环强调将质量管理分为四个阶段即 Plan（计划）、Do（执行）、Check（检查）和 Act（处理），主张在组织管理活动中把各项工作按照作出计划、计划实施、检查实施效果、进一步处理四个阶段推进，在一个工作循环之后，将成功的工作内容纳入标准，不成功的留待下一循环去解决。这一方法是

---

① 丁煌. 西方行政学史（修订版）[M]. 武汉：武汉大学出版社，1999：40-50.

质量管理的基本方法和企业管理工作的一般规律。① 这些观点为之后的哈默提出流程再造理论奠定了思想基础。

20 世纪 90 年代，哈默提出了流程再造的理论观点。他认为，流程再造应该遵循以下八条原则：一是要围绕结果而不是任务进行组织。即企业应当围绕某个目标或结果而不是单个的任务来设计流程中的工作。二是要让利用流程结果的人执行流程。随着计算机的数据和专门技能越来越普及，部门、事业部和个人可以自行完成更多的工作。那些用来协调流程执行者和流程使用者的机制可以取消。三是要将信息处理工作归入产生该信息的实际工作流程。四是要将分散各处的资源视为集中的资源。企业可以利用数据库、电信网络和标准化处理系统，在获得规模和合作效益的同时保持灵活性和优良的服务。五是要将平行的活动连接起来，而不是合并它们的结果。即在活动进行中将平行职能连接起来，而不是在完成之后对其进行协调。六是要将开展工作的地方设定为决策点并在流程中形成控制。让开展工作的人员决策，把控制系统嵌入流程之中。七是要从源头上一次获取信息。当信息传递难以实现时，人们只能重复收集信息。现在，当我们收集到一份信息后可以把它储存到在线数据库里并供所有需要它的人查阅。八是领导层要支持。流程再造要获得成功必须具备一个条件即领导层真正富有远见。除非领导层支持该工作并能经受住企业内的冷嘲热讽，否则人们不会认真对待流程再造。为了赢得安于现状的人的支持，领导层必须表现出投入和坚持，甚至再带一点狂热。②

此后，流程管理的理论和实践不断深入发展。近年来，随着信息技术发展和经济全球化的深入推进，学习型组织兴起。与传统的官僚制组织模式相比，学习型组织的组织结构更加扁平化和更加注重分权，因此，流程管理与以往相比具有更多样的战略选择、更灵活的组织架构、更积极的风险管理和修复能力等新特征。

二、流程管理的基本要素

基于流程管理的基本理论尤其是戴明环循环流程管理模式，本节进一步对流程管理的基本内容和主要阶段进行界定分析。一般而言，流程管理是指组织为了提高自身运转效率、明确办事流程，在组织战略的指导下，针对组织内部的具体事务，以满足具体的需求为核心而进行标准化和规范化管理的过程。管理者虽然关注的是具体事务的解决，但这个解决过程往往需要多个部门协调合作，因此流程管理通常是一种跨部门的管理。

具体而言，流程管理包含顾客、输入、业务活动、相互关系、输出、价值等六个要素。顾客是流程管理要服务的对象，流程管理应该以顾客需求为核心；输入是指与组织流程管理相关的人、财、物等资源进入流程管理的过程；业务活动是指在流程管理过程中所涉及的具体活动节点，是流程管理的具体组成部分；相互关系是指业务活动之间的互动，业务活动通过相互关系把整个流程中的节点串联起来；输出是指整个流程管理运转的结果即流程的终点；价值是指贯穿于流程管理过程中的指导理念，它与组织的战略目标相关并通过流程管理的输出得到具体体现。

①　雷壮吉．浅谈戴明环循环的管理模式［J］．石油库与加油站，2004（2）：14-15+5.
②　赵宝．迈克尔·哈默与业务流程再造［J］．企业管理，2003（12）：10-12.

综合来看，组织流程管理可以划分为以下三个阶段即流程设计阶段、流程实施与管理阶段、流程反馈与优化阶段。在流程设计阶段，组织管理者需要根据组织的实际情况将组织的管理活动进行分解，突破管理活动的部门限制，并结合组织的战略管理目标对整体组织的管理流程进行设计规划。在流程实施与管理阶段，组织管理者应该严格根据之前设计好的流程进行实践和对组织进行管理，注重对流程实施的情况进行观察记录并总结流程实施过程的经验和不足。在流程反馈与优化阶段，组织管理人员需要根据第二阶段设计的流程实施结果，对第一阶段设计的流程进行优化和完善。组织管理人员需要通过对这三个阶段的不断重复和循环，促进组织流程的不断完善。

海上风电项目的法律手续管理是以项目法律手续报送审批的明确化为核心目标，以项目的合法化为最终目标的特殊组织流程管理。由于法律手续管理是为了确保项目开发建设各种法律文书的申请与获批，进而确保项目建设进程的合法性。其服务对象就是集团公司本身，这是一种特殊的企业管理流程。由于各地海上风电项目的报批手续存在差异，因此本章内容只就共性的问题进行探讨。

值得注意的是，从狭义上来讲，海上风电项目的报批流程是单向的，不具备普通组织流程管理不断循环进行修正的特点。对于特定项目而言，实际的法律手续管理流程是一次性的。往往是由一个临时成立的项目筹备小组（公司）集中完成，一旦所有法律手续办理完毕，项目竣工验收，项目筹备小组就会直接改组成为项目运行公司，进入发电业务经营管理阶段。因此，就特定项目而言，项目开发建设法律手续流程管理不同于一般的企业生产流程管理过程，不是一个内部循环往复的过程。但从广义上讲，对法律手续的报送管、理单位而言，从一次材料报送结束后到另一次材料报送开始的过程可以视作一个流程从结束到重新开始的过程。对海上风电开发建设项目法律手续管理来说，每一个新项目的开始就是一个新流程的开始。工作流程也就有一个不断地学习、调整与完善的过程。因此，从广义上来讲，海上风电项目的法律手续管理也是在循环中不断进行修正和完善的。

三、流程管理的主要特征

流程管理强调顾客导向，以具体的需求为核心即关注具体事项的解决和处理。流程管理具有科学化与高效化、前瞻性与战略性、整体性与系统性、动态性与反馈性等特征。

（一）科学性与高效化

流程管理是针对组织内部的具体事务进行的标准化、规范化管理。随着信息技术的发展和市场化程度的提高，越来越多的组织在其内部实行流程管理，组织管理者从以往关注管理技术到现在转变为更加关注管理程序。强调管理流程的规范化与标准化，就是主张明确事务的主管部门、办理流程和时限，简化办事手续，从而使组织内部的各个部门处理事务更加透明和高效。同时，这种关注具体事务的流程管理模式也能够使组织在面对外部环境的变化时反应更加迅速。因此，流程管理具有科学化和高效化的特征。

（二）前瞻性与战略性

流程管理是在组织战略的指导下，将组织内部的某一具体事务的办理过程以明确的形式加以规定，使之更加标准和规范的过程。流程管理应该在组织战略的指导下进行，组织管理人员在对未来组织发展规模和外部环境变化进行合理估计的基础上，通过组织流程的设计和优化来支撑组织战略的实现。组织流程是组织战略和经营行动的核心连接环节，是战略落地的载体。组织应该根据战略重点来确定重点关注的关键流程并支持战略的实现。组织战略的改变，也要求组织流程体系框架作出改革。通过再造组织流程体系框架中一些关键的流程，可以改变或创新组织业务模式。因此，流程管理具有战略性和前瞻性的特点。

（三）整体性与系统性

流程管理是一种端对端的管理，即为了满足特定顾客需求或业务目标，从顾客需求出发，提供端到端服务的全流程管理，直到满足顾客需求为止。要实现端到端的流程管理，组织管理人员应该打破传统职能瓶颈去规划和设计组织流程，由局部流程思维向全局思维转变。此外，流程管理是一套有层次的端到端流程管理体系，这种层次体现为由上至下、由整体到部分、由宏观到微观、由抽象到具体的逻辑关系。组织可以先建立体现组织战略落地的业务流程的总体运行过程，然后对其中的每个节点进行细化，落实到各个职能的具体业务活动。业务流程之间的层次关系一定程度上也反映了组织管理的层次关系，不同层级的管理者对不同层次业务流程有着不同的分级管理权限。端到端流程架构一般分为三个层次即战略层、管理层和执行层，这三个层次分别对应不同的管理对象，不同层次的流程又能进行结构化的展开，从而实现业务流程的结构化和层次化管理。因此，流程管理具有整体性和系统性的特点。

（四）动态性与反馈性

在流程管理的过程中，组织流程应该根据具体执行情况的反馈不断地进行调整，包括结构性的调整和非结构性的调整。结构性的调整是指在组织所面临的外部环境改变时，由组织战略调整所引起的组织流程的变化和调整。结构性的调整需要根据组织战略的变化情况对组织的整体流程框架进行重新设计和规划，不应太过频繁，以保证整体流程的稳定性和持续性。非结构性的调整是指根据实际情况对组织流程的具体部分进行的细微调整，对流程整体结构不产生影响。因此，流程管理具有动态性和反馈性的特点。

四、流程管理的核心功能

与传统管理模式相比，流程管理具有明确管理职能、促进部门协同、规范管理过程、提高组织效率等功能。

（一）明确管理职能

流程管理能够帮助各个部门的管理者明确自身的职能和责任，即在流程梳理中将各流程环节对应到部门及岗位后，可以使各部门及岗位职责更加清晰和明确。组织流程对每个节点的主管部门、办理事项、办理时限都作了明确规定，因此，管理者在流程管理过程中能明白自己的工作内容及需要协同工作的环节，也便于考核部门检查和反馈。流程中各个节点上的工作由团队成员负责，流程负责人则对整条流程的成效负责。流程管理能帮助组织管理者发现流程的价值和流程环节的问题从而有序和有效地开展工作，是流程再造和企业变革的必由之路。

（二）促进部门协同

组织流程往往不能仅靠一个部门来完成，更多地需要组织内部各个部门的协同合作。

在组织战略的指导下，流程管理关注组织的整体利益，以具体事务为导向，协调各个部门在专业化分工的基础上进行合作。流程管理也有利于培养组织成员之间协同工作的团队意识，进而形成合作的组织文化。与传统的管理模式相比，流程管理模式下各个部门的协同合作更加常规化和规范化。

（三）规范管理过程

流程管理可以将组织管理的事务以流程的方式加以规范和明确。在流程管理模式下，组织应该处理什么具体事务以及如何处理这些具体事务都应一目了然，使原有模糊的办事准则和各个部门的管理职责都以流程清单的形式具体明确地呈现出来，组织员工则在明确的工作指令下更好地开展工作，从而提高办事效率和行政效能。

（四）提高组织效率

流程管理围绕着具体事务将组织内部与这个事务相关的部门的办事时间和办事程序进行明确规定，能够节省各个部门间相互协调的时间和交易成本。除时间和成本优势外，流程管理还有其他几项提高组织效率的关键优点。首先，流程管理可以大幅降低甚至消除造成组织损失的错误（如丢失表格和文件或错误存档以及遗漏重要信息或必要审查）。其次，流程管理可以显著改善流程的可视化程度，所有参与流程者不仅被授权了解自己在流程中的角色，而且能够确切地了解流程的实时状态。再次，通过流程可视化明确职责，使所有人完全清楚什么时候应当完成哪些工作，避免延误、误会或疏忽。最后，流程管理还可以提高一致性，使组织内外部都对工作有明确的期望，并且使员工、顾客和合作伙伴都有更高的满意度和向心力。因此，与传统管理模式相比，流程管理可以大幅度地提高组织效率。

第二节　法律手续流程管理方案设计

一、流程设计的基本定位

戴明对质量管理运动作出了巨大的理论贡献，其思想主要包括戴明环循环（又称PDCA 循环）和 14 要点。戴明认为，组织应该持之以恒地改进产品和服务、采用新的观念、停止依靠大规模检查去获得质量并结束只以价格为基础的采购习惯、不断改进生产和服务系统、实行岗位职能培训、建立领导力企业管理、排除恐惧使每一个员工都可以为公司有效地工作、打破部门之间的障碍、取消对员工的标语训词和告诫、取消定额管理和目标管理、消除打击员工工作情感的考评、鼓励学习和自我提高、采取行动实现转变。[①] 总体来说，戴明环循环是一个质量持续改进模型，它包括持续改进与不断学习的四个循环反复的步骤即计划（Plan）、执行（Do）、检查（Check）、处理（Act），因此它有时也被称为戴明轮或持续改进螺旋。从效应控制的角度看，任何管理效应都是在管理系统的运行中实现的，PDCA 循环的运行表现为整个管理系统的各个层次、各个环节都在进行"计划—

---

① 赵中建.戴明的质量管理思想及其在教育中的应用［J］.外国教育资料，1998，27（1）：33-39.

实施—检查—处理"这种循环，它体现了系统运行的内在逻辑。其中"计划"是明确目标、制订方案的过程，它是整个循环的起点和基础；"实施"是循环中的核心，是整个循环成败的关键；"检查"对整个循环起着控制和把关的作用；"处理"则是一个总结与改进的环节，是使循环得以自我完善的重要阶段。戴明环循环法的核心特征是，大环套小环，不断推动企业迈上新台阶。①

具体而言，组织在进行流程设计时，要处理好流程管理与战略、制度、组织结构和业务的关系，发挥好流程清单的作用，对流程进行分级管理。②

（一）流程管理与战略的关系

流程管理需要在组织战略的指导下进行。组织流程是组织战略和经营行动的核心连接环节，是战略落地的载体。组织应该根据战略重点来确定重点关注的关键流程，支持战略的实现。组织业务模式和战略的改变，将要求改变组织流程的框架体系。也可以通过再造组织流程框架体系中的关键流程，来变革或创新组织业务模式。

（二）流程管理与制度的关系

流程管理是制度的重要补充。制度规定了什么可以做、什么不可以做，表现为刚性的规则。简单的制度可能包括实施的细节，因而一目了然。但针对复杂任务的制度可能没有明确如何做，就需要通过流程管理来明确实施细节以达到制度的要求。流程管理的说明书需要把对应的制度和要求清晰地列出来。

（三）流程管理与组织结构的关系

流程管理应该以组织结构为依托。从理想情况来说，应该先明确流程管理，再设计最有效的组织结构例如流程团队、专业部门或业务单元来管理人员。但在部分情况下，组织结构可能已经存在，流程优化会导致组织结构发生变化。因此，流程再造往往会引起组织再造，从而使新流程有效运作起来并固化流程再造的成果。越来越多的组织正在从原来专业部门的垂直管理方式，转变为以客户导向的流程团队的水平管理方式。

（四）流程和业务的关系

流程是业务运作的载体。组织为了提升管理水平而引入各种管理理念并建立各种管理体系，而各种管理体系的要求要最终落实在一套业务流程中。通过流程实现对各种管理体系的集成，能够形成一套统一的对实际业务运作的描述和指导。也就是说，业务活动通过组织流程得到具体的管理和运作。

（五）流程的分级分类

流程分类分级的目的是通过流程架构的搭建促进组织最终形成一个稳定、可积累的架构来支持组织的持续发展。流程的分类分级即把流程从粗到细、从宏观到微观、从端到端的流程到具体指导操作的明细流程进行分解，可将其分为三个级别即战略层、管理层和执行层。战略层即价值链图的构成部分，是高阶流程，它往往是端到端的流程，是组织层面的流程；管理层是在每个部门内或者跨部门的流程单元，它是中阶流程，是部门层面的流

---

① 赵中建.戴明的质量管理思想及其在教育中的应用 [J].外国教育资料，1998，27（1）：33-39.

② 王玉荣，葛新红.流程管理（第五版）[M].北京：北京大学出版社，2016：234-270.

程；执行层，即对部门内部或部门之间的流程进一步进行细分，它由业务活动构成，是低阶流程。

（六）流程清单及其作用

对流程分类分级后可形成一个清单（甚至对流程进行编号），也就是流程清单。流程清单在组织流程管理的过程中具有重要作用。

第一，流程清单（又称流程分类框架、流程框架体系）本质上是对组织如何创造价值的说明。流程清单和组织结构图不同，后者从纵向的角度反映组织各级机构的管理关系，而前者从横向的角度反映了组织如何创造价值的。

第二，给组织提供一次重新对自己进行整体观察、发现业务盲点或业务冗余点的机会。通过流程分类分级得到一份流程清单时，参与人员会经常探讨不同的流程是否可以正常连接，避免流程各管一段、冗余或遗漏。如果探讨得深入，还可以发现组织价值链上的缺失以及业务运营与管控方面的问题，进而探讨解决的途径。

第三，在设计流程的同时可以完成对组织内部各个职位及其职能的梳理，进一步明确各个职位的职能及其在流程中的作用，便于结合流程对该职位进行考核。不少企业存在同样的流程、同样的岗位设置但各个部门叫法不一致的问题，有很多分支的公司问题尤其严重。

第四，建立一致的工作语言，统一认识问题的思维结构。流程清单可以清晰地列出组织管理中的业务活动及其相互关系，在工作和交流中可以把这个分类框架作为统一的工作语言和统一的思维结构。

流程清单的表现形式通常类似于树状结构的逐级分解，然而现实业务流程整体描绘出来的应该是网状结构，即各类不同的业务都有交叉影响。因此，在流程清单分解时，关键是既要体现流程体系的完整性和逻辑关联性，又要清晰地界定流程间的边界。在制作流程清单时，组织管理人员往往需要制作流程图来进一步帮助他们理顺组织的流程。流程图可以划分为两种类型：第一种流程图为"零维度活动流转图"，它只描述了一个业务的流水账式流转和主体的跟随标注情况；第二种流程图为"跨职能的垂直活动流转图"，它不仅描述了流程的流转过程，而且能让人一目了然地看出流程涉及哪些部门、具体部门流程里一共做了哪些活动、流程的协调统筹部门、流程的节点责任人以及流程的执行要点等。①

针对海上风电项目报批过程中众多的法律程序，海上风电开发建设项目的法律手续流程管理要制定详细的流程清单，确定好重要的流程节点，以具体的报批项目为重点，合理安排相关的组织制度和结构，根据实际情况分级分类对报批程序进行组织管理。

二、流程设计的经典模型

国内外研究者提出了多种流程管理的具体模式。其中，比较具有代表性的是：戴明将组织管理流程划分为四个循环的阶段；哈默论述了流程设计的四阶段模式；乔·佩帕德和菲利普·罗兰提出了流程设计的五阶段模式；威廉姆·J.凯丁格分析了流程设计的六阶段模式；芮明杰和袁安照则概述了流程设计的七阶段模式。具体如下。

---

① 王玉荣，葛新红. 流程管理（第五版）[M]. 北京：北京大学出版社，2016：291-300.

（一）戴明的四阶段模式

戴明将组织流程管理划分为计划、执行、检查、行动四个阶段。在计划阶段，组织管理人员需要在组织管理方针和目标的基础上确定活动计划；在执行阶段，组织管理人员需要实践前一阶段计划中的内容；在检查阶段，组织管理人员需要总结执行计划的结果，总结经验并找出存在的问题；在行动阶段，组织管理人员需要对总结检查的结果进行处理，将成功的经验加以肯定并适当推广和标准化，对失败的教训加以总结以免重现，未解决的问题放到下一个流程中解决。以此循环往复，促进组织管理流程的不断完善。①

（二）哈默的四阶段模式

尽管哈默并没有系统地总结归纳流程再造的方法步骤问题，但是研究者通过对哈默著作的研读，基于对他观念的深入理解，总结出了他的四阶段模式。②

第一阶段，确定再造队伍。产生再造领导人，任命流程主持人，任命再造总管，必要时组建指导委员会，组织再造小组。

第二阶段，寻求再造机会。选择要再造的业务流程，确定再造流程的顺序，了解客户需求和分析流程。

第三阶段，重新设计流程。召开重新设计会议，运用各种思路和方法重构流程。

第四阶段，着手再造。向员工说明再造理由，前景宣传，实施再造。

（三）乔·佩帕德和菲利普·罗兰的五阶段模式

第一阶段，营造环境。分为六个子步骤：树立愿景；获得有关管理阶层的支持；制订计划，开展培训；辨别核心流程；建立项目团队，并指定负责人；就愿景、目标、再造的必要性和再造计划达成共识。

第二阶段，流程的分析、诊断和重新设计。分为九个子步骤：组建和培训再造团队；设定流程再造结果；诊断现有流程；诊断环境条件；寻找再造标杆；重新设计流程；根据新流程考量现有人员队伍；根据新流程考量现有技术水平；对新流程设计方案进行检验。

第三阶段，组织架构的重新设计。分为六个子流程：检查组织的人力资源情况；检查技术结构和能力情况；设计新的组织形式；重新定义岗位，培训员工；组织转岗；建立健全新的技术基础结构和技术应用。

第四阶段，试点与转换阶段。分为六个子流程：选定试点流程；组建试点流程团队；确定参加试点流程的客户和供应商；启动试点、监控并支持试点；检验试点情况，听取意见反馈；确定转换顺序，按序组织实施。

第五阶段，实现愿景。分为四个子流程：评价流程再造成效；让客户感知流程再造产生的效益；挖掘新流程的效能；持续改进。

通常来说，五大阶段应该顺序推进，但是，根据企业各自的情况，五大阶段可以彼此之间平行或交叉推进。因此，五大阶段不是一个锁定的线性过程，而是相互交融、循环推进的不断再生的过程。③

① 雷壮吉. 浅谈戴明环循环的管理模式 [J]. 石油库与加油站，2004 (2)：5，14-15.

② 赵宝. 迈克尔·哈默与业务流程再造 [J]. 企业管理，2003 (12)：10-12.

③ 王璞. 流程再造 [M]. 北京：中信出版社，2005：30-50.

（四）威廉姆·J. 凯丁格的六阶段模式

威廉姆·J. 凯丁格等人在调查 33 家咨询公司在企业推行流程再造的实践经验以后，归纳出了流程再造的六个阶段 21 项任务。

第一阶段，构思设想。包括四项任务：得到管理者的承诺和管理愿景；发现流程再造的机会；认识信息技术或信息系统的潜力；选择流程。

第二阶段，项目启动。包括五项任务：通知股东；建立再造小组；制定项目实施计划和预算；分析流程外部客户需求；设置流程创新的绩效目标。

第三阶段，分析诊断。包括两项任务：描述现有流程；分析现有流程。

第四阶段，流程设计。包括四项任务：定义并分析新流程的初步方案；建立新流程的原型和设计方案；设计人力资源结构；信息系统的分析和设计。

第五阶段，流程重建。包括四项任务：重组组织结构及其运行机制；实施信息系统；培训员工；新旧流程切换。

第六阶段，监测评估。包括两项任务：评估新流程的绩效；转向连续改善活动。①

（五）芮明杰和袁安照的七阶段模式

国内学者芮明杰、袁安照较早对流程再造的步骤进行了研究，他们认为应该包含七个阶段 31 个子步骤。

第一阶段，设定基本方向。分为五个子步骤：明确企业战略目标，将目标分解；成立再造流程的组织机构；设定改造流程的出发点；确定流程再造的基本方针；给出流程再造的可行性分析。

第二阶段，现状分析。分为五个子步骤：企业外部环境分析；客户满意度调查；现行流程状态分析；改造的基本设想与目标；改造成功的判别标准。

第三阶段，确定再造方案。分为六个子步骤：流程设计创立；流程设计方案；确定改造的基本路径；设定先后工作顺序和重点；宣传流程再造；人员配备。

第四阶段，解决问题计划。分为三个子步骤：挑选出当前应该解决的问题；制定解决此问题的计划；成立一个新小组负责实施。

第五阶段，制订详细再造工作计划。分为五个子步骤：工作计划目标、时间等确认；预算计划；责任、任务分解；监督与考核办法；具体的行动策略与计划。

第六阶段，实施再造流程方案。分为五个子步骤：成立实施小组；对参加人员进行培训；发动全员配合；新流程试验性启动、检验；全面开展新流程。

第七阶段，继续改善的行为。分为三个子步骤：观察流程运作状态；与预定改造目标比较分析；对不足之处进行修正改善。②

（六）比较分析

作为质量管理专家，戴明提出的 PDCA 四阶段循环模式简洁明了、可操作性强，对组织实施流程管理和全面质量管理具有很强的理论和现实指导意义。哈默是最早明确提出流程再造思想的学者，他的流程设计模型最主要是围绕着流程设计所需要的资源来进行阶段

---

① 王璞. 流程再造 [M]. 北京：中信出版社，2005：30-50.
② 王璞. 流程再造 [M]. 北京：中信出版社，2005：30-50.

划分的，因此他的四阶段模型较为简单和清晰。之后学者提出的流程设计模型主要以流程设计的步骤为逻辑主线，但不同学者对流程设计步骤中的侧重点不同。乔·佩帕德和菲利普·罗兰的五阶段模式侧重于流程设计要实现的组织愿景；威廉姆·J. 凯丁格的六阶段模式侧重于流程实施过程中的监控评估；芮明杰和袁安照的七阶段模式侧重于流程设计中的方案设计和实施。总体而言，芮明杰和袁安照的七阶段模式最为系统和完善，他们既提出组织流程设计要进行外部环境分析，又强调流程设计过程要以组织的问题为核心并根据流程实施的具体情况对其调整和完善，但相对较为繁琐，组织实施起来也较为困难。戴明的 PDCA 四阶段模式更适合组织进行日常的管理和应用。

三、流程管理方案设计

海上风电项目的流程设计以整体报批过程为主体内容，该流程设计是为了使该项目流程报批的过程更加清晰明确。从广义上来看，海上风电项目的法律手续报批过程对负责报批手续的人员来说是一个从项目法律手续报批计划到执行再到检查修正不断循环的过程。因此，采用戴明的 PDCA 循环理论对其进行分析最为合适。具体地，流程管理可以分为计划、执行、检查、行动等四个阶段。

（一）计划阶段

海上风电项目法律手续报批流程的设计阶段是指根据各地的实际情况，对海上风电项目法律手续报批的环节、程序、先后顺序、时间节点等进行整体规划。在这个阶段，组织管理人员需要在设定基本方向、现状分析的基础上，确定流程管理方案、解决问题计划、制定详细再造工作计划。具体而言，可以分为以下几个步骤。

（1）设定基本方向。在这个阶段，组织应该在充分考虑内部各种可利用资源的基础上，结合客户需求，根据组织发展战略，设立组织流程的基本方向。组织流程应该以解决具体问题为核心目标，在此基础上充分调动组织资源，实现组织战略目标。设定基本方向是组织流程设计中的重要环节，之后的设计过程都要基于这个基本方向。流程设计基本方向的确立不能流于形式，要制定确实可行的、可操作性强的基本方向。基本方向确立之后，在流程设计的过程中要定期对其进行分析和检查，以确定现有的流程设计是否偏离原来的基本方向以及基本方向是否需要调整和改变。海上风电项目法律手续管理流程设计的主要目标是为了使海上风电项目的法律报批手续更加清晰明确，因此，海上风电项目流程设计的重点就是要理清报批的各个环节以节约组织的办事时间，提高办事效率。

（2）现状分析。在现状分析阶段，组织要综合运用各种分析工具和手段，系统地对组织流程所处的环境进行综合分析。在现状分析的过程中，可以采用 SWOT 分析法，即对 Strengths（优势）、Weaknesses（劣势）、Opportunities（机遇）、Threats（威胁）四类因素的分析。SWOT 分析强调在对组织自身的优势、劣势以及面临的机遇和挑战进行综合分析的基础上，采取不同的策略行为以应对环境的挑战。它基于内外部竞争环境和竞争条件下的态势分析，将与组织密切相关的各种主要内部优势、劣势和外部的机会和威胁等，通过调查列举出来并依照矩阵形式排列，然后用系统分析的思想把各种因素相互匹配起来加以分析，从中得出一系列相应的结论，而结论通常带有一定的决策性。运用这种方法，可以对组织所处的情景进行全面、系统、准确的研究，从而根据研究结果制定相应的发展战略、计划以及对策等。海上风电项目需要在省级能源局的组织规划范围内立项实施，组织海上风电项目法律手续的管理人员需要充分考虑法律手续报批的外部环境，根据各地相应的法律政策规定进行立项报批。

（3）确定流程方案。在经过前期的现状分析之后，就可以进一步确定法律手续报批流程设计方案了。海上风电项目法律手续的报批流程设计需要在前期对各地法律规范进行充分调查的基础上，进行进一步的具体设计。在确定流程方案阶段，流程设计应该尽可能地具体详细，明确各个流程节点所需要的人、财、物资源，以方便后续的落实实施。

（4）解决问题计划。流程设计的最终目的是为了解决具体的问题，因此，在流程设计的过程中，始终要坚持问题导向，以发现问题、解决问题来推动组织流程设计。在经过了前期的现状分析和方案确定之后，应该就海上风电项目法律手续报批流程所涉及的重点问题继续进行分析和解决，围绕着海上风电项目所涉及的环境影响、安全问题、网络接入、是否涉及军事问题、是否有职业病危害、是否压覆矿产等重点问题，一一确认报批。之后，海上风电项目就可以进一步制订具体的工作计划。

（5）制订详细管理工作计划。流程运行需要具体详细的工作计划，以保证组织流程的顺利进行。流程设计的过程中需要制定流程清单，它包括流程运行所涉及的资源、部门、环节、关键节点等内容，应该尽可能地具体以避免流程运行过程中遇到含糊不清、难以解决的问题。一份具体详实的流程可以帮助组织更好地处理复杂事务，提高组织的运行效率。在这一阶段，海上风电项目法律手续报批流程的管理人员需要针对海上风电项目所涉及的具体问题进行分析，在敲定海上风电项目法律报批手续办理的具体细节后，海上风电项目法律手续的报批管理流程就进入到具体实施阶段。

（二）执行阶段

海上风电项目法律手续报批流程的实施阶段是指将该项目法律手续报批流程的设计落到实处的过程。流程设计的生命力就在于实施。在实施流程的过程中，需要按照之前流程设计的具体方案去进行，以提高组织的办事效率。同时，也要对实施过程进行记录，以便后期不断进行反馈和调整。在这个阶段，海上风电法律手续报批流程的管理人员需要按照之前的流程设计办理相关的法律报批手续，并对具体的办理过程进行如实地记录和及时地反馈，以便后期对原有的流程设计结合实际情况进行不断的调整和修改。

（三）检查阶段

海上风电项目法律手续报批流程的检查阶段是指根据外部环境和实际情况的变化，对流程设计进行审核完善的过程。组织面临的环境是复杂多变的，流程设计很难一步到位，因此组织流程需要不断地进行完善和调整。在流程实施的过程中，要及时找出那些与实际情况不相适应的流程环节，以便进行完善和调整。海上风电项目涉及的报批环节众多，各地的法律报批手续办理流程也不完全一样，加上相关的法律政策也在不断地调整变化，因此，在海上风电项目法律手续的流程设计具体实施之后，需要对其进行记录观察并确定需要进一步改善的方向。在这个阶段，海上风电项目法律手续报批流程的管理人员需要时刻观察并记录项目报批流程的实施情况尤其是在实施的过程中存在的问题，以便后期在下一个阶段中进行调整和完善。

（四）行动阶段

海上风电项目法律手续报批流程的行动阶段是根据检查阶段发现的问题，对该流程设计不断进行修正和完善的过程。实施再造流程方案阶段后就进入到继续改善的行为阶段，在这个阶段，组织管理人员需要将上一阶段在流程实施过程中发现的问题在这一阶段进行改正，不断完善和优化组织流程。海上风电法律手续的报批流程设计需要结合实施的情况对发现的问题进行修正，对原有的流程设计结合实际情况进行不断的调整，以此不断完善原有的流程设计，为之后的实施提供更好的指导。

总体而言，海上风电项目流程管理的核心内容就是依照相关法律与政策规定，明确项目开发建设所必须获取的各种支持性法律/政策文件的构成、内在关联，进而确定特定项目开发建设法律手续的报批工作方案，并根据工作方案进行实施，在这个过程中要根据工作方案和项目开发建设政策、法律和实践环境的变化以及具体实施过程中的总体进程，对法律手续报批工作方案的实施进程进行监控，一旦发现问题，就要采取措施纠偏或是调整工作方案，确保报批手续有效完成。

第三节　法律手续流程管理方案实施

一、流程方案实施管理

根据戴明的 PDCA 循环理论，流程管理在计划阶段之后就进入到实施阶段。在组织流程的管理中，实施是其中的一个重要环节。在组织流程实施的过程中，组织管理者要做好前期准备，并在此基础上按照计划对组织流程进行实施，并对流程实施进行实时控制，以便组织流程顺利实施。

（一）前期准备

在流程计划付诸实施前，必须花一定时间和精力对组织流程的有关人员进行宣传、说服和动员，营造有利于实施流程计划的气氛和环境。考虑到有的流程准备不充分就实施而仓促开工，不仅会出现许多问题，还对组织的后续工作构成危害，因此要进行流程实施的前期准备。只有各方面的力量动员组织起来之后，流程计划才能付诸实施。组织管理人员应当对流程计划进行核实，看其是否完整、合理、现实与可行，流程实施所需的资源是否有保证，以及流程管理人员拥有的权力是否已经得到各方承认等。核实项目计划的过程实际上也是对流程管理人员进行动员的过程。①

（二）计划执行

流程计划执行是指通过完成流程范围内的工作来完成流程计划。流程计划执行的主要依据就是流程计划。在执行过程当中，流程管理人员必须对流程的各种技术和组织界面进行管理，协调流程内外的各种关系。

为保证流程各项工作确实在按流程计划执行，需要建立工作核准制度，即凡事要通过工作核准系统。该系统是一套事先确定的、着手流程活动之前应遵循的程序，其中包括必

---

① 赵涛. 基于戴明环的企业质量信息管理研究 [J]. 低温与超导，2009，37（2）：75-78.

要的审批制度、人员和权限及表格或其他书面文件。在开始工作之前经过批准可以保证时间和顺序不出问题，具体做法一般是经过书面批准之后才能开始具体的流程活动。小流程或简单工作则可不必如此繁琐，口头批准或按常规办事即可。流程管理信息系统在流程计划执行过程中是非常重要的手段，需要充分利用。①

在流程执行的整个过程中，所有流程有关人员都要保持顺畅的沟通。在这方面，流程管理人员的任务主要有信息分发与编写进展报告。

第一，信息分发就是把信息及时分发给流程相关者，分发信息时要保证信息完整、清楚、不含糊，使信息准确无误地到达接收者头脑中，同时要严格防止和严肃处理信息垄断、封锁甚至伪造的情况。在流程进行期间交流的信息应尽可能以适当的方式收集起来，井井有条地妥善保管。

第二，进展报告也称执行报告，是为流程所有相关者编写的，是流程各相关者之间沟通、与流程计划执行情况相关的重要资料。进展报告要依照流程设计和实际工作结果编写，有关工作结果的信息要准确、一致，只有这样才能使进展报告真正发挥作用。进展报告要综合编写，在同一报告内写进费用、进度及其他方面的资料，对流程状况给予完整的说明。报告的详略应适合报告接收者的要求。

（三）流程控制

流程计划付诸实施后可能会遇到意外情况，使流程不能在计划轨道上进行。因此，需要流程管理人员进行控制。

流程控制就是监控和测量流程实际进展，捕捉、分析和报告流程的执行情况。若发现实施过程偏离了计划，就要找出原因，采取行动，使流程回到计划的轨道上来。流程计划中的内容可能在实施之后才会发现无法实现，或者即使勉强实现也要付出高昂代价，此时就必须对流程计划进行修改或重新规划。

流程控制要有明确的控制目标和目标体系，及时发现产生的偏差，考虑流程管理组织实施控制的代价。控制的方法及程序要适合流程实施组织和流程管理人员的特点。进行流程控制，也要注意预测流程过程的发展趋势，以预见可能会发生的偏差，实施主动控制。流程控制工作还要有重点地进行，控制的形式及做法要有灵活性，进行过程也要便于流程相关人了解情况。另外，对流程目标的控制是一种围绕于流程总目标实现的综合控制，因此要有全局观念。流程控制有多方面内容，对于流程的不同方面要采用不同的控制方法。②

综合来看，在流程实施管理的过程中，组织管理人员要在前一阶段流程设计的基础上，充分调动组织流程实施所需要的各种资源，明确流程管理各个阶段节点管理人员的职权，按照流程设计进行执行。此外，组织在执行的过程中要保持信息畅通，允许流程执行人员对流程实施结果进行实时反馈，组织管理人员要如实记录流程的实施过程尤其是存在的问题和不足，以便后期对流程进行完善。当然，流程设计在实施过程中并不是僵化的，

① 张志刚，黄解宇，岳澎．流程管理发展的当代趋势［J］．现代管理科学，2008（1）：88-90.
② 柴天佑．生产制造全流程优化控制对控制与优化理论方法的挑战［J］．自动化学报，2009，35（6）：641-649.

组织管理人员需要积极发挥自身的主观能动性，对实施过程进行动态控制和调整，以便使流程设计更好地落到实处。

二、法律手续流程管理实施

在海上风电项目报批流程实施的过程中，要在做好前期准备的基础上，按照之前进行的流程设计对流程方案进行实施，并对流程实施的具体情况进行实时控制。

根据戴明 PDCA 循环理论，组织流程管理在完成计划阶段后，要进行执行、检查和处理。流程设计只是完成了流程管理的第一步，而流程的生命力在于实施。海上风电项目法律报批手续的流程设计在其具体实施的过程中要在做好前期准备的基础上，按照计划执行并动态地进行控制调整。

在前期准备阶段，海上风电项目的管理人员要为流程管理的实施进行宣传动员，在人、财、物等资源方面都为流程管理的实施做好准备，以保证流程实施过程的顺利进行。海上风电项目的法律手续报批流程管理涉及海洋、清洁能源、消防、军事、安全设施等多个环节，在准备实施流程的过程中，组织管理人员需要将职权和责任清晰明确地告知每一个关键节点的负责人，动员他们开展流程管理以确保组织流程的顺利实施。

在计划执行阶段，海上风电项目的管理人员要严格按照之前设计的流程方案去执行，在执行的过程中确保组织成员相互之间沟通顺利，并对流程实施的情况尤其是对于实施过程中发现的问题进行记录。海上风电项目法律手续报批的流程管理涉及诸多环节，只有保证沟通渠道的畅通，才能将流程实施过程中的各种信息及时传达给需要的部门以便其及时作出相应的安排。此外，对流程实施的情况进行实时的记录，有助于后期组织管理人员对流程实施情况进行分析，发现存在的问题并及时优化和完善。

在流程控制阶段，海上风电项目的管理人员，要对流程设计的实施情况进行监控，根据实际情况对流程进行适当调整，以保证流程设计的顺利实施。海上风电项目法律手续的流程在管理实施的过程中可能会产生偏差，这种偏差可能是实施的问题，也可能是方案的问题，还有可能是政策环境发生改变的问题。因此，流程实施的过程不是僵化的，它需要组织管理人员充分发挥主观能动性并根据组织的实际情况对流程实施的进度进行动态监控，对原有的流程设计不适用于组织的情况进行微调，对流程实施过程中存在的问题及时地予以解决。在这个阶段，海上风电项目的管理人员要处理好外部环境与组织流程的关系，根据外部环境的变化，动态地对海上风电法律手续的管理流程进行调整控制。

综上所述，流程实施是一个复杂的过程，海上风电项目的管理人员要根据实际情况，对海上风电项目法律手续管理流程的实施进行前期准备、计划执行和流程控制，动态实时地监控法律手续管理流程实施的情况并不断地进行反馈调整。只有这样，才能使流程设计真正落到实处。

第四节　法律手续流程管理方案的反馈与优化

根据戴明的 PDCA 循环理论，流程管理在计划、执行阶段后，就进入了检查、行动阶段，即流程评估与测评、优化与改善。流程设计往往很难一步到位，需要在实施的过程中不断地评估和测评，进而以此为基础进行优化和改善。流程测评与评估是对组织流程设计按照一定标准进行的检测与评价，在流程评估与检测中发现的问题，要在流程优化与改善阶段进行修正。

一、流程评估与测评

组织管理人员在判断一个流程是不是好流程的时候，不应该从部门出发，也不应该从领导者意志出发，而是要从顾客的角度出发。顾客导向是流程管理的前提，流程必须能够为顾客增值，使顾客愿意付费。

好流程的特征包括但不限于：（1）流程是否包括完整的要素，流程相关的要素是否全面到位；（2）流程是否包括大量有商业价值的规则；（3）流程是否包括运作过程所需要的资源；（4）流程是否包括运作过程所需要的信息和结果性的事实；（5）流程是否有大量例外的处理考虑，即流程有正向处理和大量例外情况处理的原则；（6）流程是否有核心的指导原则，这种指导原则是否具有强大的生命力；（7）流程是否在与组织、绩效二者的匹配存在内在一致性；（8）流程在多次运行过程中的结果具有相对的稳定性；（9）流程本身是否考虑到了基于不同业务分类的多样化。① 由此可见，良好的组织流程设计应该是在充分考虑组织人、财、物等各种要素的基础上，基于完备的组织流程设计信息，以组织的战略原则为指导，以不同业务部门的协调合作为基础，包含处理应急情况预案，具有一定稳定性，适合于组织自身发展情况并且能够为组织创造一定商业价值的流程。

基于这些标准，组织管理人员在进行流程评估与测评的过程中应该注意以下几点。

第一，组织流程设计应该充分考虑组织现有的各种资源。脱离了组织现有资源进行的流程设计会使组织流程在具体实施的过程中缺乏必要的资源支持，从而难以真正落实。在评估组织流程时，组织管理人员应该注意考察组织现有的资源条件能否满足该流程设计的要求。

第二，组织流程设计应该基于完备的信息。在组织流程设计前，流程设计人员应该搜集有关流程设计的完备信息，只有基于完备组织信息设计出来的组织流程，才能真正适用于该组织。在评估组织流程的过程中，组织管理人员应该注重考查现有的流程设计是否遗漏了关键信息。

第三，组织流程设计应该以组织的战略原则为指导。组织流程设计本身就是为组织战略管理的实现服务的，因此不能脱离组织的战略指导。在评估组织流程的过程中，组织管理人员应该注重考察现有的流程设计是否符合组织战略目标的要求。

第四，组织流程设计应该以不同业务部门的协调合作为基础，包含处理应急情况预案并具有一定稳定性。组织流程设计应该以具体的管理活动为核心，打破原先以不同业务部门为边界的组织管理，注重不同部门的协调合作。此外，组织流程设计还应该包含对可能出现的突发情况的应急预案并具有一定的稳定性，以确保组织流程顺利实施。因此，组织管理人员在进行流程评估时，应该注重考察组织流程设计是否有利于提升组织效率，以及

---

① 刘飚，蔡淑琴，郑双怡．业务流程评价指标体系研究［J］．华中科技大学学报（自然科学版），2005（4）：112-114.

是否包含对突发情况的应急预案。

第五，组织流程设计应该能够为组织创造一定的商业价值。组织流程设计的最终目标是为了给组织创造商业价值，能够创造一定商业价值的流程才是有价值的流程，否则流程管理就会流于形式。在评估组织流程时，组织管理人员应该注重考察流程实施的结果，观察其是否为组织创造了一定的商业价值。

对于海上风电项目法律手续报批的管理流程而言，组织管理人员在对该流程进行评估的过程中，要考虑组织现有的资源能否满足流程设计的要求，流程设计是否遗漏了关键信息，流程实施的过程中能否应对一些突发状况，流程设计最终是否满足了将报批程序精确化、明确化的目标要求，等等。

二、流程优化与改善

组织要解决什么问题、要实现什么样的目标，应先找到关键的问题，对这些关键问题进行深入的流程分析。流程本身是对组织业务模式、组织、业务运转的表述，组织所有的问题要得到解决都要落实到流程上。通过流程分析找到问题的解决方案，再进一步通过落实到流程的作业手册和信息工具来实现。

在流程优化的过程中，我们应该以业务改进为目标。组织管理人员在确立流程优化的目标时应从两个方面找目标：一是找实现组织战略所要求的目标；二是找组织需要解决的问题。

流程优化包括以下三个方面：首先是流程框架体系的优化，即组织层面的整体流程框架的优化；其次是流程的优化，即优化的组织业务模式并将其具体落实在组织流程上；最后是流程的标准化，是指把组织一些具体的做事流程以及在这个流程里做事的规范、标准及知识沉淀下来，并进行标准化。

具体而言，应该如何进行流程优化呢？王玉荣、葛新红在《流程管理》一书中提出，组织管理人员应该根据 ESEIA 五字口诀对组织流程进行优化。[①] ESEIA 是 Eliminate、Simplify、Establish、Integrate、Automate 五个英文单词的缩写，含义分别是清除、简化、填补、整合、自动化，这是减少流程中非增值活动以及调整流程核心增值活动的实用原则。清除主要指清除组织现有流程内的非增值活动；简化是指在尽可能清除了非必要的非增值环节后，对剩下的活动仍需进一步简化；填补是指在流程梳理的过程中增加以往没有发现的必要流程环节，在清除、简化的减法完成以后，再做填补的加法，然后进行整合与自动化；整合是指对分解的流程进行整合，以使流程顺畅、连贯，更好地满足顾客需求；自动化是指对于流程的自动化，它并不是简单地从手工操作改为信息系统，而是要在对流程任务的清除、简化和整合的基础上应用自动化，同时，任务的清除、简化和整合也要依靠自动化来解决。

三、法律手续管理流程的优化与改善

海上风电项目法律手续管理的流程优化与完善也应该按照 ESEIA 五字口诀，即在对

---

① 王玉荣，葛新红. 流程管理（第五版）[M]. 北京：北京大学出版社，2016：290-300.

已有流程进行适当清除、简化和填补的基础上对流程进行整合，并应用自动化的手段对其进行运作管理。

具体而言，海上风电项目的流程应该清除和简化其中冗余的部分。海上风电项目法律手续管理的流程中，很多必要的关键性报批的流程节点，比如必要的前置性审查等，这些是不能够清除和简化的。但是，也有一些类似的报批手续在流程中被反复执行，组织管理人员应该观察这些报批过程中是否有重复的环节，这些重复的环节下一步可以考虑是否需要清除、简化或整合。此外，目前海上风电项目法律手续管理的流程中并不涉及突发事件的应急预案的环节，下一步可以考虑是否需要对这些环节进行必要的补充。海上风电项目的法律手续报批环节复杂繁多，下一步可以考虑是否需要将一些细小的流程进行整合管理，以提高海上风电项目法律手续管理流程的运作效率。现代信息技术的发展为海上风电项目的流程管理提供了技术支持，海上风电项目法律手续的流程管理可以利用互联网技术实现对项目报批的进程实时监控，使项目流程实现自动化运作。海上风电项目的流程优化应该坚持简化报批手续、明确报批流程的原则，在对海上风电项目的整体流程进行梳理的基础上，结合现代信息技术对其进行自动化管理，最终达到海上风电项目整体报批效率提高的目的。

总而言之，流程管理是一种端对端的管理，它具有科学化与高效化、前瞻性与战略性、整体性与系统性、动态性与反馈性的特征，可以帮助组织明确管理职能、促进部门协同、规范管理过程、提高组织效率。组织在进行流程设计时，要处理好流程管理与战略、制度、组织结构和业务的关系，发挥好流程清单的作用，对流程进行分级管理。在特定模型的指导下，管理者可以帮助组织更好地进行流程设计。流程设计完成之后，需要对流程进行评估并结合实际情况不断地优化和完善。流程管理不仅仅是一种管理模式，更是一种思维方式，只有将流程管理的思维方式贯穿到组织管理的过程中去，才能更好地提高组织效率。因此，海上风电项目法律手续管理流程的优化应该以流程的精简明确为目标，项目的管理人员应该时刻关注外部环境的变化，以上一报批手续为参照，注重在流程设计的过程中处理好各个部门的关系，以流程为基础完善相关的组织制度和结构，发挥好流程清单的作用，及时优化和完善组织流程，在组织内部形成重视流程的组织文化，以促进海上风电项目法律手续报批的流程管理更好地实施。

第四章 项目开发建设法律手续组织管理

组织为项目战略目标与任务的实现提供有力保障。在项目开发和建设过程中法律手续组织管理对于发现矛盾、解决矛盾、协调矛盾，推动项目合法、有序运行具有重要意义。本章重点在于阐述海上风电开发建设项目法律手续管理过程中的组织与组织管理职责与功能、组织结构与岗位设置、人事管理专业化、过程考核功能定位、组织管理主要实施机制及其可能存在的制约因素与对应优化措施。

第一节 法律手续管理的功能构成与组织原则

法律手续管理组织是项目有序运行的载体。科学合理的管理组织系统能够正确引导项目成员行为，保障组织战略得以完成。本章节重点在于阐述海上风电项目开发建设法律手续组织管理的相关概念、功能定位、基本构成环节及其基本原则要求。

一、法律手续组织管理的相关概念

学术界关于"组织管理理论"的研究成果较为丰富，总体来说，研究经历"古典组织管理理论——行为科学组织理论——现代组织管理理论"三个阶段，具体围绕"科学管理""以人为本""环境"等主题进行阐述。泰勒的科学管理理论主张实行职能管理制。在组织内部进行专业化和标准化的分工，并明确组织职能定位。① 法约尔则是界定了组织管理活动的内涵，强调组织职能是一项非常重要的职能。② 韦伯的官僚制理论提出了一种理性的行政组织体系：即组织中应有清晰的组织构架、明确的分工和职责、严格的等级制度体系、规范的岗位任职机制和业务培训等。③ 在古典组织管理理论下，学者们从"理性""规制""标准化"的视角探寻一种"理想"的组织管理。随后，乔治·埃尔顿·梅奥强调了在组织管理中人的关键作用。④ 巴纳德提出了一套协作和组织的理论，并认为组织是一个合作的系统。⑤ 由此可见，在此阶段，学者们都认识到了组织管理中成员意愿和行为的重要性，并从心理和社会环境等视角去分析个体与组织之间的关系。而现代组织管理理论则是将研究视角放到"环境与组织的关系"上来。除了巴纳德的社会系统理论以

---

① ［美］弗雷德里克·泰勒. 科学管理原理［M］. 北京：机械工业出版社，2013.
② ［法］亨利·法约尔. 工业管理与一般管理［M］. 北京：中国社会科学出版社，1998.
③ ［英］安东尼·吉登斯. 资本主义与现代社会理论——对马克思、涂尔干和韦伯著作的分析［M］. 上海：上海译文出版社，2013.
④ ［美］乔治·埃尔顿·梅奥. 工业文明的社会问题［M］. 北京：机械工业出版社，2016.
⑤ ［美］切斯特·巴纳德. 经理人员的职能［M］. 北京：机械工业出版社，2013.

外，以卡斯特为代表的"系统与权变理论"将组织视为开放的系统，坚持反对在组织中运行固定不断的管理方法和技术。① W·理查德·斯科特②、Lawrence③、Jeffrey Pfeffer④等也关注了组织结构与周围环境的关系，并且得到了"两者之间不仅存在相互依赖的关系，而且随着环境不确定性的提高，两者间依赖性增强"的结论。

综上所述，古典组织管理理论的关注点在于"规章约束""刚性"等，蕴含共同理性精神和效率取向。⑤ 行为科学组织理论将"以人为本"引入到组织管理领域中，强调"人性""个性化"等。而现代组织管理理论强调了"权变因素"对于组织作为开放式系统适应环境的重要性以及"环境"对组织结构选择的重要影响。在对以上组织管理理论相关研究成果进行梳理的基础上可以发现，虽然不同阶段组织管理理论的研究主题不同，但皆是将"系统"或"结构"作为研究组织管理的抓手。本章节将沿袭这一视角，对海上风电开发建设项目法律手续组织管理的相关概念进行梳理和界定。

Mintzberg 将组织管理结构定义为组织内部员工获得劳动分工及相互协作各种方式的总和。⑥ 而法律手续组织管理是指通过建立结构和系统，对处理项目法律手续的组织、部门团队进行管理。在海上风电开发建设项目法律手续组织管理中，应根据单次项目任务的目标，配备合适工作人员，确定各岗位的职责范围和工作义务以及各部门与人员之间的权责关系和协作方式，确保项目开发和建设按规定时间和程序开展。⑦ 另外，法律手续组织管理也是为了有效配置组织项目资源，实现战略目标而按一定规则和流程构成的开放系统。⑧ 法律手续组织管理往往依托一个机构或部门，是项目法律手续的总协调有机体（通常成立法务部），负责整个项目法律手续事务的分工与协调，并在与项目有关的政府、企业等组织团体之间充当桥梁作用。由于大型工程项目开发和管理的涉及面广、内容多，系统开放性较强，法律手续组织管理是一个开放复杂的巨系统。⑨ 也就是说，法律手续组织

---

① ［美］弗里蒙特·E. 卡斯特，詹姆斯·E. 罗森茨韦克. 组织与管理——系统方法与权变方法［M］. 北京：中国社会科学出版，1985：4.

② ［美］W. 理查德·斯科特，杰拉尔德·F. 戴维斯. 组织理论：理性、自然与开放系统的视角［M］. 北京：中国人民大学出版社，2011.

③ Lawrence T. B. . Institutional Strategy［J］. Journal of Management，1999，25（2）：161-188.

④ Pfeffer，J. and Salancik，G. R. . The External Control of Organizations：A Resource Dependence Perspective［M］. New York：Harper & Row，1978.

⑤ 黄崴. 西方古典组织理论及其模式在教育管理中的运用与发展［J］. 华南师范大学学报（社会科学版），2000（6）：73-81，89.

⑥ Henry Mintzberg. The Structuring of Organizations［M］. NJ：Prentice Hall，1979：23-34，87-101.

⑦ Carvalho MMD，Patah L A，De Souza Bido D. . Project Management and its Effects on Project Success：Cross-country and Cross-industry Comparisons［J］. International Journal of Project Management，2015，33（7）：1509-1522.

⑧ ［美］弗里蒙特·E. 卡斯特，詹姆斯·E. 罗森茨韦克. 组织与管理——系统方法与权变方法［M］. 北京：中国社会科学出版社，1985：4.

⑨ 钱学森. 论系统工程：新世纪版［M］. 上海：上海交通大学出版社，2007：28-144. 子系统种类很多并且具有层次结构，它们之间关联关系又很复杂，即复杂巨系统；如果这个系统与外界存在能量、信息或物质的交换，则具有开放性，即开放复杂巨系统。

管理系统不是某种确定的模式，而是按照弹性的原则，在主动适应环境变化和具体任务要求过程中，动态性、经常性进行自我调整的有机结构。① 一方面，为了让项目开发和建设有序进行，处于一定环境下的法律手续组织管理系统应在目标牵引下，由人主导，充分发挥其主观能动性，重组各要素在实现目标与功能过程中的排列顺序、聚散状态以及相互联系、相互作用的方式，形成一套交互、联系的有机整体。另一方面，能够根据项目的不同阶段，确定好法律手续组织管理的功能，合理调整参与主体和现有资源的组合以及法务部门人员的专业领域、结构形式。②

通过上述介绍，海上风电开发建设项目法律手续组织管理具有以下基本特点。

一是目标的明确性。法律手续组织管理具有明确的目标，清晰界定了相关任务完成的时间节点、预计成果、约束条件与目标调整幅度。

二是管理的系统性。项目开发和建设活动是连贯、相关的，并且涉及范围大，包括不同领域、不同环节、不同组织和群体等。任何一个法律环节和因素的变化都会对工程项目顺利进行产生影响。

三是项目的独特性。虽然同类项目具有相似性，但由于时间和地点的差异以及参与主体介入程度和方式的不同，每一个项目开发建设法律手续管理过程都是独特的。不仅如此，法律手续组织管理的对象是人，个体本身差异以及外部环境对其的影响也决定项目法律手续组织管理，尤其是海上风电开发建设项目法律手续组织管理具有较强的差异性。

四是任务的一次性。项目与其他重复运行组织的主要区别在于"一次性"，具有明确的开始和完工的时间节点。由于地域、政策环境以及项目本身的差异性导致海上风电开发建设项目法律手续组织管理在项目开发和管理过程中没有可以完全照搬的案例。

五是成果的不可挽回性。项目的一次性属性决定了项目法律手续组织管理的重要性。不同于其他可重复操作的组织活动，海上风电开发建设项目的容错成本较高，具有较高的不确定性和风险。③

二、法律手续组织管理的功能定位

海上风电开发建设项目法律手续组织管理的功能取决于其管理内容。本章节在梳理海上风电开发建设项目法律手续组织管理内容的基础上，界定其功能。

（一）法律手续组织管理的功能构成

海上风电开发建设项目法律手续组织管理是一套巨系统，其具有种类多样、层次结构复杂的子系统。本章节按照管理系统的"行为——组织——战略"层次，对海上风电开发建设项目法律手续组织管理的功能构成进行阐述。

---

① 贾长松. 企业组织系统 ［M］. 北京：北京大学出版社，2014：2-11.

② 侯光明. 面向中国创新发展实践的组织管理系统学构建思考 ［J］. 中国软科学，2018（7）：105-116.

③ 吴之明，卢有杰. 项目管理引论 ［M］. 北京：清华大学出版社，2000.

1. 行为层次的法律手续组织管理

行为层次或操作层次的法律手续组织管理是指法律手续管理组织中的领导者通过制定规章制度，施加激励手段等方法对组织成员的行为加以规范和引导，实现组织目标。具体包括以下管理手段和方法。

一是实施可操作性的法律手续组织管理。规范工作流程，建立详细清晰的规章制度，将法律手续组织管理目标分解、权力分配、运作程序设置、人员职权责划分等措施和方法制度化，确保项目开发和建设有序运行。①

二是有效管理和开发人力资源。在经济学与人本思想的指导下，运用科学、有效、公平的手段对法律手续管理的组织成员进行招聘、甄选、培训、报酬，有效运用组织内外相关资源，满足项目当前和未来发展的需要，实现最优项目绩效。

三是绩效考核和激励管理。为了及时了解项目开发和建设进展，有必要对法律手续组织进行考察和监督，具体掌握其在项目法律事务处理中的业务进度、质量情况和财务收支等，优化组织成员的评价体系和激励机制，调动项目成员的工作热情和积极性，使其更好达成项目战略目标。

2. 组织层次的法律手续组织管理

组织层次的法律手续组织管理具体包括三个方面的内容。

一是专业分工，设置工作岗位。根据项目目标所需要的具体业务活动，以专业化分工的原则，分类设定相应的工作岗位，合理配置人员，做到"职得其人，人尽其才"，顺利完成工作任务。

二是按照项目目标，建立法律手续组织管理机构。法律手续组织管理机构是达成项目目标的载体。按照项目特点、内外部环境以及管理层次和领域，划分工作部门，设计组织机构和结构体系，做到法律手续管理机构设置科学合理、精干高效。②

三是理清关系，确定职权责体系。根据已划分的职能部门及工作岗位编写工作说明书，详细明确部门和人员的工作权限、工作内容和工作责任，做到各层次、各部门、各职位的合理分权与分工，各部门、各职位与整体组织之间明确的权责关系。

3. 战略层次的法律手续组织管理

战略层次的组织管理是法律手续组织管理中的最高层次。战略是一定时期内围绕特定项目开发建设法律手续组织管理工作所作出的具有全局性的谋划。这一层次的组织管理是在符合和保证实现项目使命的条件下，充分利用环境资源和机会，确定项目开发建设法律手续管理组织与不同环境之间的关系，规定其所从事的事业范围、成长方向和竞争对策，合理调整组织结构和分配有限资源。

（二）法律手续组织管理的主要作用

战略层次的组织管理是海上风电开发建设项目法律手续组织管理中的最高层次，而法

---

① 李靖. 基于人性假设视角的组织管理理论梳理研究 [J]. 华东经济管理，2009，23（12）：87-92.

② 王璞，何平. 组织结构设计咨询实务 [M]. 北京：中信出版社，2003：201.

律手续组织管理的主要功能则集中体现在最大限度实现项目战略目标上。① 具体来说，为了实现项目战略目标，海上风电开发建设项目法律手续组织管理功能具体体现在优化组织结构、沟通协调、提供智力支持等方面。

1. 优化组织结构，提高工作效率

一方面，法律手续组织管理的存在是为了创建一个有助于目标达成的结构。为实现项目战略，按照一定规则，将业务内容进行专业化分解，分解后的工作活动按照相似性质进行归并，形成法律手续组织管理的结构体，并明确限定其职权、责任以及汇报关系，构建一个各单元互相联系的网络系统。另一方面，为了适应不断调整的项目战略目标，相关法律手续组织管理会灵活、及时地进行调整、改革与再设计，使法律手续管理组织的功能、结构、管理活动与变化的战略目标相匹配。②

2. 沟通协调，优化资源

首先，法律手续组织管理部门根据项目情况，优化资源配置，减少各个项目部门之间的冲突。③ 法律手续组织管理部门的负责人具有协调、配合各项目法律业务的职责，能够对项目开发和建设过程中的法律事务工作进行统筹安排，包括安排项目开发和建设过程中法律手续办理的关键节点和计划；项目开发和建设过程中法律手续管理部门的各个职能和责任；出台确保项目按期顺利进行的法律操作指南书和注意事项；等等。其次，在履行法律手续管理职能的过程中，管理者会根据项目所处地域和项目类型的不同，梳理需要处理的法律手续流程和待办事务，并以此为标准，确定法律手续组织管理应该完成的任务，将其进行分解，合成各类工作岗位，配备合适的专业人才，并约束和确定组织成员、任务及各项活动之间的关系。最后，法律手续组织管理能够合理配置、安排各个岗位和职务的人员，包括人员的招聘和定岗、训练和考核、奖惩制度等，激励和引导人员行为，确保项目法律手续战略目标得以实现。④

3. 提供智力支持，提高项目绩效

法律手续管理组织能够为项目开发和建设过程中遇到的法律问题提供专业的智力支持。一方面，法律手续管理部门开展形式多样的经验或教训分享交流活动，让项目经理们通过交流活动进行充分有效的沟通，减少其在实务过程中遇到法律问题和阻碍的可能性。另一方面，法律手续管理部门总结并开发了一系列法律手续管理工具书供项目团队使用，例如，项目开发建设手续法律法规汇编、项目法律尽职调查指引、项目法律手续清单、总结报告、各类模板、文档、表格等，为项目顺利落地和正常运行提供了智力支持，使法律专业知识在项目日常运作之中得到利用和落实。

综上所述，法律手续管理组织是指项目开发和建设过程中，以协调法律事务关系，妥

① ［美］艾尔弗雷德·钱德勒. 战略与结构——美国工商企业成长的若干篇章［M］. 昆明：云南人民出版社，2002.

② 孙成志. 管理学［M］. 大连：东北财经大学出版社，2001：130.

③ 王炳成，丁浩. 员工考核方法对组织绩效的影响研究——以组织结构为调节变量［J］. 南大商学评论，2012，9（02）：147-167.

④ 朱舟，周健临. 管理学教程［M］. 上海：上海财经大学出版社，2017：6-7.

善处理法律问题，推动项目开发和建设合法、有序进行为目的，主要由项目涉及相关领域法务专业人才组成，根据项目进展情况和知识的权威性，对项目法律手续文件的申办、报批及其相关事务具有咨询、审议、评定、决策和实施等管理职责的部门团体。构建科学、合理和高效的项目法律手续组织管理结构和系统，对于营造开放工作环境，实现项目战略目标具有重要意义。

三、法律手续组织管理基本流程构成环节及其相关内容

组织管理贯穿于组织成长的全过程。通过科学、有效的流程管理，组织目标得以实现。从过程论的视角来看，海上风电开发建设项目中的法律手续组织管理是为了实现项目建设目标而确定的法律手续管理组织内各要素及其相互关系的活动过程，具有鲜明的生命周性。① 本章节在探讨海上风电开发建设项目法律手续组织管理基本流程构成环节时，会参考"生命周期"的概念。

为了探讨组织成长与变化过程，"生命周期"概念被引入到这一领域。"生命周期"最早属于生物学范畴。组织的"生命周期理论"采用制度、规则解释组织发展。② 目前学界对"生命周期"的阶段划分有多种观点。李皮特和舒米德提出了"三阶段说"，即生命周期有诞生期、青年期、成熟期三个发展阶段。③ 爱迪思的"五阶段说"，即组织生命周期有产生、成长、成熟、复兴和衰退五个阶段。④ 侯光明基于系统科学理论，将组织管理系统的发展周期界定为涌现性生成、适应性维生、控制式发展以及革新式蜕变四个阶段。⑤ 赵西萍则是认为组织结构、领导体制及管理制度形成了一个在生命周期各阶段上具有相当可预测性的形态，每一个阶段是一个连续的自然过程。他以企业组织结构的特征为依据，将其划分为创业、引导、授权、协调、合作五个阶段。⑥ 在参照上述研究的基础上，本章节按照项目进展阶段，并将海上风电开发建设项目法律手续组织管理生命周期划分为项目前期、项目施工期、竣工验收期等三阶段。本书从管理实务的角度出发，将海上风电开发建设项目法律手续组织管理流程划分为以下五个阶段。

（1）识别法律手续组织管理所处环境以及项目任务特点，确定其建立和发展战略和目标。为了保证项目法律手续组织管理与项目战略目标的一致性，应根据项目特征及其所处环境设置战略目标。不仅如此，还应对项目运行全过程和外部环境进行监督，对战略目标进行适度调整。

（2）梳理并分解工作任务与目标，分阶段界定任务要求且明确各部门、岗位和人员

① 姚玲珍. 工程项目管理学：工程项目管理学［M］. 上海：上海财经大学出版社，2003.

② ［英］奈杰尔·尼科尔森. 布莱克韦尔组织行为学百科词典［M］. 北京：对外经济贸易大学出版社，2003：398-399.

③ Lippitt, Gordon L. and Warren H. Schmidt. Crises in a Developing Organization［J］. Harvard Business Review, 1967：102-111.

④ 伊查克·爱迪思. 企业生命周期［M］. 北京：中国人民大学出版社，2017.

⑤ 侯光明. 面向中国创新发展实践的组织管理系统学构建思考［J］. 中国软科学，2018（07）：105-116.

⑥ 赵西萍，宋合义，梁磊. 组织与人力资源管理［M］. 西安：西安交通大学出版社，1999.

的职权责关系。基于工作目标进行任务分解，编制 WBS（Work Breakdown Structure）①，书面提交每一阶段的任务目标、进展计划、预期成果。需要注意的是，在进行目标分解时，应按照目标管理体系对组织管理优化方案实施专项管理，将任务目标具体化、清晰化、合理化、期限化并且尽可能量化，按照层次、总分、主次进行分解落实，确保各项工作落到实处。

（3）根据项目任务特点，构建组织架构，建立专职法律手续工作岗位、部门团队。根据第二阶段界定的工作目标和进度计划，设置工作岗位，并按照专业分工的原则，进行人员配置，组建专业的法律手续办理工作团队，明确各成员的职权责关系。具体来说，应遵循一定的指导原则，将实现项目战略目标所需开展的各项管理业务加以科学分类和合理组合，设置层次、部门和岗位，并按照"职得其人，人尽其才"的标准，设置专业人才。

（4）优化并改造工作流程，调整工作内容。根据项目进展和外部环境的变化，对关键管理流程进行再造。具体来说，就是对现有流程进行梳理、对照和分析，找出其中存在的缺陷和问题，然后系统化改造和完善现有流程，使其更科学、更高效。

（5）制定项目法律手续组织管理章程。通过制度、规章等对法律手续管理部门和人员进行引导和约束，使管理部门规范化运行，尽可能减少出现失误的可能性。

四、法律手续组织管理的基本原则

法律手续管理组织应按照一定的原则进行管理，才能有序推动项目开发和建设进程，实现项目战略目标。而海上风电开发建设项目法律手续组织管理原则可以分为两类：一是一般组织管理的通用原则；二是项目开发与管理法律手续组织管理的独特原则。

（一）通用原则

1. 统一指挥原则

统一指挥原则是组织活动有秩序、高效率开展的重要保证。按照这一原则，组织中每个员工只需服从一名上级的命令并对其负责。如果需要两个或两个以上的管理者同时指挥，则必须在下达命令前，进行互相沟通，达成一致意见后再下达。

2. 分工协作原则

分工是按照提高管理专业化和工作效率的要求，把组织的目标和任务分解落实到各个层次、各部门及每个人，明确各自的工作任务、手段方式和方法，提高工作效率。协作是与分工相联系的一个概念，它是指明确部门之间、部门内部以及各项职权的协调关系与配合的方法。分工与协作是相辅相成的，只有分工没有协作，分工就失去意义，而没有分工就谈不上协作。

3. 权责一致原则

权力是指在规定的职位上具有指挥和行事的能力。责任是在接受职位、职务时所应尽的义务。有多大的权力必须承担多大责任，这是理所当然的，否则就会造成"滥用权力、

---

① 工作分解结构（简称WBS）：把一个项目，按一定的原则分解，项目分解成任务，任务再分解成一项项工作，再把一项项工作分配到每个人的日常活动中，直到分解不下去为止。即：项目→任务→工作→日常活动。工作分解结构市项目计划的中心环节，以结果为导向，对项目要素进行的分组。

以权谋私"或"无力完成工作任务""无人负责"等现象。

4. 集权与分权相结合原则

集权管理是项目开发和建设中保证统一性和协调性的内在需要。但是过度集权的组织弹性差，适应性弱。因此，应实行适度的分权。处理好集权与分权的关系，要求对组织中的重大决策及全局性的管理问题实行集权，对局部的日常管理问题实行分权。

5. 有效管理幅度原则

有效管理幅度是指一个管理者能够直接有效管理的下属人数。由于时间和精力的限制以及管理能力的差异，不同的管理者有不同的管理幅度。因此，应根据不同管理者的具体情况，结合工作性质以及被管理者素质特征来确定适用于本组织和特定管理者的管理幅度。

6. 弹性结构原则

弹性结构是指为适应组织内外环境的变化，该组织的部门结构、人员职责和工作职位都是可以变动的。根据这一原则，一是应使部门结构富有弹性，根据外界环境的变化和项目开展活动的需要及时扩大或收缩某些业务和职能，提高组织管理的自主权和灵活性。此外，还可设置临时工作小组，以适应组织环境和不同工作性质的要求。二是组织内工作职位的设置也应富有弹性。在划分机构或职位的权责范围时，既要明确但又不宜过细，这样有助于在非正常状态下实现部门和人员之间的协调配合。

7. 经济原则

组织工作不但要围绕项目目标或任务来进行，还要讲究工作效率，这就要求机构设置及人员配备应该尽量做到精简。为提高运作效率，组织管理优化方案在组织设计时应尽量专业化和清晰化，缩短决策的周期，提升整体运作效率。[①]

（二）独特原则

1. 服务项目战略原则

法律手续组织管理的基本出发点是为了符合项目的战略定位，推动项目战略目标的实现。由于面临着不同的宏观经济社会发展、制度环境和地理空间环境，项目开发建设主体也有着不同的产权结构与价值追求，而海上风电开发建设项目往往也有独特的战略目标定位。因此，服务特定项目战略应是海上风电开发建设项目法律手续组织管理的根本原则。

2. 体现行业特点原则

不同类型的工程项目具有行业的独特因素。海上风电开发建设项目作为新能源发电项目的一个新兴行业和工程项目类型，有着自身特色的行业规制与技术支撑环境。为了确保项目开发建设取得所必需的各种合法合理性支撑性条件，在法律手续组织管理过程中应充分考虑项目所处行业特有因素，有针对性地设置其组织结构、管理工具、运行模式等，以提升法律手续组织的管理能力。

第二节　法律手续管理组织结构与岗位设置

作为项目内管理法律业务活动的载体，海上风电开发建设项目法律手续管理组织是独

---

① 孙成志，刘明霞. 管理学（第五版）[M]. 大连：东北财经大学出版社，2014：130-132.

立完成项目内法务工作的完整形式。从本质上来看，法律手续管理组织是通过不同标准，对管理人员的劳动进行横向和纵向的分工。而这些纵向和横向的部门设置、层级划分、管理权限界定以及管理从属关系等构成了项目开发建设法律手续管理组织结构。本节重点在于阐述海上风电开发建设项目法律手续管理组织概念及其功能定位，管理组织基本类型及其机构特征，组织和岗位设置的一般流程及其可能存在的主要制约因素与应对预防措施。

一、法律手续管理组织相关概念及其功能定位

（一）法律手续管理组织相关概念

"管理组织"是管理系统中的一个重要组成部分，通常也被简称为"组织"。关于"管理组织"概念的界定，学术界并无统一的规定。本章节在整理现有文献的基础上，从名词和动词角度对海上风电开发建设项目法律手续"管理组织"相关概念及其功能定位进行阐述。

动词意义上，"管理组织"是按照一定目的和程序确定组织特定的结构，实现组织目标的过程。① 换句话说，"管理组织"作为动词使用时，是管理的一项基本职能。它根据组织目标和计划的需要以及人员特征，设置部门、岗位，通过授权与分工，为每个岗位配备人员，明确部门和岗位的职责、职权关系，从而使整个组织协调、有序、高效地运转。② 另外，资源基础理论认为，管理组织是由诸多资源组成的，组织是否具备竞争能力，取决于其所获得资源的多少。③ 所以，作为管理的一项职能来考虑，管理组织之所以能够发挥作用的关键在于其能够通过部门、职能及劳动分工的配置，有效组合、利用所掌控资源，实现目标。④

从名词意义上来说，"管理组织"可以按广义和狭义划分。广义上的"管理组织"是指由诸多要素按照一定方式相互联系起来的系统，而且是一种开放系统。一方面，组织是社会系统的一部分，与外部环境之间相互依赖和相互影响；另一方面，组织内部的技术、目标与价值、社会心理、组织结构和管理等也构成组织本身系统的各个部分，并且各部分相互联系、相互影响。⑤ 而切斯特·巴纳德、斯蒂芬·P. 罗宾斯等人也将组织视为一种协作系统。巴纳德认为组织本质上是一个协作系统，并且组织存在和发展依赖于三个基本要素：协作的意愿、共同的目标以及良好的沟通。⑥ 斯蒂芬·P. 罗宾斯则将组织视为人们为实现目标而形成的一个利益共同体和协作系统。组织决定要完成什么样的任务，谁来

① 吴鸿，唐建荣. 管理学原理［M］. 天津：南开大学出版社，2015：161.

② 姬定中，张俊杰. 管理学（第三版）［M］. 北京：科学出版社，2015：41.

③ 李隽，李新建，王玉姣. 人力资源管理角色研究述评［J］. 外国经济与管理，2011（4）：43-50.

④ ［美］理查德·L. 达夫特，多萝西·马西克. 管理学原理（第10版）［M］. 北京：机械工业出版社，2018.

⑤ ［美］弗里蒙特·E. 卡斯特，詹姆斯·E. 罗森茨韦克. 组织与管理——系统方法与权变方法［M］. 北京：中国社会科学出版社，1985：4.

⑥ ［美］切斯特·巴纳德. 经理人员的职能［M］. 北京：机械工业出版社，2013.

完成这些任务，如何把任务进行分类，谁向谁汇报工作，在哪里做出决策。① 管理组织是一套相对独立的、完整的运行机制，形成了组织特有的形象特征和行为规范，并有意识地协调活动，妥善处理人和人、人和事、人和物的关系。② 狭义的"管理组织"指人们为实现一定的目标，互相协作结合而成的集体或团体。也就是说，这里的"管理组织"是一个实体，是人们为了达到某一特定的共同目标而形成的系统集合体。③ 它是遵循一定规则，集合一群人，进行相互合作，并按照一定的结构关系和权责制度规范，所形成的社会实体或社会单元。④ 理查德·L. 达夫特进一步总结了"管理组织"的四大特征：（1）社会实体；（2）有确定的目标；（3）有精心设计的结构和协调的活动性系统；（4）与外部环境相联系。⑤

值得注意的是，不管是广义还是狭义，名词意义上的"管理组织"都是在特定社会环境之中，由一定要素组成的。虽然不同类型的管理组织差异性不同，但是，任何管理组织，包括"法律手续管理组织"都由以下基本要素构成：（1）人。组织是以人为核心形成的，因此，人是组织的主体。由于工作分工的不同，组织中形成了各种不同的工作岗位，但是这些工作岗位是由人来担任。（2）目标。目标是组织赖以存在和发展的基础。而组织是人们实现某个目标的手段。组织目标是组织存在的依据，其决定了组织中的工作内容和工作分工，进而决定了组织中的岗位设置及具体结构形式。（3）规范。规范是人们行动的准则和互动的基础。每个组织都有约束其成员行为和组织行为的规范，具体表现为组织的方针政策和规章制度等。（4）结构。这是组织的表现形态。组织是一套纵横交错的权责体系。而将权责体系进行合理分配主要渠道是科学、合理的组织结构，具体来说，包括职能结构、纵向层次结构、横向部门结构、权责体系、集体与分权、指挥与参谋以及人员的关系协调、管理规范、决策体系等。⑥

本章节结合海上风电开发建设项目实际，采用狭义名词意义上的"组织管理"概念，进一步将海上风电开发建设项目法律手续管理组织定义为实现项目战略目标，通过互相协作结合而设计的系统集合体，是部门成员处理各项法律业务的基本框架。具体来说，海上风电开发建设项目法律手续管理组织是在项目开发和建设过程中，以协调法律事务关系，妥善处理法律问题，推动项目开发和建设合法、有序进行为目的，主要由项目涉及相关领域法务专业人才组成，根据项目进展情况和知识的权威性，对项目法律手续的申办、报批等具有咨询、审议、评定、决策和实施等管理职责的部门团体。

---

① ［美］斯蒂芬·P. 罗宾斯，蒂莫西·A. 贾奇. 组织行为学（第14版）［M］. 北京：清华大学出版社，2012.

② 曹仓. 管理组织中的熵定律及其对组织管理的影响［J］. 经济问题，2000（01）：13-16.

③ 吴鸿，唐建荣. 管理学原理［M］. 天津：南开大学出版社，2015：161.

④ 厉伟，胡兴球，杨恺钧. 管理学［M］. 南京：南京大学出版社，2017：7.

⑤ ［美］理查德·L. 达夫特，多萝西·马西克. 管理学原理（第10版）［M］. 北京：机械工业出版社，2018.

⑥ 沈波，李岩. 经济全球化时代的企业管理组织变革与创新趋势以及对我们的启示［J］. 南京社会科学，2001（S2）：119-123.

（二）法律手续管理组织的功能定位

管理组织将各子系统、各要素进行组合和协调，使其成为相互依赖、相互影响、相互作用的有机体。"人员""目标""规范""结构"等构成了海上风电开发建设项目法律手续管理组织的基本要素。它们的有机整合决定了法律手续管理组织的功能效果。具体来说，海上风电开发建设项目法律手续管理组织具有导向、激励、聚合、交换、转换基本功能。

1. "导向"功能，有效满足项目战略的需要

管理组织在人员行为引导方面发挥着重要作用。任何管理组织的构建皆是为了实现特定目标。管理组织通过合理的设计和专业分工，设置工作岗位，分配工作人员，明确职权责，将分解了的战略目标落实到各个工作岗位和个人，而分解的战略目标转化为工作任务和岗位职责成为引导组织成员行为的"信号灯"。同时，管理组织依靠制度来维系和支持。制度作为管理组织中决定成员关系的规范体系，有利于减少项目开发建设法律手续管理过程中的不确定性。管理组织由个体组成，个体成员的差异化也会对项目运行效果造成影响，甚至可能造成偏离项目战略目标的结果。制度规范可以约束、引导成员个体的行为，使个人差异对组织的影响最小化。

2. "激励"功能，增强组织凝聚力

人员是管理组织的关键要素之一。为了高效完成目标任务，管理组织采取多种手段激励人员，增强组织凝聚力和活力。具体来说，一是通过设置合理的组织结构满足"因事择人、因才施用，人尽其才，才尽其用"的目标，以此发挥成员的主观能动性，调动其积极性；二是构建良好的内外流通渠道，为工作人员的晋升和发展提供途径；三是通过有效的沟通，增强成员与组织之间的信任度，满足人们心理归属、社会交往、情感交流、相互学习、发展能力等多方面的精神需要，稳定工作人员的情绪，创造良好的工作氛围。

3. "聚合"功能，优化管理系统

管理组织能够创造一种新的合力，起着"能量放大"的作用。一方面，管理组织能够将项目开发建设法律手续管理过程中的人力、物力、技术、知识、信息等要素资源加以集合和有效运作，创造出新的功能和能量，提高组织工作的效率；另一方面，通过纵向分工与横向协作，组建合理的组织结构，发挥管理组织的协同效应，使得项目开发建设法律手续管理环节的各项事务得以有序、有效办理。

4. "交换"功能，构建良好沟通平台

法律手续管理组织为各类资源有效分配提供了良好的沟通渠道和平台。具体来说，管理组织对海上风电开发建设项目所涉及的法律手续办理及其日常管理等信息进行搜集、梳理，形成法律手续办理信息资源库，为海上风电开发建设项目提供信息支持；承担项目开发建设法律手续方面的咨询任务；总结法律手续管理成功经验或失败教训，开展相关经验的交流活动；建立法律实务处理的专业人才资源库，根据项目进展中遇到的具体法律实务问题，提供相应的专业智力支持。

5. "转换"功能，推动组织法律手续管理技能与方式创新

管理组织是一种维持适应的系统。组织不但与外界社会环境维持高度适应关系，而且

内部各个部分之间也要保持高度适应关系。① 作为一个有机的生命体，管理组织会进行动态学习，持续对法律专业知识和以往的法务实践进行整理、运用和共享，增强并更新成员的综合业务技能和法律专业知识，推动法律手续管理方式的创新，增强管理组织自我适应，自我调整的能力。

二、法律手续管理组织基本类型及其机构特征

海上风电开发建设项目法律手续管理组织是指项目开发和建设过程中，以协调法律事务关系，妥善处理法律问题，推动项目开发和建设合法、有序进行为目的的一种结构形式。在项目开发建设法律手续管理组织中，往往由法务部负责人管理和监督各类法律事务的执行。

该类组织结构只有一个命令源，有效避免了多重领导，保证了来自上级命令的唯一性。但是，该组织结构形式也存在一些不足：一是对法务主管的能力要求较高，往往需要全能式主管才能更好地处理项目法律问题；二是部门间横向关系没有得到很好的重视，导致合作执行困难；三是每个项目都设置同样或相近的法务部门，导致机构重置及资源浪费；四是项目式法律手续管理组织是基于项目而设立，项目的临时性也决定了其组织的临时性，进而导致不稳定性存在于该组织形式中。

海上风电开发建设项目法律手续管理组织的具体职责、组织结构、人员构成和人数配备等会因项目性质、复杂程度、规模大小和持续时间长短等而有所差异。具体来说，管理组织可以分为两大类：传统组织和现代组织。传统组织包括直线制、职能制和直线职能制组织类型；现代组织包括事业部制、矩阵制、新型虚拟组织类型。

（一）传统组织类型

1. 直线制组织

直线制组织是最早、最简单的组织结构形式。组织中各种职务按垂直系统直线排列，各级主管人员对所属下级拥有管理职权，不设专门的参谋人员和机构。

该类管理组织的优点是结构简单、权责明确、命令统一、决策迅速、指挥灵活；缺点在于强调本部门利益至上，组织横向之间缺乏畅通的协调、沟通。另外，在组织规模较大情况下，业务比较复杂，所有管理职能都集中于一人承担，这要求组织主管掌握多种专业知识和技能。但由于个人的知识及能力限制，往往会陷于杂乱事务中难于应付，顾此失彼。即便主管是"全才"，也无法保证其能始终在组织中发挥功能。而且，组织对"全能"管理者依赖性较强，一旦离职，便会影响组织的正常运行。

2. 职能制组织

职能制组织是指在组织内进行专业化分工，把职能类似的业务进行整合，成立相应的岗位或组织机构，还设立辅助性管理岗位，分担某些职能管理业务。下级部门主管除了接受上级部门领导人的指挥之外，还受到上级各职能部门领导的管理和指示。职能式组织项目可能是由一个职能部门负责，也可能是由多个职能部门完成。各职能部门之间的协调工

---

① ［美］弗里蒙特·E. 卡斯特，詹姆斯·E. 罗森茨韦克. 组织与管理——系统方法与权变方法［M］. 北京：中国社会科学出版社，1985：4.

作需要在职能部门主管这一层进行。

这类组织类型的优点是：适应现代组织技术比较复杂和管理分工较细的项目；分工明确，管理精细，能按岗定责；调配、使用人员较为灵活，能充分调动每个人的专长，减轻上层主管人员负担；节约成本，减少人员和资源的重复配置，部门职能相对稳定，方便技术、知识的延续性和连贯性；专业人员同属于一个部门有利于知识和经验交流巩固。而缺点在于，由于实行多头领导，容易出现政出多门、指挥和命令不统一的现象，妨碍组织业务活动的集中统一指挥，造成管理混乱，不利于管理责任制的推行，也阻碍了工作效率的提高。

3. 直线职能制组织

直线职能制组织又被称为"直线参谋制"组织，是对职能制组织结构的一种改进。这类组织是以直线制为基础，在保持直线制组织统一指挥的原则下，增加了为主管领导出谋划策但不行使指挥命令职责的参谋部门。直线职能制组织与职能制组织一样，也对法律手续管理工作按照业务或岗位内容进行了专业化分工。但是，在直线权力的分配方面，直线职能制组织结构与职能制组织结构有着实质性区别。前者对负责某一特定专业领域法律手续管理工作的职能部门和职能主管权限进行了严格限定，使之仅具有出谋划策的建议权，而无直接向直线系统下级人员发布指示命令的指挥权。

这类组织具有以下优点：直线职能制组织以直线制结构为基础，并将职能制结构的优点融入其中，既设置了直线主管领导，又在各级主管人员之下设置了相应职能部门，分别从事职责范围内的法律手续专业管理，有利于保证集中统一指挥，又可发挥各类专家的专业作用；每个部门都由直线人员统一指挥，满足了现代组织活动需要统一指挥和实行严格责任制度的要求。其主要缺点在于各职能单位自成体系，不重视工作中的横向信息沟通，再加上注重局部利益的"本位主义"思想的影响，可能引发组织项目法律手续管理业务处理中的各种矛盾和不协调等问题的出现；另一方面，如果职能部门被授予的权力过大、过宽，则容易干扰直线指挥命令系统的运行。此外，按职能分工的组织通常弹性不足，对环境变化的应对较为迟钝，不利于培养综合型法律实务管理人才。

（二）现代组织类型

1. 事业部制组织

事业部制组织也被称作"斯隆模型"或"联邦分权制"。① 事业部制组织是在总公司领导下设立多个事业部。各个事业部都有各自独立市场，实行独立核算，其突出特点是集中决策、分散经营，即总公司集中决策，事业部独立经营。

作为一种分权制的企业内部组织具有以下优点：能把事业部的多种业务专业化管理和公司总部的集中统一领导更好地结合起来，总公司和事业部间形成比较明确的责、权、利关系；每个事业部可以根据组织的目标来确立其部门的小目标，有较强的适应性，迅速应对市场环境的变化，并根据客户的需求变化及时调整目标和业务活动内容；有利于培养综合型的高级经理人才；使组织最高层管理者摆脱了具体的日常管理事务，有利于集中精力做好总公司的战略决策和长远规划。而主要缺点是：对事业部经理的素质要求高，组织需

① 李安邦. 浅谈"经营管理"的客观必然性 [J]. 贵州社会科学，1985（6）：10-12，19.

要有许多对特定领域或地域比较熟悉的全能型法律管理人才来运作和领导事业部内的法律业务活动；各事业部都设立了类似的管理机构，容易造成职能重复，管理费用上升；容易产生"本位主义"和"短期效应"，事业部之间、总公司与事业部之间协调困难，可能引发内耗。

2. 矩阵制组织

矩阵制组织是在直线职能制的基础上，再增设一种横向指挥链系统，形成具有双重职权关系的组织矩阵。它是一种职能式与项目式的组织结合，实现了纵向和横向关系的平衡。这类矩阵制组织通常亦被称为"非长期固定型组织"。为了完成某一项目，获取项目开发建设的相关合法性文件，从各职能或者业务部门中抽调完成该项目所必需的各类专业法律人员，组成项目法律手续管理小组，并由项目组中的法务主管来领导工作。这些被抽调来的人员，在行政关系上仍属于原所在的职能部门，但工作过程中要同时接受项目法务主管和职能部门经理的指挥。项目任务完成以后，组织便宣告解散，各类人员回到原所属部门等待分派新的任务。矩阵制组织结构一般比较适用于协作性和复杂性强的大型组织。

矩阵制组织的主要优点是：将职能与任务很好地结合在一起，加强了横向联系，克服了职能部门相互脱节、各自为政的现象，培养了成员合作精神和全局观念；可以满足对专业技术的要求，又可满足对每一项目任务快速反应的要求；充分利用人力及物力资源，提高了资源的利用率，也提高了组织的灵活性和应变能力；促进了学习、交流，有利于取得创新性成果。而缺点在于：人员的工作位置不固定，容易产生临时观念，也不易于树立责任心；存在双重职权关系，难以分清责任；组织关系比较复杂，对项目负责人的要求比较高。①

具体来说，根据横向和纵向之间关系的强弱，将矩阵式组织细分为三类，即弱矩阵型、强矩阵型和平衡矩阵型。

（1）弱矩阵型组织

弱矩阵型组织更接近职能型组织的特点。弱矩阵型组织中项目组成员主要分布在各职能部门，由各职能部门领导进行任务的分配和管理，不直接听命于项目法务主管。这类组织中，项目法律手续管理负责人主要承担着协调法律手续的管理工作。值得注意的是，虽然他具有协调项目中的各项法律业务工作的职权，但在项目法律事务执行过程中用到的各类资源主要由各有关职能或业务部门进行分配和管理，他不能确定在第一时间得到项目所需的各种资源，对项目开发建设法律手续管理的程度较弱。

（2）强矩阵型组织

强矩阵型组织结构更类似于项目型组织结构。每个项目法务主管根据项目需要从职能部门调用人员、物质等相关资源，各个职能部门经理的任务主要是辅助项目法务主管工作。在这种法律手续管理组织结构中，职能部门经理的权力实际上弱于项目法务主管，项目法务主管在项目开发建设法律手续管理中具有完全的控制权。

（3）平衡矩阵型组织

平衡矩阵组织是项目法务主管的权力介于弱矩阵型组织和强矩阵型组织之间的一种过

---

① 叶龙，郭名. 管理学（第三版）[M]. 北京：中国铁道出版社，2020：103-106.

渡型组织模式。在这种组织中，项目法务主管和职能部门经理对项目法律手续管理的影响程度相似，主要通过不同的责任分工进行对项目法律手续的管理。通常情况下，项目法务主管负责法律手续管理的进度和成本，同时对项目法律手续事务整体情况进行监督。

3. 新型虚拟组织

随着网络技术的发展，出现了新型虚拟组织模式。虚拟组织也被称为分散团队，将分散在一定地域范围内的成员技术和能力进行整合。这一跨越多个物理工作地点的整合团队，集成了多种关键技术和能力，可以快速适应市场需要。① 影响虚拟组织管理效果的关键因素有三个，也被称为"I-P-O 模型"。其中，输入（Inputs）是组织的形成条件，包括：团队规模、知识技能、沟通技术、任务、团队分散性、成员个性、领导能力和组织环境等；过程（Processes）是如何通过沟通协作，共同完成目标，包括：计划、行动、人际关系等；结果（Outputs）表示工作绩效和周边绩效，包括：情感结果、执行力结果和行为结果等。另外还有缓冲变量，包括：任务类型、时间、社会环境、支持和培训、领导方式和组织文化等。②

虚拟组织是一种无明确边界的动态性组织，拥有不同核心能力的组织以某种方式形成一个网络。具体来说，该组织具备以下优点：一是结构的扁平化减少了管理层次，节约了管理费用，减少了决策与行动之间的时间延滞，加快了组织对市场和竞争动态变化的反应。二是在组织中不设立固定的、正式的组织结构。虚拟组织往往是一些临时性的、以任务为导向的团队式组织。这样柔性化的组织可使资源得到充分利用，并增强组织对环境动态变化的适应能力。三是突破传统的有形边界，弱化具体的组织结构形式，从而使组织结构的边界处于动态选择与渗透之中，具有运营成本低、运营效率高、适应能力和应变能力强的特征。值得注意的是，该组织模式并不能代替所有传统的工程项目法律手续管理组织模式，它们应该是一种互补关系。因此，为了有效发挥虚拟组织的功能，应协调"输入—过程—结果"三个环节，借用互联网和信息通信技术等技术，拓展不同地域的资源，提高工作效率和资源配置水平，克服短期效应，构建一个性能良好的法律手续管理组织模式。

三、法律手续管理组织及其岗位设置的一般流程

海上风电开发建设项目法律手续管理组织是一个组织结构创建、设计的过程，由完成项目开发建设法律手续管理工作的人、单位和部门组织起来的群体，一般以法务部、任务小组、项目（筹备）公司等形式出现，根据海上风电开发建设项目法律手续目标，分派职责、协调任务，设定人员、群体和部门之间的关系，建立起正式的职权范围，合理分配相关资源。③ 具体来说，海上风电开发建设项目法律手续管理组织流程就是要在管理劳动分工的基础上，设计出组织所需的法律手续管理职务和各个管理职务之间的关系，并在组织中正式确定使工作任务得以分解、组合和协调的框架体系。

---

① Paul E. McMahon. 虚拟项目管理 [M]. 北京：中国机械出版社，2004.

② Luis L. Martins, Lucy L. Gilson, M. Travis Maynard. Virtual Teams：What Do We Know and Where Do We Go From Here？[J]. Journal of Management, 2004（30）：805-835.

③ 张昕，李泉. 行政组织学 [M]. 北京：中国人民大学出版社，2011：26-61.

（一）法律手续管理组织设置流程

经过长期的探索，海上风电开发建设项目法律手续管理组织设计已形成了一套科学的流程。

1. 明确组织目标

明确组织目标是法律手续管理组织设置工作的主体部分，具体包括进度、费用和质量三大目标。组织目标是进行组织设计的基本出发点。组织是实现其目标的工具。因此，法律手续管理组织设计的第一步，就是要在综合分析组织外部环境和内部条件的基础上，合理确定法律手续管理组织的总目标及各种具体的派生目标。

2. 确定业务内容

根据法律手续管理组织目标的要求，确定为实现其目标的业务管理工作内容，并按其性质适当分类，同时给予清晰描述，明确各类法律业务活动的范围和工作量。通常来说，海上风电项目开发建设法律手续管理工作主要是围绕各种支持性法律文书的申请与报批工作展开。相应地，法律手续管理组织的关键业务往往也是基于项目开发建设流程进行分类，进而实现业务流程的总体设计。

3. 选择组织结构

根据法律手续管理组织的规模、现有资源（人力、物力）、地域分布、市场环境、人员素质及各类法律业务工作量大小，并参考同类其他法律手续管理组织设计的经验和教训，确定管理组织的形式，并把性质相同或相近的法律手续管理业务工作分归适当的单位和部门负责，形成部门化的结构，构建法律手续事务处理的执行部门。

4. 配备人员

根据项目战略目标、类型特征和各法律手续管理部门和岗位的业务性质、任务要求及其对人员素质的要求，挑选和配备称职的专业人员及行政负责人，做到"职得其人，人尽其才"，顺利完成工作任务。

5. 设置与规定职责权限

根据法律手续管理组织的目标要求，授予各部门及其负责人相应的职权，明确规定各管理部门和岗位业务工作应负的责任以及评价绩效的标准。同时，应出台正式的规章制度文书明确各部门、岗位之间职权责的关系。其中，不仅要明确每个内设机构或岗位的具体职责内容，更要借由明确的规章制度规定各单位、各部门之间的相互关系，以及它们之间在信息沟通和相互协调方面的原则和方法，通过职权关系和信息流通，联系横向和纵向的各个部门和岗位，形成一个有机的组织系统，把各组织实体上下左右联结起来，形成一个能够协调运行，有效实现项目目标的法律手续管理组织系统。

6. 检查调整

法律手续管理组织的设置工作并非是一次性的工作，而是一个动态过程。在项目实施过程中，应对管理组织机构的运行效能进行检查，并根据具体运行情况适时调整组织岗位、职责内容及其权力关系。通过不断的组织和再组织，使项目开发建设法律手续管理组织始终处于有效的监控中，适应外部环境变化，确保项目目标的实现。[1]

---

① 孙成志. 管理学 ［M］. 大连：东北财经大学出版社，2001：140-141.

（二）法律手续管理岗位设置流程

岗位是组织的构成细胞，组织设置过程也包含了岗位设计过程。具体来说，岗位设置流程包括了工作分析、职位分类、职位评价三步。

1. 工作分析

工作分析是指通过一系列的程序和方法，对工作内容及有关因素进行全面的、系统的描述和记载，找出某个岗位的工作性质、任务责任及完成工作所需的技能、知识的过程，具体来说，包括准备、调查、分析和完成等四个阶段。

（1）准备阶段。准备阶段是确定工作分析目的和参与人员。工作分析目的在一定程度上决定了将使用哪种方法来收集资料，并会影响设计工作分级的计划。而工作分析的负责人通常是熟悉工作分析的人力资源管理部门的专业人士，有时候也需要外聘专家帮助、协助某些特殊方法的应用。

（2）调查阶段。这一阶段是收集背景资料，具体包括国际标准的职业分类标准、国家的职业分类标准和组织结构图、工作流程图等，以及收集工作分析对象现有信息，确定信息来源。不仅如此，还要选择合适的信息搜集方法。

（3）分析阶段。这一阶段是将收集到的信息进行全面系统地整理、审查和分析，并且将工作分析结果进行高度概括和总结，编写成工作说明书。

（4）控制和运用阶段。对工作分析活动的控制贯穿于整个分析过程，其主要目的是为了控制和纠正可能出现的偏差，以保证工作分析的顺利完成。并且将工作分析结果运用到组织管理实际过程中，在组织结构调整、工作岗位再设计等环节发挥作用。

2. 职位分类

职位分类是在工作分析的基础上，以工作性质、繁简程度、责任轻重和所需资格条件为依据，通过横向的职门、职组、职系的划分与纵向的职位分级和职级列等，区分若干具有共同特色的职位，并对其加以分类，构建出全面、系统、复杂的职位网络。它是以"事"为中心的分类体系，重视职位的性质、责任大小，并且在职务划分过程中，有一套严格的程序。具体来说，职位分类遵循以下程序：首先，进行职位调查，也就是职位分析；然后区分职系，即在调查的基础上，依照工作性质的异同，将各种职位划分归并为若干类别；最后，在职系的基础上再进一步聚类，形成职组和职门等更高等级的职位类别。

3. 职位评价

职位评价是对职位价值的衡量。它是以工作分析结果为依据，按照一定标准，采用科学的评价手段，对岗位的工作任务重要程度、责任范围、环境条件、任职资格等进行系统评比与评估的过程。职位评价的具体步骤包括：（1）按工作性质将组织的全部工作职位划分为若干大类、中类或小类；（2）搜集有关工作职位的各种信息，既包括工作职位过去的信息和现在的信息，也包括现有的文字资料和现实的活资料；（3）建立评估机构，使专门人员系统掌握职位评价的基本理论和具体实施办法，并制定明确的工作计划和实施方案；（4）在收集资料的基础上，找出与工作职位有直接联系、密切相关的主要因素，并制定统一的评价标准，设计相关问卷和表格；（5）先对几个重要职位进行试点评价，以便总结经验、发现问题、采取对策、及时纠正；（6）全面实施职位评价的各项具体操作；（7）撰写各个工作职位的评价报告书，并对职位评价工作进行全面总结。①

四、法律手续管理组织与岗位设置可能存在的制约因素与预防对策

哈罗德·孔茨和海因茨·韦里克将组织定位为一个正式的、有意识的职务结构或职位结构。② 而"管理组织"之所以能够发挥其功能，推动项目正常运行，关键在于构建合理的组织结构。组织结构可以被定义为组织内部劳动分工及协作方式的总和，③ 或者是一个组织内各构成要素及各要素间确立关系的形式。④

总体来说，作为实现人与物结合的一种工具，管理组织结构是根据企业战略目标，为项目成员指定职位、明确责任、沟通信息、协调工作的有机结合体。而海上风电开发建设项目法律手续管理组织结构是项目开发建设法律手续事务处理所依存的组织体系和运行约束机制。它通过建立组织结构，规定职务或职位，明确责权关系，使组织中的成员互相协作配合，实现组织目标。法律手续管理组织功能的发挥成效取决于组织结构设计的合理性，即是否有符合项目及其环境特点的运行制度和运行载体。因此，本章节从组织结构视角出发，分析海上风电开发建设项目法律手续管理组织和岗位设置可能存在的制约因素与预防对策。

（一）法律手续管理组织的制约因素

法律手续管理组织的主要制约因素如下。

1. 外部环境

外部环境因素包括一般环境因素和任务环境因素。政治、法律、经济、社会文化、技术和自然环境等因素是所有组织共同面对的一般环境因素，而特定客户、供应商、竞争对手、行业政策等因素是特定组织面对的任务环境因素。一般来说，外部环境对组织结构的影响，主要体现在三个方面：一是外部环境越复杂，组织结构也就越复杂。组织集权程度要降低，以便赋予下级部门更大的自主权，对环境做出灵活反应。二是外部环境变动性越强，组织结构相对越灵活。各部门权责关系和工作内容要经常做出适应性调整，强调横向沟通，以增强组织"柔性"。三是外部环境影响到组织内部部门和岗位设置，以及各部门之间关系和相对重要程度。

2. 组织战略

组织结构与组织战略紧密联系。组织战略决定了组织目标，而组织结构是实现组织目标的手段。当战略目标发生调整和转移时，一般要求组织结构作出相应调整，即"结构跟随战略"。也就是说，战略不但影响到管理职务的设置，而且还会引起各部门和职务相对重要程度的改变，要求对各部门和职务间关系作出相应的调整。

---

① 孙柏瑛，祁凡骅. 公共部门人力资源开发与管理（第四版）[M]. 北京：中国人民大学出版社，2016.

② 哈罗德·孔茨，海因茨·韦里克. 管理学（第九版）[M]. 北京：经济科学出版社，1993.

③ Henry Mintzberg. The Structuring of Organizations [M]. NJ: Prentice Hall, 1979: 23-34, 87-101.

④ [美] 弗里蒙特·E. 卡斯特，詹姆斯·E. 罗森茨韦克. 组织与管理——系统方法与权变方法 [M]. 北京：中国社会科学出版社，1985: 4.

3. 技术因素

技术因素是组织中能够把输入资源转化为产出的整个过程中有关知识、信息系统、管理方法、机器设备和工艺流程等的总和。技术因素直接影响着组织效果和效率、组织活动内容划分、职务设置和工作人员素质要求。特别是管理技术的改进，将影响组织中各部门工作的形式和性质。管理组织内信息技术以及大数据的运用，提高了管理效率，也引起了组织结构变化，比如，组织纵向层次减少，管理幅度增加，出现扁平化趋势；组织横向的专业化和部门化差异缩小，横向联系与沟通更为紧密。

4. 组织发展阶段与生命周期

美国学者托马斯·坎农提出了组织发展五阶段理论，并强调在不同阶段，应该有与之相适应的组织结构形态。具体来说，"组织发展五阶段论"包括：第一，创业阶段。组织决策和日常管理往往由最高管理者直接做出，组织结构简单、不正规，主要采用非正式沟通。第二，职能发展阶段。随着组织活动开展和专门化管理职能形成，决策越来越多地由其他管理者做出，各职能部门之间应加强沟通和协调。第三，分权阶段。随着组织规模的扩大，组织结构逐渐向以产品或地区事业部为基础，事业部与职能部门管理相结合模式转变。第四，参谋激增阶段。为了适应越来越大的组织规模，各级增加了许多参谋助手，以保证决策的科学性和有效性，但由此也导致了参谋部门与直线部门的矛盾。第五，再集权阶段。参谋激增阶段所产生的问题可能促使高层管理主管重新高度集中决策权力。而且新一轮的权力集中是一种高水平的集中。①

5. 组织规模

组织规模是指一个组织拥有的人员数量。事实上，组织人员数量往往是组织设计者优先考虑的因素。组织规模较大时，不可避免地需要分层，从而形成多层次组织结构；同时为了协调更加复杂的组织关系，需要划分部门，形成多部门结构。一般来说，组织规模越大，专业化分工程度就越细，组织标准化程度和规章制度健全程度也就越高。②

（二）法律手续管理组织的预防与应对措施

1. 构建柔性组织结构

在环境复杂多变、技术快速发展的背景下，法律手续管理组织应调整组织结构，以扁平的组织结构，柔性的组织模式，把任务、权力和责任进行有效的组合和协调，以获得最佳的工作绩效，完成项目任务。"扁平化"就是组织结构尽量减少中间环节和管理层次，增加管理幅度，最大可能地将决策权向组织结构的下层移动，让经办人充分拥有自主权，加快信息反馈频率和决策速度，发挥员工的主动性和创造性，提升管理效能。

2. 加强人员岗位管理

在法律手续管理组织和岗位设置的过程中应该遵循"因事设岗"的原则，确保工作任务能够完成。具体来说，根据项目法律业务的内容和岗位的要求设置相关专业人员，并且应该与待选人员进行沟通，对其工作预期、业务能力、综合素养以及身体状况等进行深

---

① 周三多，陈传明，刘子馨，贾良定.管理学——原理与方法（第七版）[M].上海：复旦大学出版社，2018.

② 吴鸿，唐建荣.管理学原理[M].天津：南开大学出版社，2015：170-173.

入了解和分析，实现"职得其人，人尽其才"的目标。另外，应增强法律手续管理组织的规范化管理，完善相关制度，明确成员之间的职权责关系，引导并约束成员行为。

3. 关键管理流程再造

对法律手续管理组织现有的管理流程进行系统分析和梳理，将对业务管理流程、财务管理、人力资源管理等三个关键管理流程进行再造。其中，最为核心的就是要根据相关政策制度环境的变迁和项目开发建设的实际情况，对项目开发建设法律手续管理业务流程进行适时调整。具体来说，就是首先对现有流程进行梳理、分析和理解，找出现有流程中存在的缺陷和问题；然后，系统化改造现有流程，使新流程更科学、更高效；最后，在流程再造时要以"经济""有效"为原则清除所有造成浪费的活动以及简化必要的活动。

4. 强化任务落实，抓好考核评估

按照目标管理体系对法律手续管理组织进行专项管理，将工作目标进行具体化、合理化、期限化，并且按照业务内容分解落实到具体单位和人员。与此同时，还应将分解的目标任务纳入各级、各部门和人员的考核体系，进行绩效评估，通过建立的奖惩机制进行及时、适当的奖惩。

5. 增强成员的协作意愿

法律手续管理组织需要成员的积极主动参与。组织应重视人在项目开发和建设过程中法律手续管理的主导地位，并且采取有效措施，增强员工的积极性、主动性和创造性。具体来说，应加强宣传法律手续组织管理完善的效果和目标，消除组织成员的疑虑和抵触，增强其对组织目标和改革方案的认同感；加强对员工的人文关怀，增强员工的归属感，构建组织与成员之间的信任感；加强培训，提升并更新成员的业务技能和专业知识，使其尽快适应组织变化，更好完成组织任务。

6. 提高组织的创新能力

法律手续管理组织没有普遍适应的模式。在战略目标、业务环境、项目实际进展不匹配的情况下，法律手续管理组织应随着外部环境的变化而调整，在组织结构形式、管理理念、制度、手段工具等方面进行创新，主动向有机式组织方向发展，重整内部资源，提升法律手续组织的活力。在法律手续组织创新过程中，为了消除可能遇到的阻碍，应对法律手续组织改革全程进行实时监控，及时发现和解决问题，建立良好的保障措施体系。

第三节　法律手续组织人力资源管理

资源泛指社会财富的源泉，是为了创造物质财富而投入于生产活动中的一切要素。人力资源是生产活动中最活跃的因素，也是一切资源中最重要的一类。[①] 海上风电开发建设项目法律手续管理也应对人力资源的取得、开发、利用和保持等方面进行计划、组织、领导和控制，使人力、物力保持最佳比例。本章节重点在于阐述海上风电项目开发建设法律

---

① 余凯成，程文文，陈维政. 人力资源管理 [M]. 大连：大连理工大学出版社，1999.

手续组织人力资源管理相关概念、功能定位、基本流程构成及其制约因素和应对预防措施。

一、法律手续组织人力资源管理相关概念及其功能定位

(一) 法律手续组织人力资源管理的相关概念

彼得·德鲁克在《管理的实践》一书中提出"人力资源"概念，并且强调人力资源是"特殊资产"的资源。① 人力资源可以界定为推动国民经济和社会发展，具有劳动能力的人口总和。从本质上看，人力资源是人所具有的运用和推动生产资料进行物质生产的能力。② 而项目法律手续组织人力资源，是指能够推动项目开发与建设合法、有序进行，处理法律手续事务的全部在岗员工的总和。具体来说，作为法律手续管理组织核心要素的人力资源具有区别于其他资源的独特之处。

(1) 社会性。从本质上讲，人力资源是一种社会资源。它的形成、配置、开发和使用都是一种社会活动。从人类社会经济活动角度看，劳动是群体性劳动，与一定的社会环境相联系。而人力资源管理与开发的利用程度决定于社会生产方式，尤其是经济技术发展水平。

(2) 能动性。主体性或能动性是人力资源的首要特征，是区别于其他资源的最根本特点。人力资源具有思想、感情、智力，能够有计划、有目的地进行判断、思考、选择，充分利用现有资源，不断调节自身与外部环境的关系，实现其任务和目标。

(3) 时效性。人力资源是一种具有生命的资源，其形式、开发和利用都要受到时间的限制。从本质上来看，作为一种生物有机体的人有生命周期，但不能长期蓄而不用，否则会荒废、退化，甚至无法产出任何价值。人力资源的这一特点意味着需要对人力资源存量进行最大限度地开发和利用。对于法律手续工作而言，随着法律法规的调整，人力资源的能力与素质要求也不断发生变化，其时效性非常突出。

(4) 再生性。在开发和使用过后，可再生资源只要保持必要的条件，就可以再生。人力资源的再生性基于人口的再生产和劳动力的再生产，通过人口总体内个体的不断更替和"劳动力耗费—劳动力生产—劳动力再次耗费—劳动力再次生产"的过程得以实现。对于项目开发建设法律手续管理组织而言，人力资源的再生产，其关键在于有关法律手续管理方面知识与信息的更新。由于海上风电项目开发建设相关法律法规调整频繁，各种支持性法律文书的取得条件、报批流程与检查检验机制方式也不断进行调整，这些都导致项目法律手续管理过程中的工作任务内容、渠道与方式方法发生变化，进而需要相关人力资源在能力和素质要求方面进行相应更新。

作为最主要的资源——人力资源必须进行科学而高效的管理，才能发挥其效能。人力资源管理是组织的一类基本管理职能。French 认为，人力资源管理是对组织中人力资源的招聘、甄选、职业生涯发展、运用与协调。③ 德斯勒、曾湘泉也指出人力资源管理是获取

---

① 彼得·德鲁克. 管理的实践 [M]. 北京：机械工业出版社，2006.
② 吴国存，谢晋宇. 公司人力资源开发与管理 [M]. 天津：南开大学出版社，1995.
③ French W. L. . Human Resources Management [M]. Boston：Houghton Mifflin company，1986.

人员、培训员工、评价绩效和付报酬的过程。① 总体来说，人力资源管理可以分为宏观和微观两个方面。宏观人力资源管理是对全社会人力资源的管理，而微观人力资源管理则是对于企业、单位、项目部门人力资源的管理。本章节主要研究微观层面的人力资源管理，并将法律手续组织人力资源管理界定为对项目开发和建设过程中协调并处理法律事务的从业人员进行招聘、录取、培训、使用、升迁、调动直至退休的全过程管理。它是协助组织完成人力资源招聘、开发、提升等任务的实践活动。②

（二）法律手续组织人力资源管理的功能

人力资源是组织的核心资源，海上风电项目开发建设法律手续组织人力资源管理部门是法律手续组织结构体系中的重要组成部分。在这个瞬息万变的环境中，项目开发建设法律手续管理组织通过构建适合自身发展的人力资源管理模式，能够有效应对外部竞争与挑战，合法、有序地推进项目开发和建设。③ 具体来说，法律手续组织人力资源管理具有以下功能。

1. 提高组织竞争能力

人是创造价值的源泉，也是组织拥有的特殊资源。知识、技能、才智等都蕴涵于人这一载体中。因此，在知识经济时代，竞争力来自不能被模仿、具有创新性的能力，这正是人力资源的重要特点。法律手续组织中对人力资源管理的关注和强化，有利于组织竞争力的提高。首先，人力资源管理被纳入组织管理层的战略规划中，并成为关乎组织竞争力的重要因素；其次，组织运用现代管理技术和方法，对人力资源的获取、使用、保持、开发等方面所进行的计划、组织、指挥和控制，能够使人力与物力保持在最佳的比例；再次，通过人力资源管理，能够对成员的思想状态、心理和行为进行恰当的引导和沟通协调，实现"人尽其才，事得其人，人事相宜"的目标。④

2. 吸引人才，调动员工的积极性

人力资源管理是一种很强的组织力量，可以影响员工的心理状态、动机和行为。⑤ 作为法律手续组织管理计划中重要一环，高效的人力资源管理既能够吸引外部人才加入组织，又能够通过对现有员工不同层次需要的满足，充分调动其积极性。具体来说，法律手续组织人力资源管理一是可以通过组织绩效评估、外部招聘、内部晋升、职业发展等制度实践，提高员工的主动性和积极性，并为其营造公平的竞争环境；二是发现员工的特点并充分发挥其专长，满足员工发展的需要，为其提供职业发展的平台和渠道；三是对员工的思想、心理和行为进行恰当诱导、协调，促使员工主动提高自身工作技能，鼓励员工作出

① 加里·德斯勒，曾湘泉. 人力资源管理（第 10 版）[M]. 北京：中国人民大学出版社，2007.

② ［美］劳伦斯·S. 克雷曼. 人力资源管理：获取竞争优势的工具 [M]. 北京：机械工业出版社，1999.

③ 赵曙明，张敏，赵宜萱. 人力资源管理百年：演变与发展 [J]. 外国经济与管理，2019，41（12）：50-73.

④ 陈树文，乔坤. 人力资源管理 [M]. 北京：清华大学出版社，2010.

⑤ Takeuchi R., Chen G., Lepak D. P.. Through the Looking Glass of a Social System: Cross-level Effects of High-performance Work Systems on Employees' Attitudes [J]. Personnel Psychology，2009（62）：1-29.

建设性改变，发挥潜能。①

3. 实现组织目标

人力资源管理与组织、项目战略规划发展有密切关系。② 法律手续组织人力资源管理会根据项目发展战略的要求，有计划地设置法律手续组织招聘、培训、使用、考核、激励、调整等过程，充分利用现有的人、财、物等各种资源，使之在法律事务处理过程中最大限度地发挥作用，保证项目开发与建设工作有条不紊地进行。③

4. 制定并执行科学规范的组织制度

科学规范的组织制度是现代组织良性运转的重要保证。而制度的制定者和执行者是法律手续组织中的各个成员。如果，缺乏优秀的法律手续管理者和员工则难以制定合理的法律手续管理组织制度，也无法保证制度有效执行。因此，有必要通过科学、有效的法律手续组织人力资源管理，搞好员工的培训教育工作，切实保障法律手续组织制度科学规范地制定和执行。④

二、法律手续组织人力资源管理基本流程构成及其相关内容

完整的法律手续组织人力资源管理过程应包括对员工在组织内部的流动情况、流入和流出行为进行预测，并制订相应的人员供求平衡计划，恰当地满足法律手续管理组织未来运行所需的专业人员需求。具体来说，海上风电项目开发建设法律手续组织人力资源管理基本流程包括了"选""用""育""留"四阶段。

（一）"选人"阶段

1. 工作岗位分析

海上风电项目开发建设法律手续管理组织应根据人力资源战略需要，设计一个科学合理的法律手续管理组织结构并且进行工作岗位分析。具体来说，包括确定部门内职位设置数量，职务职责的要求以及相关人员任职资格条件等。由此可见，工作岗位分析是法律手续组织人力资源管理的一个基础平台。它确定了不同职位的任职资格条件，为员工招聘、甄选及培训等提供了标准；明确了职位的工作内容、职责以及任职资格、条件、要求，为薪酬决策提供了依据；有助于法律手续管理组织确定每一个职位的评价标准及相应的绩效目标。

2. 招募与甄选

法律手续管理组织通过招募和甄选新员工来填补职位空缺。招募所要解决的是"如何获得足够数量的求职者供法律手续管理组织加以筛选"的问题，而甄选则是要解决"如何从求职者中挑选出合适法律手续管理组织需要的人"的问题。在这一阶段，管理者灵活利用多种手段，吸引、甄别出优秀法律专业人才，实现法律手续管理组织目标。

---

① 张俊杰. 管理学（第三版）［M］. 北京：科学出版社，2015：150.

② Robert L. Mathis, John H. Jackson. Human Resource Management Thirteenth Edition ［M］. SOUTH-WESTEM CENGAGE Learning, 2010.

③ 邹莹. 人力资源管理［M］. 上海：上海财经大学出版社，2019：5.

④ 邹莹. 人力资源管理［M］. 上海：上海财经大学出版社，2019：9.

（二）"用人"阶段

在"用人"阶段，法律手续管理组织是通过绩效管理对其成员进行引导与激励。完善的绩效管理体系是确保员工个人、员工群体的工作行为对法律手续管理组织战略目标的实现产生积极作用的重要因素。一方面，绩效管理通过把法律手续管理组织的经营目标或战略加以细化、分解，层层落实，以确保战略任务得以贯彻执行；另一方面，绩效评价为法律手续管理者提供了作出各项人力资源管理决策的所需信息。管理者基于绩效评价信息，与下属共同确定其优点、不足和待改进的领域，满足法律手续组织成员发展、成长的目的。由此可见，绩效管理是法律手续组织人力资源管理乃至整个项目、组织的中心运营环节之一。

（三）"育人"阶段

在"选人"阶段完成后，法律手续组织的人力资源管理者就可以着手计划员工的培训和发展安排，以确保新岗位的就职人员掌握必要的业务知识与技能，能够在现在和将来有效地完成工作任务。特别是随着技术进步、环境变化、政策法规制度及项目目标和战略的改变，法律手续管理组织成员有必要不断提升其业务能力，更新专业知识，学习新的技术和工作方法。

（四）"留人"阶段

1. 薪酬与福利

作为人力资源管理体系的重要组成部分，薪酬管理是高层管理者及所有员工最为关注的内容，它直接关系到法律手续组织人力资源管理成效和项目整体绩效。法律手续管理组织可以在深入了解个人需求的基础上，采取分级享受、套餐式福利等方式，通过加薪、发奖金、带薪年假、健康检查、旅游等，将薪酬福利与绩效挂钩，激励法律手续管理组织中最有价值的人力资源，吸引、留住高素质员工，使他们持续对法律手续管理组织作出高水平的贡献。

2. 劳动关系

劳动关系管理是现代人力资源管理的一项重要内容，它所关注的重点主要是如何通过促进组织和员工之间的关系和谐，确保组织目标的实现和可持续发展。从本质上看，劳动关系是管理者为了与员工群体建立并保持良好工作关系而采取的措施。在法律手续组织人力资源体系中，承担人力资源职能的管理人员，或通过拟订、实施各项人力资源政策和管理行为，或通过沟通、协调的手段调节组织与员工、员工与员工之间的关系，确保组织成员与项目增值。[①]

三、法律手续组织人力资源管理的制约因素

随着社会经济的快速发展以及全球化竞争的日益加剧，为了提高工作效率，保证组织可持续性发展，国内组织人力资源管理模式发生了相应转变。但当前组织内的人力资源管理模式仍存在诸多问题，使得人力资源未能发挥其应有的效率，甚至成为市场竞争中的发展桎梏。具体来说，法律手续组织人力资源管理过程可能存在的常见问题与制约因素可以

① 朱舟，周健临. 管理学教程 [M]. 上海：上海财经大学出版社，2017.

归结如下。

（一）人力资源管理理念陈旧

虽然大多数组织意识到了人力资源的关键地位，特别是专业人才的重要性，但其人力资源管理理念仍严重滞后。一方面，将人力资源管理简单理解为人事管理，仅将其界定为人员招聘、录用、培训等工作，没有真正理解人力资源管理的作用和功能；另一方面，项目开发建设法律手续管理人员的决策模式陈旧。主管人员多是利用经验判断，而非使用现代化的信息管理工具。这类人力资源管理决策模式缺乏信息化、数字化思维，没有必要的信息数据支持，易出现偏差。

（二）人才获取困难

人才获取是现有人力资源管理最大难题。首先，有潜力的新人难以招聘到法律手续管理组织内部。组织通常没有明确的录用标准，人力资源管理部门与用人部门缺乏沟通，导致难以将任职岗位和选聘人员进行有效匹配，员工无法胜任工作岗位的要求。其次，新人的培养难度大。人才的更新换代致使刚招进来的新人对其职业发展有所期待并对组织有更高的要求。如果新人对组织的培养方式或方向不认同的话，就会产生排斥心理，甚至可能会直接离职。再次，人才的流失率较高。对于海上风电开发建设项目法律手续管理组织而言，偏僻的工作场所、恶劣的自然条件、单一的工作生活模式等都可能构成法律手续管理组织人才流失的重要因素。最后，激励措施缺乏科学性。为了吸引人才，组织会将工资水平定位于较高水准。但是这种高成本支出可能并没有达到对员工应该产生的激励效果，未满足员工的真正需求。不仅如此，薪酬经常性的变化也会导致员工对收入缺乏良好预期，积极性不高，没有安全感。

（三）专业人员缺乏

随着人力资源管理战略位置的提升，法律手续管理组织对人员的整体素质，特别是法律手续管理方面的专业人员，提出更高的要求。虽然，一般来说，组织都会有人力资源管理人员，但其本身素质往往并不能满足海上风电开发建设项目法律手续管理的人才需求。管理人员专业技能不足，甚至没有受过系统的业务教育和学习，只完成常规性的事务工作，无法从组织战略角度思考项目的法律手续管理问题，更无法妥善处理各种突发性状况。

（四）人力资源管理体系落后

当前组织的一个通病是其人力资源管理体系跟不上时代发展的步伐。传统的选拔、任用机制，难以体现公平公正的原则，造成了优质人才流失等问题。具体来说，人力资源管理体系落后的主要表现在以下方面：一是招聘程序不规范。缺乏岗位职责明确界定的组织在选聘过程中无法挑选出合适的人才，进而直接影响项目开发与建设的顺利进行。二是人员分配不当。组织职位有高低，员工自身水平也参差不齐，能力与岗位不相符就会出现"大材小用""小材大用"等问题。员工的特长没有得到充分发挥，无法从事自己最擅长领域，可能会消极怠工，给企业造成损失。另外，组织岗位和员工能力级别并不是一成不变的。如果没有及时调整两者的匹配程度，也会出现员工郁郁不得志，最终辞职的结果。三是职位晋升模式的固化。职位晋升可以降低员工流失率，促进员工的积极性。但是，一些组织会沿用陈旧的晋升模式，如"阶梯晋升"。这会导致竞争者将更多的时间和精力用在表现自己的个人能力甚至是栽赃陷害上，而非投入在相互合作、共同进步上。在职位晋升模式上，组织也会应用高层考察、部门领导推荐等方法。这有可能造成部门领导任人唯亲，有才华的员工被深埋的结果。四是培训、开发无计划。组织往往忽视制定与企业未来发展战略相匹配的人力资源开发战略。此外，组织不重视新员工的上岗前培训，也没有将已上岗员工的培训和教育纳入正常的培训轨道，甚至未能采取一套实用的培训方法。五是，人员考核不规范。由于组织内部职权责不明确，工作界定不清晰，导致考评指标出现偏差，考评结果不能客观反映员工的工作成果。①

四、法律手续组织人力资源管理针对性的预防与应对措施

特殊知识和专业化人力资本是经济增长与组织发展的主要因素。② 海上风电开发建设项目法律手续管理组织应采取有效措施取得、开发、利用和保持人力资源，充分发挥人的潜能，调动人的积极性，提高工作效率，实现项目目标。③ 本章节将从五个方面提出针对性的预防与应对措施。

（一）增强人力资源管理的前瞻性和预见性

海上风电开发建设项目法律手续管理者不能基于"事务性"视角来从事执行层面的工作，应增强人力资源管理的前瞻性和预见性，能够对国家宏观趋势、行业发展脉络、企业经营核心理念、重要管理手段和考核依据等有清晰的认识。不仅如此，法律手续组织管理的负责人应深刻领会公司的经营理念与业务模式，设置人力资源管理政策制度的应用边界与适用范围，使其能够随着项目的发展不断迭代升级。④ 另外，为了达到法律手续组织人力资源管理的目标，应对团队成员进行合理的配置与使用，根据组织目标和各项目的任务要求，正确选择、合理使用、科学考评人员，保证各项任务顺利完成。

（二）完善人力资源信息化管理系统

随着信息化进程的推进和互联网的发展，人力资源信息化也成为必然趋势。未来法律手续组织人力资源管理需要灵活运用云计算、大数据处理等各种方法，对人进行恰当的诱导、激励和协调，"人尽其才，事得其人，人事相宜"，实现组织、项目目标。为使人力资源管理系统与法律手续管理组织达到更高的契合度，最大化发挥人力资源信息系统的作用，应加强与系统开发商的联系与沟通，对系统进行改进，努力挖掘、开发新功能，使其更加适合组织的自身需求和员工操作习惯。此外，还应制定相关制度，保证管理系统的规范使用，并使企业机密和员工隐私得到保护。

（三）提升人力资源的综合素质和业务能力

为了提高人力资源利用效率和人力资源管理的精细化水平，应采取有效措施，提高人

---

①　任萍，刘国亮．我国企业人力资源管理存在的问题与对策［J］．经济纵横，2016（5）：34-37.

②　Paul M. Romer. Increasing Returns and Long-Run Growth［J］. Journal of Political Economy，1986（5）.

③　冯虹．现代企业人力资源管理［M］．北京：经济管理出版社，1997：4-10.

④　朱斌，张佳良，范雪灵，刘军．匹配观视角下的战略人力资源管理模式——碧桂园集团人力资源管理之道解析［J］．管理学报，2020，17（6）：791-801.

力资源管理队伍的素质，使其具备综合素质高、业务知识丰富和数据分析能力较强的人员。[1] 法律手续管理组织应加大注入人才培养经费，建立员工培训的服务平台，提高员工专业技能的同时，更为严格地对组织内部的培训机构进行管理。[2] 法律手续管理组织可以采用正式、非正式培训相结合的方式，鼓励员工持续学习，营造宽容的创新氛围，有意识地培育员工学习新技能的能力，为自身应对外部环境变化积蓄专业知识和业务技能。[3]

（四）塑造良好的企业文化

文化是企业的灵魂。企业和组织需要文化来引导企业和员工的发展。良好的企业文化能提高员工的责任感、使命感和忠诚度，从而提高团队的凝聚力和效率以及社会形象。企业文化建设，一方面，需要综合考虑社会环境、人文、企业发展方向等各方面要求；另一方面，需要通过规章制度约束、必要引导、心理授权等方法逐渐形成，使员工认同企业文化，并自发转化为个人工作行为。[4]

（五）构建多重匹配的人力资源管理模式

个人与组织的匹配对员工态度（如工作满意度、组织承诺）和行为（如关系绩效、任务绩效）具有重要的影响。[5] 事实上，不存在唯一、最优的人力资源管理模式，组织要以匹配性为原则，关注人力资源管理内部融合，重视其与组织其他职能模块及其外部环境的动态适应，才能构建多重匹配的人力资源管理模式。

1. 吸纳相关专业人才

一方面，应该经过严格的考察和科学的论证，发现法律手续管理组织所需的各种人才。员工的聘用和晋升要坚持公平、公正、公开的原则，摆脱传统的用人思维，在选拔人才时不要论资排辈，应重视工作能力和业绩。通过"能者上"的机制来实现人力资源的优化和合理配置。另一方面，应基于法律手续管理组织的长远发展目标，制定人才培养和引进规划，通过内部培养和外部引进等多种方式，实现企业人才培养和储备，建立人才库，保障法律手续管理组织当前和未来发展的人力资源需求。

2. 构建科学的用人机制

在当前经济环境下，必须合理分配人力资源才能符合组织发展战略的需要。不同工作岗位由于存在任务和工作性质的不同，必然要求具有不同能力结构和专业知识的人员与之相匹配。因此，有效发挥法律手续管理组织结构的各项功能，保证管理系统正常运行的关

---

[1]　任萍，刘国亮. 我国企业人力资源管理存在的问题与对策 [J]. 经济纵横，2016 (5)：34-37.

[2]　赵晓理. 新时代下人力资源管理存在的问题及其完善对策 [J]. 吉首大学学报（社会科学版），2018，39 (S2)：82-84.

[3]　刘翔宇，李新建，曹霞. 多重匹配下柔性人力资源管理构型与组织成长性绩效——技能延展力的中介作用 [J]. 科技进步与对策，2019，36 (16)：147-154.

[4]　任萍，刘国亮. 我国企业人力资源管理存在的问题与对策 [J]. 经济纵横，2016 (5)：34-37.

[5]　Kristof Brown A. L., Zimmerman R. D., Johnson E. C.. Consequence of Individuals'Fit at Work：A Meta-analysis of Person-Job, Person-Organization, Person-Group and Person-Supervisor Fit [J]. Personnel Psychology，2005，58 (2)：281-342.

键在于把不同素质、能力和特长的人员分别安排在适当的岗位上，使其能够适应各类职务性质要求，发挥出组织结构的强大功能。组织也应提倡个性化管理，关注员工情感和价值需求，制定科学合理的人力资源规划。不仅如此，组织还需要提升对员工绩效和薪酬制度的重视程度，强化激励机制，培养员工的归属感，调动其主动性和积极性。①

3. 优化晋升模式

法律手续管理组织除了制定合理的人才引进管理制度以外，还需要构建更加符合当前形势的晋升模式，否则外来人才也可能因为晋升制度的固化而选择退出。职位晋升模式决定了员工的晋升评估是否公平、公开、透明。组织应根据当前内外情况，优化晋升模式，灵活使用"阶梯晋升""破格提拔"等多种方式，让每个员工凭自己能力竞争上岗，使稀有人才发挥最大潜力。②

第四节　法律手续组织管理绩效评估

法律手续组织管理绩效评估由绩效管理主管部门选定的评价主体，根据绩效目标协议书所约定的评价周期和评价标准，选择公平、合理、有效的评价方法，去收集、分析、评价和传递有关员工法律手续事务处理方面行为结果信息的过程。通过绩效评估，法律手续组织管理者将精力集中在对绩效有最大驱动力的业务活动上，及时诊断问题，采取提高绩效水平的改进措施。本章节重点在于阐述海上风电项目开发建设法律手续组织管理绩效评估相关概念、功能定位、流程基本构成及其可能存在的问题和应对措施。

一、法律手续组织管理绩效评估相关概念及其功能定位

（一）法律手续组织管理绩效评估相关概念

关于绩效的定义，有三类代表观点：第一类是以结果为导向来衡量的绩效，即"结果绩效"。伯纳丁认为绩效是在一定时期内由具体的工作或活动所产生的结果。③ 这类结果通过过程、产品和服务得以展现，能用来与已定目标、过去结果、其他组织目标的情况进行比较和评估。④ 第二类是以行为来测量的绩效，即"行为绩效"。坎普贝尔（Campbell，1990）⑤和墨菲（Murphy，1997）⑥认为绩效是指那些与组织目标、任务相联系的员工行为。但在实践中，通常将结果和行为两者结合起来对绩效进行测定。第三类是以员工特质和能力为特征来测量的绩效。伊莱恩·普莱克斯认为绩效是员工适应一系列发

---

① 任萍，刘国亮. 我国企业人力资源管理存在的问题与对策 [J]. 经济纵横，2016 (5)：34-37.

② 赵晓理. 新时代下人力资源管理存在的问题及其完善对策 [J]. 吉首大学学报（社会科学版），2018，39 (S2)：82-84.

③ Bernardin H. J., Beatty R. W.. Performance appraisal：Assessing Human Behavior at Work [M]. Boston；Kent Pub. Co (Boston, Ma).

④ 龙晓云. 绩效优异评估标准 [M]. 北京：中国标准出版社，2002.

⑤ 魏均. 绩效指标设计方法 [M]. 北京：北京大学出版社，2006.

⑥ 陈胜军. 周边绩效理论与实践 [M]. 北京：对外经贸大学出版社，2007.

展和变化的能力。①

从管理的角度看，绩效是组织期望的结果，是组织为了实现其目标而展现在不同层面上的有效输出。② 它强调结果与行为、员工潜能与绩效的关系，关注员工素质和组织未来发展。从字面意义上来看，"绩效"是"绩"与"效"的组合，具体来说，主要涉及两大层面：一是个人绩效；二是组织绩效。前者是个人的职能、效率、成绩。这是员工自身各项素质在具体条件下的综合反映，是员工素质与工作对象、工作条件等相关因素相互作用的结果，也可以将其视为个人主观创造性的体现。③ 后者是为了实现预期目标，组织在不同时期运营过程的效率和效益的有效付出，具体包括企业价值、企业能力、企业素质和企业竞争优势。④

为了提高组织整体效率，法律手续管理组织有必要实施科学合理的绩效评估。管理组织应针对组织中每位员工所承担的工作和岗位职责目标，运用科学的定量和定性相结合的方法，对员工个人行为的实际效果、岗位贡献和产出价值进行客观描述，确定每位员工对组织的贡献和各个岗位任务的完成情况。⑤ 具体来说，法律手续管理组织绩效评估具有以下特点。

（1）系统性。绩效评估是一套复杂、系统的工程。其系统性表现在两个方面：其一，有关员工工作结果或岗位职责任务完成度的相关信息收集、分析、评价和传递过程是系统性的。⑥ 其二，评估指标体系和评估执行过程是系统性的。组织在既定的战略目标下，需要制定包括多方面、多层次且具有内在联系的评价指标体系，还要在评估的稳定性和动态性上保持平衡，确保绩效评估的有效性和完整性。⑦

（2）目的性。盖布勒和奥斯本认为："绩效评估就是我们要做什么。"⑧ 也就是说，绩效评估有较强的目的性。它通过指标体系，对员工的工作行为、岗位的任务目标进行评估，并运用评估结果对员工将来的行为表现和工作业绩产生正向引导，对岗位任务目标进行重新调整和界定，促成法律手续管理组织的目标得以实现。⑨

（3）方法性。评估结果的公平合理取决于方法选择的科学性。绩效评估是由绩效管

---

① Elaine D. Pulakos, Neal Schmitt, David W. Dorsey, Sharon Arad, Walter C. Borman, Jerry W. Hedge. Predicting Adaptive Performance：Future Tests of a Model of Adaptability [J]. Human Performance, 2002（15）：299-323.

② 孙柏瑛, 祁凡骅. 公共部门人力资源开发与管理（第四版）[M]. 北京：中国人民大学出版社, 2016.

③ 颜世富. 绩效管理 [M]. 北京：机械工业出版社, 2008.

④ 张磊. 国有企业领导班子和领导人员考评探究——以国家电网省级电力公司为例 [M]. 北京：人民出版社, 2018.

⑤ [美] 彼得·德鲁克. 公司绩效测评 [M]. 北京：中国人民大学出版社, 哈佛商学院出版社, 1999.

⑥ 姬定中, 张俊杰. 管理学（第三版）[M]. 北京：科学出版社, 2015：41.

⑦ 李天勇. 基于平衡计分卡的政府绩效评估研究 [J]. 山东社会科学, 2019（9）：166-170.

⑧ [美] 戴维·奥斯本, 特德·盖布勒. 改革政府——企业家精神如何改革着政府部门 [M]. 上海：上海译文出版社, 2006.

⑨ 姬定中, 张俊杰. 管理学（第三版）[M]. 北京：科学出版社, 2015：166.

理主管部门选定的评价主体，根据评估主体和绩效成果的特点，选择公平、合理、有效的评价方法，去收集、分析、评价和传递有关员工工作行为和岗位任务目标等方面信息的过程。常见的评估方法有等级评价法、目标评价法、情景模拟法、综合法、绩效指标法等。①

综上所述，法律手续组织管理绩效评估可以定义为，通过运用统计学、运筹学原理和项目绩效指标体系，按照统一的标准和一定的流程，运用定量和定性相结合的方法，针对法律手续管理组织中每位员工的工作成果和岗位任务的设置目标，进行客观描述和评估的过程。它是海上风电项目开发建设法律手续组织管理工作的重要组成部分。

（二）法律手续组织管理绩效评估的功能定位

一套科学、高效的法律手续管理组织绩效评估体系对于海上风电项目开发建设来说至关重要，其功能主要体现在以下几个方面。

1. 项目开发建设法律手续管理结果的反馈功能

通过绩效评估结果可以获得每项法律事务处理的进展状况和任务完成度，获悉当前项目在开发建设的法律问题和缺陷，有助于法律手续管理组织成员们之间的沟通交流，增加对相关法律手续流程的进一步认识和了解。不仅如此，通过反馈过程，可以征求法律手续管理组织员工的建议，构建更加有效、可行的评估指标。②

2. 目标实现过程与项目流程进度的控制功能

通过对项目开发建设过程中的法律手续管理评估结果进行整理、分析，获悉并监控当前项目法律手续申办、报批等全流程，掌握项目开发和建设法律手续管理中的缺陷和不足，采取灵活的应对措施，协调法律事务关系，妥善处理法律问题，按计划获得与项目开发建设相关的合法性文件，推动项目开发和建设合法、有序进行。

3. 员工与组织行为的激励功能

绩效评估具有一定的激励功能。一方面，绩效评估结果最直接的应用是为法律手续管理组织制定员工报酬方案提供客观依据。每一阶段的工作绩效评估都是对当前员工表现和岗位任务完成度的评判，管理组织以不断更新的评估结果为依据进行薪酬发放和报酬调整，真正反映员工对法律手续管理组织贡献与回报的对应关系，能更好地起到激励作用。③ 另一方面，绩效评估是人员调动、岗位调整的依据。法律手续管理组织经过评估可以对人员的能力和专长进行推断，并且按照"因事择人、用人所长、容人所短"的原则，重新调整人员和岗位设置，发掘员工未来的升迁潜力，更好地完成项目任务。④

4. 经验与教训总结的学习功能

绩效评估可以帮助法律手续管理组织获悉每个岗位职务设置的合理性、目标任务安排的可行性及其管理人员的优势、局限和内在潜力；针对员工的业务效率、综合素质及组织

---

① 赵曙明，赵宜萱 . 薪酬管理——理论、方法、实务［M］. 北京：人民邮电出版社，2018：95.

② 孙成志 . 管理学（第六版）［M］. 大连：东北财经大学出版社，2017：181-182.

③ 孙成志 . 管理学（第六版）［M］. 大连：东北财经大学出版社，2017：181-182.

④ 赵曙明，赵宜萱 . 薪酬管理——理论、方法、实务［M］. 北京：人民邮电出版社，2018：95-96.

管理系统中的潜在问题和可能的新增长点，制订相应的培训和发展规划，进行补充学习和训练，不断改进工作绩效；不断调整、创新项目法律手续申办、报批过程中的管理方式和规划手段，增强项目组织与环境的适配度。①

二、法律手续组织管理绩效评估基本流程的构成环节及其相关内容

一般来说，法律手续组织管理绩效评估的基本流程可分为准备阶段、实施阶段、反馈与改善阶段。

（一）准备阶段

1. 确定绩效评估目标

绩效评估第一步就是明确评估目标。法律手续管理组织应在项目总目标和行动方案的指导下，清晰界定每次评估工作的具体职责、工作任务等，以便为组织管理绩效评估工作提供方向和指引。②

2. 建立绩效期望

建立绩效期望是通过工作分析过程建立每一项工作的完成标准，使绩效评估活动有据可循，便于评估人员客观公正地进行评估，有利于员工进行自我对照，更客观地理解评估结果，帮助对岗位任务目标进行调整和完善。③

3. 选择评估者

可供选择的评估者包括：（1）直接上级。作为评估对象的直接上级，评估者能更好地将员工工作与部门或组织的整体目标联系起来。（2）同事。同事对评估对象的业绩较为了解，可以准确地做出评价，而且同事评价的压力对评估对象来说是一个提高其业务绩效的有力促进因素。（3）下级。下级处于一个较为有利的位置来观察领导的管理效果，更有助于上级的个人发展。（4）被评估者本人。员工的自我评估通常要与其他评估主体的评估结果结合使用，通过自我评估可以促使员工对自己的工作进行反思、总结，增加对绩效评估结果的认同感，进而促使员工端正态度，提高工作能力。（5）客户（服务对象）。服务对象的评价一定程度上代表了员工工作任务的完成情况。客户（服务对象）评价应是组织绩效评估主体中不可或缺的。

4. 设计评估周期

从时间周期上来看，绩效评估包括定期和不定期评估两类。一般来说，定期评估具体分为周评估、月度评估、季度评估、半年度评估、年度评估等；不定期评估通常是出于一些特定目的而进行的。对于在法律手续组织中处于不同级别层次的人员而言，评估周期可以根据项目运行情况及岗位特点灵活确定。

---

① 姬定中，张俊杰. 管理学（第三版）[M]. 北京：科学出版社，2015：166-167.

② 赵曙明，赵宜萱. 薪酬管理——理论、方法、实务 [M]. 北京：人民邮电出版社，2018：98-99.

③ 赵曙明，赵宜萱. 薪酬管理——理论、方法、实务 [M]. 北京：人民邮电出版社，2018：98-99.

5. 明确评估内容

绩效评价的内容包括员工和职位评价两类。一般来说，员工绩效评估包括"德、能、勤、绩"四个方面，即对工作业绩、工作能力和潜能及其工作态度进行评估。① 而职位评价是借助一定的方法，确定组织内部各职位相对价值大小的过程，并据此建立公平合理的职位工资等级体系。② 由于法律手续管理组织职位评价的特殊性和重要性，评价内容应突出针对性，对那些直接关系项目开发和建设的法律手续关键职务进行重点考虑，有效协调有限资源，注重职位评价的成本和收益平衡。③

6. 建立评价系统

建立评价系统包括确立合理的评价指标、评价标准，选择适当的评价主体等。绩效评价指标决定了评价内容与评价对象。不论是组织绩效、部门绩效还是个人绩效，绩效评价关心的是评价对象与组织战略目标明显相关的行为与结果。④ 因此，评价内容和标准的设置应符合项目组织的发展战略，应针对其所处的生命周期和行业发展趋势选取职位评价指标及权重。

（二）实施阶段

在确定了绩效评估目标和评估者之后，应通过绩效评价系统，对员工和岗位进行科学、有效的评估。在绩效评估实施过程中应当客观、公正，杜绝平均主义和个人偏见。绩效评估人员应在综合各评估表得分的基础上，获得相应结论，并检验其结果的有效程度。组织绩效数据能够提供项目开发建设法律手续管理运作的相关信息，帮助组织与员工发现自身行为与管理流程的优劣，为完善、调整岗位职位设置和任务目标，提供事实依据，指明改进途径。⑤ 对相关信息进行收集整理之后，应对评估信息进行严格鉴别，将明显与事实不符合的虚假信息进行过滤。具体来说，绩效评估实施阶段的具体流程如下：员工对照评估标准进行自我评估并作出述职报告，将自我评估结果反馈到评估小组；评估人员根据掌握的评价记录和被评估者自评资料，汇总得出被评估人员的全部真实记录；在每一次单独评估后，评估数据由评估主持人统一回收。

（三）绩效反馈与改善阶段

评估人员与员工一起回顾和讨论绩效评估结果，对其不明白或不理解之处作出解释，帮助员工接受评估结果，共同探讨出最佳的改进方案。⑥

---

① 姬定中，张俊杰. 管理学（第三版）[M]. 北京：科学出版社，2015：168-169.

② 张勇. 职位评价方案的设计与实施 [J]. 中国人力资源开发，2006（7）：72-75.

③ 方雯，闫双营. 民营企业职位评价体系的构建与应用 [J]. 中国人力资源开发，2013（5）：51-55，69.

④ 方振邦，刘琪. 绩效管理——理论、方法与案例 [M]. 北京：人民邮电出版社，2018：170-171.

⑤ 收集信息的内容主要包括目标和标准达到（未达到）的情况，员工因工作或其他行为受到表扬和批评的情况（包括来自客户的积极的和消极的反馈信息），证明工作绩效突出或低下所需要的具体证据，对找到问题（或成绩）原因有帮助的其他数据等。

⑥ 赵曙明，赵宜萱. 薪酬管理——理论、方法、实务 [M]. 北京：人民邮电出版社，2018：98-99.

1. 绩效反馈面谈

评估人员与考评对象就本次绩效评估内容和结论进行沟通，使双方能对评估结果达成一致认识。通过绩效反馈面谈，员工可以更正确地认识自己，主管也可以更深入地了解员工，创造主管和员工双赢局面，有利于推动项目开发建设法律手续管理活动向深入推进。

2. 绩效改进计划

在此阶段，可以根据员工的缺陷和岗位任务的完成度制定出改进计划。在制定组织绩效改进计划时应注意以下几点：对员工而言，为员工选好一名导师，制定具体的培训计划方案和职业生涯规划，把员工的发展需求变为其不断提高绩效的动力，保证培训达到预期效果；对组织而言，根据评估结果，及时并灵活地对岗位设置、工作任务进行调整，使其能够适应外部环境，并与项目目标始终保持一致。①

三、法律手续组织管理绩效评估问题的预防与应对措施

绩效评估是法律手续管理组织人力资源部门依据特定的绩效评估目标和评估标准，借助多种行为化和标准化的测量技术，对组织员工产出和岗位任务完成情况等进行客观评价，提升组织整体产出水平（质量和满意度）的管理控制过程。为了进一步提升绩效评估效果，应从以下几个方面采取有效的预防和应对措施。

（一）遵循绩效评估的基本原则

为了确保法律手续管理组织绩效评估科学、有效地进行，应遵循以下基本原则：（1）客观原则。评估方法的选择和使用要尽量与被评估目标的实际情况相符并且在评估结果的讨论和分析上也要做到与实际评估结果应有结论相一致，保证绩效评估的客观、准确。（2）公开、公平原则。绩效评估的过程和结果要对被评估对象公开。评估的时间地点、评估采用的标准和方法，以及评估的结果都应该向被评估对象明确，使他们了解评估过程，自觉地参与评估，保证评估过程的顺利进行。（3）经常化原则。通过经常性的定期或非定期评估，组织不仅可以发现业务问题和组织潜在问题，而且可以挖掘员工个人潜力和组织潜在优势，提高组织竞争力。（4）全面性原则。绩效评估的全面性原则是指评估渠道多元化，评估方式多样化，评估结果全面化，形成全方位、多渠道、多层次的立体评估体系。（5）及时性原则。法律手续管理组织应将每一次的评估结果及时、准确地反馈给被评估对象，并且双方共同沟通后，形成最终的改进方案。（6）可行性和实用性原则。法律手续管理组织在制定评估方案时要充分考虑绩效评估相关资料来源，对其潜在问题进行分析，结合海上风电项目开发建设法律手续的组织、岗位、员工的实际来设计评估方案。②

（二）结合实际确定评估周期

评估周期与评估目的以及被评估人的岗位有直接关系。如果评估目的是为了实施奖惩，那么就要尽量让评估周期和奖惩周期保持相对一致；如果是为了续签聘任协议，那么

---

① 姬定中，张俊杰. 管理学（第三版）[M]. 北京：科学出版社，2015：170-171.
② 赵曙明，赵宜萱. 薪酬管理——理论、方法、实务 [M]. 北京：人民邮电出版社，2018：100-101.

评估周期则应当和本企业的员工聘用周期保持一致。实际上，法律手续管理组织的绩效评估周期与评估的指标类型也密切相关，不同类型的绩效评估指标往往需要不一样的评估周期。对于那些任务型的绩效评估指标，所需的是比较短的评估周期。这样可以在相对较短的时间内让管理者和被评估人员对评估结果有较为清晰的认识，及时进行问题改进和奖惩。对于那些周边性绩效评估指标来说，则适宜于在一个相对比较长的时间内施行评估。这是由于这类人员的行为、表现与素质等有较强的隐蔽性以及不可观察性。

（三）选择合理的评估方法

绩效评估的方法较为多样，其中，KPI 和 360 度评定法是国内比较常用的评估方法。KPI（Key Performance Indicator）即关键绩效指标，是指对组织目标实现有明显增值作用的绩效指标，是衡量某一职位人员工作绩效表现的具体量化指标。关键绩效指标来自对组织总体战略目标的分解，反映最能有效影响组织、项目价值创造的关键驱动因素。这一评估方法是对工作完成效果最直接的衡量方式。除了 KPI 以外，还有许多其他有效的评估方法。但值得注意的是，每一种绩效评估模式与方法都反映了一种具体的管理思想和原理，具有一定的科学性和合理性，同时也有自身的局限性与适用条件。因此，在具体应用中，要针对不同的评估层面、企业特点、岗位要求，具体问题具体分析，选择合理的评估方法。

（四）对评估者进行培训

评估者不可能完全理性，其在绩效评估中会受到晕轮效应、趋中倾向、近期效应、宽松和严厉倾向等因素影响，进而出现心理偏差。法律手续管理组织对评估者进行相关的培训是必要。相关管理部门应首先对评估者进行一般心理知识培训，使其尽量避免一些常见错误。其次，对评估者进行针对性的培训。主讲人可以模拟绩效评估进行实训，例如，为评估者播放关于员工实际工作情况视频，要求他们对其进行现场评估；收集所有评估结果，并将评估过程和结果中的问题进行逐一讲解。最后，给出正确的评估结果，解释其原因。

（五）充分运用评估结果

绩效评估是一把"双刃剑"，其效果最终要体现在评估结果上，才能真正实现绩效评估的目的。企业要根据实际情况，及时地、有针对性地把绩效评估结果与绩效奖金变化、岗位任务调整、组织目标设置等联系起来。法律手续管理组织应当破除"平均主义"的思想，了解员工的优势与不足，将定岗、定员、定薪等方面与绩效评估结果挂钩，切实调动员工的积极性，并且根据评估结果，对岗位设置、工作任务进行重新调整，使其与项目目标保持一致。[①]

---

① 张维东. 企业绩效评估问题分析及对策［J］. 山西财经大学学报，2011，33（S4）：30-31.

第五章 法律手续工具管理

第一节 法律手续工具管理概述

一、法律手续工具及其管理

所谓海上风电项目法律手续工具，是指海上风电项目开发建设法律手续过程中形成的各种文档资料的统称，既包括法律手续过程中的核心文件（例如各种报批、批复文件）及其支撑性文件（如各种报批文档的模板、法律依据文件），也包括本企业或本部门日常办公过程中形成的其他各种公务往来文件。

海上风电项目开发建设法律手续工具管理是指通过严格规范的制度和科学有效的方法对上述法律手续工具的数量、质量和运作过程进行监控和掌管，包括法律手续文档的拟制与传递、整理与分类、归档与保存以及利用与查询等。

二、法律手续工具构成类型

法律手续工具的类型根据分类标准不同可以划分为不同的类型，如依据是否与法律手续过程直接相关可分为核心文档和非核心文件，此外，依据其来源、载体等也可分为不同类型。

（一）依据业务关系分类

依据与法律手续过程的关系紧密程度，法律手续工具主要由核心文件和非核心文件构成。所谓"核心文件"指的是海上风电项目开发建设各个阶段的各种法律手续及报批申请文档资料；"非核心文件"指的是除法律手续之外的文档资料，如通用性的文档资料、公司内部管理文件等本企业或本部门日常办公过程中形成的各种公务往来文档资料。

1. 核心文件

核心文件包括前期阶段、项目建设阶段、项目竣工验收阶段的法律手续及报批申请文档资料（各阶段的法律手续及依据、基本内容等请见实务篇）。

前期阶段的法律手续文档主要有项目核准申请材料及批复、用海预审申请材料及批复、海洋环境影响评估及批复、地震安全性评估及审定意见、安全生产条件和设施综合分析报告、军事设施保护意见及批复、职业病危害预评估及审查意见、海底电缆路由调查勘测及许可、电网接入系统设计材料及审查意见、陆上升压站和综合楼的环境影响评估及批复、水土保持方案及批复等。

项目建设阶段的法律手续文档主要有海域使用权及不动产权登记材料及批复、建设工程规划许可申请材料及批复、水上水下活动行政许可申请材料、质量监督材料、消防设计审查或消防设计图纸及技术资料、防雷设计材料及审核意见、职业病危害因素监测报告文书及批复、环保监测材料、海底电缆管道铺设施工许可申请材料及审批、通航安全检查文书及审批、工程启动验收材料、工程移交生产验收材料等。

项目竣工验收阶段的法律手续文档主要有环保验收文书及验收意见书、水土保持设施验收材料及验收鉴定书、消防验收材料及验收意见书、防雷设施验收材料及验收意见书、职业病防护设施验收材料及验收意见书、安全设施竣工验收材料及验收意见书、计量验收材料及验收意见书、档案验收材料及验收意见书、竣工验收文书及批复。

关于核心文件的类型及其具体内容请参见"法律实务篇"。

2. 非核心文件

（1）非核心文件的含义和特点。所谓"非核心"是相对于法律手续工具这类核心文件而言的，主要包括通用性的文档资料、公司内部管理文件等本企业或本部门日常办公过程中形成的各种公务往来文档资料。非核心文件具有以下特点。

第一，实用性。非核心文件使用频率高，使用对象多样。它既可以作为组织内部传达知晓性信息的文种，又可以作为组织对重要的、机密的信息进行记录的工具。因此内部文件对于组织的日常办公来说具有极强的实用性，任何职能部门都可以依据自身的职能权限发表或形成内部文件。

第二，多样性。组织内部文件的文种没有特别的限制，只要在组织职能范围，制发各种内部文件都是合理的。由于组织，特别是大型组织的职能部门众多、业务办理频繁，因此内部文件形成的渠道、种类具有多样性。

第三，规范性。为了管理的统一、协调、优化、精简，许多行业对本系统内的文档设置了标准和规范，使一些组织内部文件具有规定的名称、格式、表达方式等专业标准，文件材料的形成过程通常也有很强的程式化于规范性。

第四，专业性。不同类型的组织具有不同的职能和生产经营范围。各类文件是各个组织在管理活动中形成的，因此这些文件是专业活动的产物，具有鲜明的专业性特点。

（2）非核心文件的构成。非核心文件主要包括日常事务类、原始记录类、核心信息类和规范制度类。

①日常事务类。日常事务类文件主要指组织在日常事务活动中形成的各种正式文件。与组织对外制发的通用文件一样，组织对内行文同样可以采用通用文件的文种，如通知、决定、通报等。因此组织对内行文所产生的正式文件都属于日常事务类的文件。这类内部文件是组织内部文件的重要组成部分，具有极强的现行性，同时具有极强的信息传递性，对于保障组织日常活动顺利有效进行起到了重要的信息传递的作用。

②原始记录类。原始记录类文件主要是指组织在业务活动中形成的各种具有原始记录性质的文字材料，如各种类型会议形成的会议记录，组织在一定时期内的行政管理、日常办公、业务活动中形成的各种形式的大事记录，财务部门形成的各种财务记录等。这类内部文件详细记录组织在每一次活动中的具体表现，真实有效地反映一段时间内组织的业务办理、职能运作与组织发展情况，可以对组织核心部门制订管理决策、发布各种正式文件

起到重要的参考凭证作用。

③核心信息类。组织除了在日常办公过程中所产生的内部文件之外，在管理决策、涉密业务活动中形成的带有机密性或涉及组织核心利益的文字记录也是很重要的一种内部文件，包括组织的工作计划、总结，涉及组织核心机密的文件材料、统计报表相关业务信息等。这类内部文件是组织发展的内核是决定组织日后发展的重要证明，也是决定组织发展命脉的重要依据。因此，如果这类内部文件管理上出现任何失误，对于组织来说都是致命的。

④规范制度类。组织为了更好地规范各个部门和工作人员的行为，每年都会出台或者变更一系列规范类、制度类文件，如工作制度、章程、规则等。这类内部文件是组织核心部门考察、监察、评价职能部门工作效率和员工工作行为的重要参考依据，因此往往成为部门与员工日后参考利用的主要文件类别。

按照文档资料的内容，非核心文件又可以包括文书类（如涉及党群、行政、经营生产管理等方面的文档资料）、科技类（涉及产品、科研、基建、设备等方面的文档资料）、财务类（如会记报表、会计凭证、账册等）、人事类（如组织内职工的招聘、培训、考核、奖励、处分及履历、登记、政审表等方面的文档资料）等类别。

（二）按照文档资料的来源分类

按照文档资料的来源，可分为企业收来文档、企业外发文档和企业内部使用文档。

（三）按照文档资料的外在形式分类

按照文档资料的外在形式，可分为文章式、表格式、图形式等。

（四）按照文档资料的载体形式分类

按照文档资料的载体形式，可分为纸质、磁介质、感光介质及电子文档等。

（五）按文档资料所处的阶段分类

文件生命周期理论认为，文件从其形成直至最后销毁或作为档案永久保存是一个完整的生命过程，在这个生命运动过程中文件先后表现出不同的价值形态，因而文件的整个生命运动过程具有明显的阶段性特征,[1] 根据这种特征可将文档资料分为现行文件、半现行文件和非现行文件。现行文件即处理业务和履行职能过程中形成的文件，具有现行的行政、法律和财务价值并被频繁使用，存放于文件的形成、使用部门；半现行文件是指文件针对的业务活动已经结束，文件的现行期也已结束的文件，具有偶尔利用和潜在利用价值，存放于机构的内部档案室或文件中心；非现行文件是指现行价值完全消失，工作中不再需要或利用的文件即非现行文件，具有凭证及历史价值，其中有永久保存价值的会移交至档案管理机构（档案馆），不具备保存价值的则会销毁。

三、法律手续工具管理的功能定位

（一）文件管理的基本职能构成

如上文所述，法律手续工具管理可以一般化为"文档管理"。1982 年，联合国教科文组织与国际档案理事会组织"文件与档案管理规划"专家协商，对文件管理的职能进行

---

① 吴品才. 半现行文件的科学处置：三者并存 [J]. 北京档案, 1998（12）：20-21.

综合分析、研究，提出如下六项具体职能。①

（1）运用现代信息管理原则和技术，减少文件的数量，改进文件的质量，选择适当的办公设备和办公用品。

（2）在机构的现行工作中，注意妥善保管和使用文件，完善现有的文件整理、分类和编目制度，开发为更为有效的信息处理系统。

（3）保证把那些现行工作中不再需要的文件从费用昂贵的办公室和存储设备中移到费用低廉的文件中心（或中间档案馆）妥善保存。

（4）为半现行文件提供有效的咨询服务，直到文件形成单位认为他们已经失去了行政、法律和财务价值，即直到他们成为非现行文件为止。

（5）保证由档案部门来对这些非现行文件进行鉴定，并将具有价值的文件移交给设施良好的档案馆永久保存。这里所指的有价值的文件都是可以用作形成机构的原始活动、组织机构、职能和工作程序以及一些重大事件的基本凭证，它们包含有对历史研究或者其他研究具有重要价值的信息。

（6）组织和促进更多利用者广泛而有效地利用档案馆的独特资源。

（二）文件管理工作的基本内容构成

根据以上文件管理职能的界定，我们可以将文件管理工作的内容大致归纳为以下几个部分。

（1）文件管理规范的制定和实施。包括制定和实施文件管理的法规或规章制度、制定和实施文件管理的工作原则与规划、制定和实施文件管理业务建设规范与标准，以及文件管理机构的设置与人员配备。

（2）文件管理要素（人、物、财、时间和信息）管理。发挥人在文件管理中的决定性作用；合理配置充分利用各种设备、工具、材料、仪器；根据成本原理量力而行地合理使用有限的资金；根据时间的利用价值，科学合理地安排文件工作过程中各部门、各工作环节的时间配置，维护文件信息的时效性；广泛收集，认真分析加工，分离和提炼出有价值的文件信息，系统整理和存贮有关文件信息，并有效传递和利用这些信息资源。

（3）文件工作流程管理。收文处理，包括文件的签收、启封、登记、分送、拟办、批办、承办、催办、注办、清退、归卷等环节的工作；发文处理，包括文件的撰写、核稿、签发、缮印、校对、用印、注发、登记、装封、发出、归卷等环节的工作；文件的平时管理；文件的系统整理与归档。

（4）文件工作全程控制。对文件从产生或收到，到最后的处置进行全过程控制，建立文件管理系统，并通过不断地调整使文件管理各要素之间处于最佳配合状态，从而有助于文件管理目标的最终实现。

（三）法律手续工具管理的职能构成

结合上述联合国教科文组织与国际档案理事会组织"文件与档案管理规划"专家对文件管理职能的分析和研究，具体到法律手续工具管理的功能定位，可以总结为以

---

① 中国档案学会外国档案学术委员会.《文件与档案管理规划》报告选编［M］.北京：档案出版社，1990：5.

下几点。

（1）法律手续工具管理的规范制定和实施。包括制定和实施法律手续工具管理的法规或规章制度，制定和实施法律手续工具管理的工作原则与规划，制定和实施法律手续工具业务建设规范与标准，法律手续工具管理的机构设置与人员配备。

（2）做好项目前期所需要的法律知识的准备工作。结合项目的具体情况，把分散的、新修订的与项目有关的法律进行汇总统一和替换更新。通过制定、发布和实施标准达到统一，并对实际的或潜在的问题制定共同的和重复使用的规则。

（3）理顺项目开发建设全过程所需要的法律事务手续报批文书和办理流程。

（4）在机构的现行工作中，注意妥善保管和使用法律手续文档，完善现有的法律手续文档的收集、整理、分类和编目制度，开发更为有效的法律手续文件处理系统，并通过不断的调整使文件管理各要素之间处于最佳配合状态。

（5）将具有价值的法律手续文档移交给设施良好的档案馆永久保存。这里所指的有价值的法律手续文档都是可以用作形成机构的原始活动、组织机构、职能和工作程序、法律事务手续报批文书和相关文书资料以及一些重大事件的基本凭证，它们包含有对历史研究或者其他研究具有重要价值的信息。

（6）实现文档管理的一体化、标准化管理。制定完善的工程项目文档管理标准文件。包括完善工程项目文档信息编码系统、形成技术类文件模板、归纳项目开发建设各个阶段所需要的法律手续等。

四、法律手续工具管理基本流程

根据法律手续工具管理的定义，法律手续工具管理是指通过严格规范的制度和科学有效的方法对法律手续工具的数量、质量和运作过程进行监控和掌管。具体包括：法律手续的拟制与传递，整理与分类，归档与保存以及利用与查询等。

（一）法律手续工具的拟制

项目开发建设各个阶段的各种法律手续及报批申请文书在拟制前，工作人员要充分厘清项目开发建设各个阶段所需要的法律手续及报批文书，掌握其构成类型与制作要求，严格按照制发文件的有关规定，格式要正确，用语要规范，内容表达要全面、准确。

（二）法律手续工具的传递

法律手续工具的传递主要包括企业项目开发建设各个阶段需要向政府主管部门提交审批申请及评估报告等支持性文书，以及政府主管部门向企业下发对应的审批意见。

（三）法律手续工具的整理与分类

遵循法律手续工具的形成规律，保持法律手续工具之间的有机联系，区分其不同价值，便于保管和利用。

（四）法律手续工具的归档与保存

各个法律手续工具在项目开发建设完成后，其中有保存价值的，由文件部门或者文件工作人员按照一定的规则和方法进行整理后，按照归档制度向档案室移交。简单地说，归档就是归入档案保存。

（五）法律手续工具的利用与查询

对法律手续工具进行深挖掘、细加工和全方位的开发利用，组织人员对档案文件进行信息的深层次开发，以促进其价值增值，为企业的文件和信息管理工作提供便利。

五、法律手续工具管理的意义

第一，有利于构建规范化的文件管理体系。通过开展法律手续工具的管理和控制工作，能够规范各类文件的处理流程，保证文件的高效流转，将风电企业项目建设开发所需要的相关法律手续和支持性文件纳入统一的控制范围。从而能够确保所有文件能够及时、准确地发挥自身的作用，有利于为风电项目开发建设及后续运营工作的开展提供有力保障。

第二，有利于促进风电建设项目参与各方文档工作的标准化，使其文档工作有一个对话和交流的标准语言，提高文档工作的质量，从而提高沟通和管理效率。

第三，有利于促进法律手续工具的信息化、知识化。通过对文件全阶段、全过程地动态控制，有助于随时查询、检索所需的文件和资料，实现文件的模块化、程序化管理，使员工能够及时、准确地查找到所需信息，从而提高工作效率。

第二节　法律手续文档一体化管理

一、法律手续文档一体化管理概述

（一）法律手续文档一体化管理的概念

如前所述，本章中海上风电项目法律手续工具是指海上风电项目开发建设法律手续过程中形成的各种文档资料的统称，即包括文件和档案两个主要部分。文件指风电企业在海上风电项目法律手续业务活动过程中形成的所有记录材料，而档案则是文件中具有保存价值的部分。从记录材料中挑选出有查考、保存价值的部分，按照一定的要求和方法组织起来，就形成了档案。文件和档案实际上是同一事物在不同阶段的价值形态的不同体现。①这些文档材料既包括海上风电项目开发建设法律手续过程中形成的，依靠计算机等数字设备阅读、处理，并可在通信网络上传送的数字格式的各类信息记录即电子文件，也包括纸质文档、图纸、照片、胶片、录音录像带等为主要代表的传统文档。

无论是在传统手工文档管理的年代，还是在如今的数字化电子文档管理时代，文件管理和档案管理之间都存在着密切的关系。文档一体化管理就是依据文件生命周期等理论，从文件管理和档案管理的连续性和整体出发，将其融入统一的管理系统中，使之成为一个有机的整体，实现从文件到档案的无缝衔接和全流程管理，使之系统化和规范化并达到文件与档案资源最优的管理和利用效果。

（二）实施文档一体化管理的必要性和可行性

（1）文件生命周期理论为文档一体化管理提供了强有力的理论支撑。文档一体化管

---

① 刘家真. 电子文件管理理论与实践［M］. 北京：科学出版社，2003：83.

理的理论基础是文件生命周期理论,该理论认为文件从产生到销毁或永久保存是一个不断运动的过程。① 在这一过程中,文件的价值效用、服务对象等不断发生变化,其管理部门和管理方式等也要发生相应的改变,并形成不同的运动阶段。因此,从发展的观点和系统论的观点来看,将文件管理和档案管理两个有着密切联系的系统看作是一个统一的系统工程,采取统一的工作制度和方法来控制前后各有特点但又相互连续衔接的工作程序是必要的,而且是可行的。② 海上风电项目建设各个阶段涉及诸多的法律手续流程和不同的公共部门及参建单位,文件数量庞大、材料分散、部门种类繁多、管理难度大、技术保密性高,基于文件生命周期理论的一体化管理为实践中建立科学、完善、系统的文件、档案管理体系奠定了坚实的基础。

(2) 信息化和网络化对文档管理提出了更高的要求,并使得一体化管理成为可能。信息时代,文件的生成、流转和保管都在计算机和网络环境中进行。电子文档本身的易篡改性等特性决定了需要从生成之初就对其进行前端控制和全程管理,而信息和网络技术又使这种全程的监控和管理成为可能。例如在管理系统中对电子文件从生成到归档的整个过程进行统一规划和要求,把可以预先设定的监控功能和档案管理功能嵌入各业务系统,对文件、档案工作的业务流程进行重组,并在文件形成和维护阶段进行有效的监督,从而实现文档一体化管理,维护文档资料的真实、完整、系统、规范。

(三) 法律手续文档一体化管理的内容

文档一体化管理的内容可以分为三个方面:文件、档案生成的一体化和文件、档案管理的一体化,以及文件、档案利用的一体化。③ 据此,我们可以认为,法律手续文档一体化的内容也可以分为三个方面,分别为法律手续文件、档案生成的一体化,法律手续文件、档案管理的一体化和法律手续文件、档案利用的一体化。首先,所谓法律手续文件、档案生成一体化指的是风电项目开发建设各个阶段进行法律流程时,各参与方要在法律手续文件的生成之初便树立起良好的文档一体化管理意识,并制定出相应的举措来统筹协调,确保生成的文件具有较好的适用性,能够满足后期档案管理各项功能的现实需要。其次,所谓法律手续文件、档案管理的一体化指的是各参与方在风电项目开发建设的各阶段法律手续过程中统筹规划文件、档案的运动流程,并对整个流程进行全面的管理。除此之外,还包括设置专门的文档管理组织机构、配备专业的文档管理人才、制定合理的文档管理制度等。最后,所谓法律手续文件、档案利用的一体化指的是风电项目建设参与方及风电企业在服务意识的指导下,合理开发、利用法律手续文件、档案资料,最大程度地发挥这些文档资料的价值。

(四) 法律手续文档一体化管理的意义

法律手续文件由于其生产过程的技术性和权威性,具有极为重要的科学价值、证据价值和历史价值,实施文档一体化管理,有助于保障法律手续文件和档案的质量,提高文档管理工作水平,符合风电项目档案验收标准。总的来说,其意义主要体现在以

---

① 吴品才. 半现行文件的科学处置:三者并存 [J]. 北京档案,1998 (12):20-21.
② 李晓玲. 电子时代文档一体化的新走向 [J]. 科技情报开发与经济,2005,15 (13):49-51.
③ 唐姝. 国有企业文档一体化发展的问题研究 [J]. 黑龙江档案,2019 (3):19-20.

下几个方面。

（1）提升文档管理质量。文档一体化将文件管理和档案管理的全过程作为整体统筹把控，打通文件归档壁垒，缩短归档时间。此外，文件是档案的基础，文件处理的质量直接影响到档案质量。通过文档一体化管理，可以对前期文件处理进行有效控制，实现从文件到档案的有效转换，为档案质量奠定基础。保障了文件档案的真实性、完整性、可用性和安全性。

（2）提高文档管理效率。文档一体化管理极为强调信息技术地引入，由此实现了文件、档案管理的全方位和全流程的系统化及自动化，实际的文档一体化管理运行过程打破了传统手工操作模式，极大地提升了文件及档案的处理和流转速度，显著提高了工作效率。此外，文档一体化管理可在系统内全面、详细地记录文档的流转情况，有助于管理人员实时监督文档的办理过程，有效提升了文档提交和运转的质量和效果，避免了文件积压情况的出现。

（3）降低文档管理成本。以往档案整理工作需要大量的手工劳动力，且在文件归档的过程中容易出现重复著录等情况，档案工作的质量较低。而文档一体化从文件形成阶段就采用系统管理，做到一次输入、多次输出，相关人员只用对电子文件和纸质文件的准确性和完整性进行核对，避免了重复劳动，节约了大量的人力、物力和财力。

文档一体化管理对于电子文件的意义更为重大，传统文件及档案管理历史悠久，已经积累了丰富的经验，无论是管理方法、法律规章制度、标准规范还是理论研究都有比较完善的体系。① 电子文件是随计算机的应用而产生的，它有着许多不同于传统文件的特点，传统的档案管理思想与方法有许多可以为电子档案管理所借鉴，但电子档案管理不能完全模仿传统文件的管理，否则将造成无可挽回的损失。电子文件的特点使得其整个生命周期的全程管理与一体化管理更应得到重视。

①文档一体化管理有利于保障电子文件法律证据价值。《电子签名法》的颁布和实施使得电子文件具备了作为法律证据的资格。但由于其具有易删除、易更改等特性，使得电子文件的法律证据力度只能由它的"内容、背景与结构"② 三大要素给予支持，如果不在文件生成之初就采取技术与管理措施对电子文件的三个基本要素予以采集、保存与控制，其法律证据价值难以得到保证。文档一体化管理的前端控制和全程管控为电子文件法律证据价值的保留奠定了坚持的基础。

②文档一体化管理有利于保障电子文件信息安全。电子文件是流动的数据，随时都可能因各种理由而更改或删除。为确保电子文件的安全性，在电子文件产生之初就要确定电子文件的归档范围、保存价值、采集的时间和采集方式。如果这些问题在文件生成前没有

---

① 刘家真．电子文件管理理论与实践［M］．北京：科学出版社，2003：83．

② 内容信息、背景信息与结构信息是构成文件的基本要素。电子文件是文件的一种，因此也必须具备这三个要素。内容信息是电子文件的核心要素，指文件中所包含的表达作者意图的信息。背景信息指描述生成电子文件的职能活动，电子文件的作用、办理过程、结果、上下文关系以及对其产生影响的历史环境等信息，包括文件产生各环节和责任者的信息以及为确保电子文件可理解性而保存的与文件内容有关的信息。结构信息指文件内容信息的组织表达方式。

确定，在文件生成之初没有得到实施，有些文件就可能会丢失，有些可能会被非法修改或损毁。因此，电子文件更需要文档一体化的管理，使文件从生成之初到其生命的终点，形成一个无缝管理系统。所以，所谓文档一体化管理是将原纸质文件归档管理系统中的许多"后控制"提到了前端，主张在电子文件生成之初采取行动以保证其归档质量，即将传统理到论对实体保管对象的关注，转变成对文件形成过程的关注，重视文件内容、文件形成者及其过程的有机联系、目的、意图、相互关系、职能和可靠性。①

二、法律手续文档一体化管理的流程

法律手续文档一体化涉及三个方面具体工作内容，分别为法律手续文件、档案生成的一体化，法律手续文件、档案管理的一体化和法律手续文件、档案利用的一体化。相应地，上述内容可以分解为如下工作流程。

（一）法律手续文件生成前的管理工作

按照文档一体化管理的思路和要求，文件管理和档案管理要实现无缝衔接和全流程的管理监控，以维护文档资料的真实性、完整性，以及后期的可开发利用性。因此，需要将档案管理的相关要求向前延伸到文件阶段，提前介入和嵌入到文件的生成、流转、管理的过程中来。

海上风电项目开发建设工作周期长、投资大、参与方多，其各个阶段法律手续也十分复杂。为此，实施法律手续文档管理一体化，档案部门要提前介入，深入了解各个阶段法律手续文件的形成规律和特征，指导每个项目参与主体在法律手续文件正式生成前就做好相关的准备工作，强化法律手续文件管理工作全过程的监督和控制，使不同开发建设阶段内部以及阶段之间文件管理规范化、标准化、协调化，以便项目开发建设法律手续文档一体化管理工作科学有序地开展。

在信息化和网络化时代，这种一体化管理意味着业务系统和文档管理系统在设计之初便将档案管理的诸多要求融入系统需求之中，做到前端的控制。② 档案部门和人员只有在系统设计阶段就对电子文件采取控制措施，才能真正确保电子文件的生成和管理质量，有效保证电子文件的真实性、完整性和长期可用性。③ 在具体的文档一体化流程中，这个阶段是在确定文件形成意图到文件内容正式生成之间的时间段，这是文件管理的关键阶段，也是管理活动较为复杂的阶段。在这个阶段，要历经多个管理步骤，业务部门和文档管理部门要进行多次交互，形成一些电子文件管理信息，这些信息伴随电子文件的整个生命周期。④ 这个阶段的管理活动多为同步进行，包括以下几个方面。

（1）文件模板的制作与确定。在业务系统或文档系统中根据业务需要、文件格式和

---

① 刘家真 . 电子文件管理理论与实践 ［M］. 北京：科学出版社，2003：83-84.

② 在系统设计阶段，分析机构业务流程、分析文件生成和处理的流程、分析哪些文件需要捕获、确定元数据体系、确定文件及信息的捕获方式、确定文件分类体系和检索工具、确定文件保管期限表等。

③ 周耀林，王艳明 . 电子文件管理概论 ［M］. 武汉：武汉大学出版社，2016：79.

④ 刘越男 . 建立新秩序——电子文件管理流程研究 ［M］. 北京：中国人民大学出版社，2005：302.

模板要求制作文件模板，之后就可以调用模板来生成相关法律手续文件。风电建设项目法律手续文档的模板较为丰富和全面，如果文件的模板已经存在，那么就直接调用；如果文件尚无相应模板，则需要业务部门根据内外部要求进行模板开发，并与文档部门商议最终确定文件所采用的模板。

（2）对文件进行分类编号。在系统设计阶段，文档的分类编号体系就应该提前嵌入。因此在文件生成之前，需要赋予其这一分类编号。如果该文档的类别已经存在，则由系统自动赋予文件类别项；如果属于新类别，则需要通过系统向档案部门申请新的类别的名称。在类别确定后，由系统自动赋予文件流水号。文件的编码是文件在整个管理流程和管理系统中的"身份证"，具有唯一性，文件的编制开始时，就应统一使用该文件编码。

（3）建立文档流转审批路径。根据文档的功能和文档生成的目的，将文档从产生开始将要流转的部门和执行的操作提前进行设计。

（4）设置文件访问权限，确定文件分发对象。不同的法律手续文档根据其内容是否涉密、可以接触的人员范围不同分成不同的权限，在分发文档时，不同权限人员只能看到和处理其权限范围的内的文档。

（5）建立文件与其他文档的关联。海上风电开发建设项目法律手续管理过程中形成的文档不是单一存在的。它会与同一流程的中的其他文件或者相关流程中的文件产生联系。此时，就应该建立文档间的关联，例如以关联文件链接、文件包、文件夹的形式进行整理。

（6）登记其他管理信息，如文件标题、创建者等。文件产生之前的整个管理过程就像是给文件颁发"准生证"，这个过程产生的管理信息都登记在管理数据库中。一切就绪之后由业务人员按照相应的规范创建文档。

（二）法律手续文件生成及运转中的管理

法律手续过程文件生成及运转即法律手续过程中各部门根据项目开发建设法律手续办理的要求，对法律文件进行的收发文及文件处理流程。其中收文包括签收、登记、呈送、批办、分办、催办等环节；发文程序包括拟稿、会签、核稿、签发、编号、打印、校对、用印、登记、分发等环节。

在信息化系统中，主要就是电子文件在相关业务系统或者文档系统中的创建及流转。一般说来，文件来源于两个方面：一是业务部门自身创建的，二是从工作网络上采集的。业务部门自身创建的电子文件一经生成，便由文件创建者直接采集下来。另一类电子文件，并非由业务部门直接创建，而是来源于工作网络。这类电子文件一般是在部门间的业务交流、上下级机关的工作交流中产生的，业务部门为了工作需要而将其采集下来。文件创建完毕，便按照设定的流转路径自动流转给每一个设定的处理人，完成整个流转过程。

电子文件形成后要及时进行采集，以防信息损失和变动。电子文件的采集应当由形成（制作）者或承办者按照归档要求进行，因为只有文件形成（制作）者或承办者最清楚电子文件的内容、价值以及与其他文件之间的关系，由他们采集才能保证电子文件的归档质量。采集到的电子文件必须具有内容信息，能够准确反映在特定时间内，在行使职责、活动与事务处理中发生的事实。同时，要特别注意采集与文件有关的背景信息和结构信息，使电子文件能以易于被人理解的方式存在，必要时能以电子方式恢复或重建，从而保证电子文件的证据价值和长期保存。

与传统文件的不同在于，电子文件的背景信息是与电子文件的内容信息相分离的，但仍应与内容信息一样作为文件的一个不可或缺的部分被一并保存。任何只有内容信息而不具备背景信息的电子文件都是不完整的、缺乏凭证性的。传统档案的背景信息是由档案馆从文件来源范围内获得的，包括来自传统文档、文件的形体检查，以及已经发布的研究及机构的原始资料等。电子文件背景信息的收集工作应该在文件生成时就开始着手。一般来说，电子文件形成部门应采集的背景信息至少包含如下内容：文件形成机构、与文件有关或曾经有关的其他机构、文件履行机构职责的目的、文件的年代、与文件有关的时期、与机构职能有关的文件价值与重要性、曾与文件有过关系的文件保存系统、该文件与其他文件或资料间的关系、对该文件有影响的法律、协议、实践、程序、计划与条件等。

（三）法律手续文件鉴定及归档中的管理

文件完成流转后，应首先对其进行鉴定，判断文件是否属于归档范围，然后进一步确定其保管期限。

风电开发建设项目法律手续过程中文件数量庞大，内容繁多，需要对文件从基本属性、保存价值、信息品质等方面进行鉴定，将有价值的文件提取出来并按其内在规律予以系统化，才能最大程度发挥法律手续文件的价值。一般而言，文件鉴定包括文件属性鉴定（又包括文种与来源鉴定、载体与品相鉴定、密级与范围鉴定、适用于效果鉴定）、价值鉴定、信息品质鉴定（原始性、真实性、准确性、完整性和系统性鉴定）。

在信息化管理环境中，电子文件归档前也必须进行认真的鉴定。在鉴定过程中，应从文件的完整与真实性、凭证价值、信息价值及该文件的技术状况等方面进行评定，认真识别并维护电子文件的元数据。[1] 相对而言，传统文件的鉴定工作集中在内容鉴定上，即通过对非现行文件的内容信息来识别文件的证据价值或信息价值，确定文件是否需要长期、永久保留。电子文件的内容鉴定，可以借鉴纸质文件鉴定的原则标准与方法。传统的文件保存期限表对文件保存期限的规定，同样适于电子文件。技术鉴定是指对电子文件的各方面技术状况进行全面的检查，包括对信息真实性、可靠性、完整性与可读性的认定和对文件载体性能的检测。

通过鉴定，对于属于归档范围的文件划分保管期限，并进行归档。风电项目开发建设法律手续文档的保管期限划定以及归档手续可以参考《火电建设项目文件收集及档案整理规范 DLT241—2012》《风电企业科技文件归档范围与 6~9 大类档案分类及保管期限划分表》《国家重大建设项目文件材料归档要求与档案整理规范 DA/T28-2002》等国家相关标准及文件。

（四）法律手续档案维护、提供利用中的管理

文件归档后，文档管理人员对归档的档案资料进行持续性的维护和管理。同时，还要根据企业业务需要，将文档资料提供利用，例如提供查询、借阅，对文档资料进行信息资源开发，制作成信息产品提供给企业内外部使用，助力企业发展。

---

[1] 元数据是描述电子文件数据属性的数据，包括文件的格式、编排结构、硬件和软件环境、文件处理软件、字处理软件和图形处理软件、字符集等数据。

提供文档资料利用是企业文档管理工作服务于企业建设最直接最有效的手段之一。法律手续文档又是风电企业进行海上风电项目开发建设过程中极为重要的知识资源，能为后续项目的开发建设提供有力的经验支撑。因此，要注重法律手续文档信息资源的开发利用，以企业研发、经营生产和各项业务工作需要为导向，分析实际需求，最大限度地挖掘档案资源的价值。

三、实施法律手续文档一体化管理的保障

在实施法律手续文档一体化管理过程中，还应该加强如下几方面的工作。

（一）加强文档一体化管理组织体系及队伍建设

实现文档一体化管理要求文档管理人员必须具有更高的综合素质。文档一体化要求文书处理、档案管理者改变过去那种条块管理的职业观念（认为文书处理只是业务部门的工作，档案管理是档案人员和档案部门的工作）。档案管理人员不再仅仅充当保管者的角色，而要向设计者转变，既要使文件处理者熟悉、掌握档案管理的特点，以便在工作中有意识地管理文件，使之向档案方面顺利转化，同时又要让档案管理者了解业务管理活动概况，从而担负起对现行文件进行鉴定、筛选的责任。特别是电子文件出现后，文件从载体和传输方式等方面发生了新的变化，要求档案人员熟悉文件运动和文件管理的全过程，从文件产生、发展、运动的全过程把握文件，分析其价值，确定保存方式，从而适应文档一体化管理的要求。

健全文档管理组织体系。海上风电项目开发建设周期长、文件文档繁多复杂，因此，应加强顶层设计，统筹、规划文档管理工作，建立覆盖风电项目开发建设各个阶段、囊括风电项目开发建设各类参建主体的文档一体化管理组织体系。项目建设单位和参建单位应设立档案管理机构，落实文档管理职责。通过高效有序的管理组织体系，确保文书档案一体化管理工作的有序、规范开展。

（二）完善文档一体化管理的制度建设

根据国家有关管理要求，海上风电项目建设单位和后续经营企业应当遵循国家制定的企业档案工作法律规章，并根据国家颁布的文档管理相关标准，结合企业自身的特点进行修改、补充，制定和完善本机构内的文档一体化管理制度。在此基础上，形成覆盖全面、层级完整、统一协调、闭环高效的制度规范体系，奠定文档一体化管理的制度基础。

（三）升级文档一体化管理信息化建设

通过建设、升级文档一体化管理系统，实现文件管理和档案管理的无缝衔接，实现文书档案在线归档、智能化整编、一体化管控和开发利用等功能。为此，首先，需要打通业务系统和档案管理系统的数据通路，实现两个系统无缝对接。文件在业务系统或办公系统内流转、办理结束后，即可实现文件的在线自动批量预归档，经相关人员检查确认后，即可进入归档程序，实现电子文件从生成、办理、归档、整理、编目、鉴定、销毁的全生命周期管理。其次，要进行智能化整编。通过统一排序、页码自动提取、自动分类鉴定、自动装盒等功能，提升元数据、整理规范、报表目录的适应性，提升文书档案的整编工作效率。再次，通过大数据分析、云计算等技术进行一体化管控，了解相关部门文书档案管理情况，并进行对比分析。最后，要拓宽文书档案利用渠道，通过在线方式提供法律文书档

案的在线查阅利用，解决了档案跨单位、跨部门利用难的问题。此外，要充分利用大数据分析、人工智能等技术，对文书档案利用情况、用户利用行为、信息关联和热点进行洞察分析，通过整合档案资源和推动业务融合等方式，实现系统中电子档案的目录检索、全文检索、自动推送以及辅助开展编研工作等，充分发挥档案的价值。

第三节　法律手续文档资料知识管理

一、法律手续文档知识管理概述

在信息时代和知识经济时代的今天，知识的重要价值不言而喻。法律手续文档资料是风电项目建设各方以及风电企业重要的知识资产，风电企业的日常工作尤其是风电项目开发建设法律手续过程都离不开往期风电项目法律手续文档资料的支持，项目参与各方越来越重视相关文档资料的信息资源开发和服务利用工作。因此，在知识管理环境下，员工要求文档管理部门提供高效的文档知识化、一体化、智能化管理和服务，促进知识的挖掘、共享和创新。

（一）法律手续文档知识管理的必要性

1. 法律手续文档资源的知识价值亟待挖掘

海上风电项目开发建设法律手续过程贯穿于整个风电项目建设生命周期中，涉及各个行业和各个领域。各项目参与方要掌握与本专业相关的法律法规、规程规范、基础理论知识、通用和专业软件、设备及材料资料、工程设计参考资料以及在工程实践中形成的经验性知识；同时项目建设也要求各专业配合密切、高度协调，要求各专业对其他专业的知识有所了解，拓宽专业知识面，因此海上风电建设开发项目及其法律手续过程中形成的文档资源知识专业性很强、信息复杂程度亦很高。此外，由于每个海上风电项目建设的自然和社会条件不同，项目建设的理念和要求也不相同，使得每个项目都具有唯一性。项目的唯一性决定了项目建设开发的法律手续过程中需要运用及形成的文档资源具有独特性。然而尽管具体内容各有不同，但是同类项目的法律流程及往来文书类型是基本相同的，一些基本的单元、模块都具有参考作用，可以重复利用和相互借鉴。因此，法律手续过程中积累的文档越多，其积累的知识也越多，在新的项目开展建设时就越能得心应手，实现知识的重复利用。①

由此可见，海上风电项目建设的法律手续过程中形成的文档资料具有很强的知识价值，资料专业性强、复杂度高、兼具独特性和重复性，除去其文档内容中显性的信息外，还有很多知识的引申，也就是隐性的知识，② 可以为后续工作开展提供极为有力的支持，然而受到一直以来对于这类文档材料"保管大于利用"传统管理思维的影响，这些知识

---

① 朱一鸣 . S 公司发电工程设计项目的知识管理研究［D］. 南京：东南大学硕士学位论文，2017：18-20.

② 张海韵 . 基于知识管理的企业科技档案信息资源开发利用研究［D］. 南宁：广西民族大学硕士学位论文，2012：9.

一直未能很好地被加以深度挖掘和探索，以至于无法有效地呈现出来，使得这些文档材料中的知识不能转化为生产力，不能切实发挥法律手续工具的价值和作用。因此，法律手续文档中的知识资源亟待通过知识管理加以挖掘、梳理、整合和利用，充分发挥其经济价值和社会效益。

2. 满足员工知识需求，提高工作效率的需要

如前所述，海上风电项目开发建设项目投资大、周期长、法律手续过程极为复杂，项目建设的各个阶段、各参与方的工作人员数量庞大，面临的各种问题也非常多，因此对于已有的文档信息资源和以往的工作记录、工作成果、工作资料、经验技能等知识层面的需求非常迫切。通过知识管理，可以实现知识的采集、分类、沉淀、分享、学习和持续创新，基于知识平台实现建设项目中群众智慧的激发和组织中大量无形知识资产的积累，方便员工快速找到自己需要的文档、资料，有效提高知识利用效率、显著提升工作效率。

3. 知识经济时代企业管理创新，提高企业竞争力的必然选择

在知识经济时代，企业之间的竞争逐渐由实体竞争上升为知识竞争，知识在企业发展中的价值越来越重要，知识管理的理念与实践广泛应用到各行业各领域。在大量信息存在的"信息爆炸"时代，人类面对着各种各样的信息，信息用户需要准确、高效地查找到自己所需要的真实、准确、完整、可靠的信息。而文档资料记载着企业建设、管理活动中的重要信息，具有长期保存价值的档案资料由于其真实性、完整性、可靠性，价值日益突显，为信息用户提供了真实的信息保障。① 知识管理环境要求企业重视知识，充分挖掘知识价值。企业在进行知识管理的过程中，通过知识收集、整理、应用、共享、创新等环节，将隐性知识显性化，并科学高效地管理显性知识，通过企业整体的智慧不断提高企业创新能力和竞争力，促进企业的发展。

（二）法律手续文档知识管理的主要内容

从知识管理和文档管理相结合的角度出发，法律手续文档知识管理可以包括以下三个部分。

（1）文档知识资源建设：文档、信息的积累是知识管理的初步阶段，在知识管理的环境下，法律手续知识资源的建设不应该只是在传统意义上的项目开发建设法律手续文档收集，也要注重隐性知识的发掘与收集，同时加强对外部信息、网络信息以及各类相关非正式文件信息的收集以及相关知识资源库的建立。

（2）文档知识挖掘：对收集到的法律手续文档和相关信息的知识挖掘，内容进行多维层次的分类组织，实现知识分类，方便企业用户的查询利用，利用现代化的和符合知识管理的数据挖掘和检索等技术，通过对知识资源的进一步整理形成内容丰富的知识库。

（3）文档知识服务：在知识管理的引导下，以用户为中心，提供各种类型的知识服务，例如常规的业务服务、网络服务、创新和个性化的服务。

二、法律手续文档知识资源建设

海上风电开发建设项目在项目的前期阶段、项目建设阶段和项目竣工验收阶段都具有

---

① 冯静.知识管理环境下企业文档一体化研究［J］.中国管理信息化，2018，21（17）：160-161.

其独特性，而对文档资料的管理贯穿于项目整个生命周期的各个阶段。海上风电开发建设法律文档知识资源的建设是以文档资源为核心的法律手续文档信息、知识资源的集成和整合。①

　　法律手续文档知识资源的建设是知识管理的基础环节，如果没有丰富的基础资源的累积和建设，那么后续的知识挖掘、知识服务只是无源之水、无本之木。在法律手续文档知识资源的建设中，应该以知识管理的视角，充分开展法律手续文档材料的信息化工作，在集成管理的基础之上，广泛开拓渠道，满足文档信息资源建设的需要。

　　法律手续文档知识资源的来源可以包括：（1）法律手续过程中的各种传统载体和电子载体的文档资料，即第一节所述的所有核心与非核心文档信息资源；（2）法律手续过程相关的信息资源的采集，既包括企业外部信息资源的收集，也包括内部资源的构建和共享，可形成一系列知识资源库以供利用。

（一）　法律手续文档知识资源建设的原则②

1. 集成管理原则

　　企业文档知识资源的高度共享和深入挖掘是实现文档知识资源价值的必要条件，而要实现文档知识资源的高度共享和深入挖掘，就必须对企业各类文档知识资源进行整合，实现文档知识资源的集成管理。文档知识资源整合是协调企业各个体、各要素间关系，使其成为一个整体的凝聚剂。文档知识资源整合的最终目的是将资源以一定的形式公开，为文档知识资源的使用者提供便捷的服务。

2. 知识管理原则

　　知识经济时代，企业注重对文档信息资源整合的同时，开始注重从知识管理的视角看待文档资源的建设与开发。文件、档案是企业在自身的各项活动直接产生的，记录和反映的是本企业的各项活动过程和结果。文件、档案是企业重要的知识资源。企业应按照知识管理的理念和方法加强对隐性知识的记录与收集，加强对非正式文件及外部信息的收集，从而极大地拓展文档管理的范围，丰富文档资源。

3. 用户需求原则

　　企业文档知识资源服务的对象主要是企业内部用户，其是为企业管理服务的，主要是满足企业生产、管理的需求。文档人员不能按照自身的认识、理解、思维去建设文档知识资源，而必须以用户需求为导向、以用户满意为目标、以用户便利为原则，重新审视文档资源建设的全过程。文档人员和业务人员构建一个团队，立足用户需求，紧紧围绕企业科研生产、管理决策等核心工作，尤其是重大项目、重大事件的需求，按照主题、专业、主设备、主要工艺系统等多种分类原则，搜集相关文档知识资源。

4. 业务流与文档流的融合

　　文档从业务活动中产生，并为业务活动服务。按照文件生命周期理论，文件从产生到

---

　　①　何静. 核电企业文档知识资源建设探索［G］//国家档案局. 档案管理与利用——方法技术实践：国家档案局档案科学技术研究所专题资料汇编. 北京：中国文史出版社，2013：403-409.

　　②　何静. 核电企业文档知识资源建设探索［G］//国家档案局. 档案管理与利用——方法技术实践：国家档案局档案科学技术研究所专题资料汇编. 北京：中国文史出版社，2013：403-409.

最后的处置，与业务活动以及业务人员密切相关，要使文档资源充分发挥使用价值，必须做到业务流与文档流有机融合，文档资源管理与组织的发展战略、业务活动直接相结合。在业务系统开发时，将文档管理要求纳入项目管理全过程，还需要各处室业务人员与文档人员密切配合，在系统流程设计时，将业务流、文档流融会贯通。

（二）文档知识资源建设措施

1. 基于法律手续过程全流程的法律手续文档资源库建设

通过文档一体化管理体系的实施，海上风电建设开发项目各个阶段的法律手续文档得以很好地建设、管理和累积，能做到内容上完整、准确、系统，形式上规范、标准。在这一过程中，需要注意部分传统载体文档资料的数字化建设，保证文档材料数字化以后既能符合档案管理长期保存的各项要求，也能符合资源开发利用和知识挖掘的标准。法律手续工具的文档一体化管理详见本章第二节。

2. 法律手续过程相关的知识资源库建设

除了企业在风电建设自身法律手续业务过程中产生和保存的各种文档资源以外，风电项目建设企业还可以根据用户需求建设一些知识资源库，加强相关知识资源的累积，供员工查询利用，主要包括法规标准库、培训资料库、最佳实践案例库、合理化建议库、图书期刊资料库、专家经验库、声像资料库等不同类型。

（1）法规标准库。法规标准是风电项目建设法律过程最为重要的外部参考文件和上层文件，因此，可以收集与风电项目建设和运营息息相关的各类国家法律、国务院行政法规、部门规章、核安全法规、核安全导则、国家标准、行业标准和其他国外标准，建立法规标准库，供员工在工作中遵循和参考。

（2）培训资料库。海上风电项目的法律过程专业性强，需要定期进行员工培训以学习领会相关政策法规、技术方法、实践操作等等相关培训，具有很高的价值，能帮助员工快速掌握相关知识、适应岗位工作。

（3）最佳实践案例库。最佳实践和案例对相似工作有很大的指导意义，可以收集具有代表性的项目案例资料，提供参考。

（4）合理化建议库。鼓励员工针对工作中影响效率、成本、安全、质量等问题，提出可行的改善建议，并主动积极进行改善活动，提高工作效率、提升工作质量、降低工作成本。合理化建议库则是对合理化建议的资料整理和共享。

（5）图书期刊资料库。所有的图书资料，含图书、期刊、报纸、专利以及有关的工具书和参考资料，可建立一个图书期刊库，供员工工作参考使用。

（6）专家经验库。将知名学府、科研院所、上级监督和主管部门领导和专家、外部行业领域资深专家以及公司内部高层领导和专家的相关讲座培训、经验分享等相关知识组织成专家经验库，及时将外部专家和学者的知识转化为组织内部的知识，供全体员工学习，扩展员工的知识面，增强员工的大局意识。

（7）声像资料库。声像资料对于海上风电建设项目和法律手续工作也是有益的补充，例如项目建设或法律手续过程中的重大活动、重要会议、重大工程节点、隐蔽工程、重要技改和科研等活动时，都可以安排专门的声像人员负责摄影摄像，积累有价值的声像资料。此外，数码影像设备以及智能手机的普及，参与建设、运营的工作者也自发拍摄了不少工作中的影像作品，也可以征集到一起丰富资料的体量。

三、法律手续文档知识挖掘

知识挖掘又称知识发现，是从各种信息中根据不同的需求获得知识的过程。知识挖掘的目的是向使用者屏蔽原始数据的繁琐细节，从原始数据中提炼出有效的、新颖的、潜在有用的知识，并直接向使用者报告。海上风电项目建设的法律手续过程中形成的文档资料具有很强的知识价值，资料专业性强、复杂度高、兼具独特性和重复性，对其中蕴含的隐性知识进行挖掘以发挥其价值，对文档资源本身、对员工和整个企业来说具有重要的意义。

法律手续文档一体化管理以及相关知识资源库的建立已经为法律手续文档的知识挖掘奠定了资源基础，一些传统的整序、分类、著录标引、文档资源编研，也都是知识挖掘的形式。但是这还远远不够，知识管理要求运用一定的分类标准和方法，根据不同文档资源和知识资源的内容和不同的载体形式，对从中蕴含的信息进行重新组织、深度加工，形成新的知识产品，服务于不同需求群体。知识挖掘的应用，使法律手续文档资源和其他相关资源的利用更加高效并富有知识性，因此，需要对知识挖掘的流程进行分析，知识高效服务于员工工作和企业决策支持。

（一）法律手续文档知识挖掘的对象、任务和方法

知识挖掘的对象包括数据库尤其是关系型数据库、数据仓库①、Web 信息②、图像和视频数据等。对于法律手续文档资源及相关资源，知识挖掘的对象则包括组织的固化资源，即组织内已经数字化的各种信息资源和编研成果，与法律手续过程有关的工作规章制度、法律规范、技术资料等；文档资源中的智力资源，即处理事物的相关技术人员、行政人员、政策法规人员、对外协调人员头脑中的储存的非编码化的智力资源；挖掘对象还包括用户的利用信息，用户的利用信息，主要是体现在用户对于法律手续知识资源的利用行为和反馈信息上。用户的利用是为了满足对现实问题解决的需要，利用所产生的包括利用时间、频率、内容等在内的信息，都反映出用户的个性化偏好，并且反映出被利用信息的效度，反馈信息一般包括用户的建议和评价，这些数据挖掘有利于预测分析用户使用趋势，并对管理决策和资源建设的方向提供支持。

知识挖掘的主要任务则包括数据总结（对数据进行浓缩，给出它的紧凑描述）、概念

①　数据挖掘往往依赖于经过良好组织和预处理的数据源，数据的好坏直接影响数据挖掘的效果，因此数据的前期准是数据挖掘过程中一个非常重要的阶段。而数据仓库具有各种数据源中抽取数据，并对数据进行清洗、聚集和转移等各种处理的能力，恰好为数据挖掘提供了良好的进行前期数据准备工作的环境。

②　Web 挖掘包括内容发现、结构发现和用法挖掘。（1）内容挖掘是指从 Web 文档的内容中提取知识。Web 内容挖掘又可分为对文本文档和多媒体文档的挖掘，如对这些文档信息进行聚类、分类、关联分析等。（2）结构挖掘包括从文档之间的超链结构、文档内部的结构、文档中的目录路径结构等结构信息中发现规律，提取知识。（3）用法挖掘就是对用户访问 Web 时在服务器留下的访问记录进行挖掘，以发现用户上网的浏览模式、访问兴趣、检索频率等信息，主要包括针对用户群的一般访问模式追踪和针对单个用户的个性化使用记录追踪。挖掘的对象是服务器上的 server log data 等日志。

描述①、类分析、偏差分析②、建模③等。知识挖掘常用的方法包括统计方法（常见的统计方法有回归分析、判别分析、聚类分析以及探索分析等）、机器学习方法（包括符号学习和连接学习以及统计学习等）、粗糙集及模糊集④等。

（二）法律手续文档知识发现的一般步骤

法律手续文档知识发现的步骤与一般意义上的知识发现并无本质区别，因此本小节仅对知识发现的一般步骤做一简介。知识发现一般包括四个步骤。⑤

1. 数据准备

数据准备可分为三个子步骤：数据选取、数据预处理和数据变换。数据选取就是确定目标数据，即操作对象，它是根据用户的需要从原始数据库中抽取的一组数据。数据预处理一般可能包括消除噪声、推导计算缺值数据、消除重复记录、完成数据类型转换等。当数据开采的对象是数据仓库时，一般来说数据预处理已经在生成数据仓库时完成了。数据变换的主要目的是消减数据维数，即从初始特征中找到有用的特征以减少数据开采时要考虑的特征或变量个数。

2. 数据挖掘

数据挖掘阶段首先要确定开采的任务或目的是什么，如数据总结、分类、聚类、关联规则或序列模式等。确定了开采任务后，就要决定使用什么样的开采算法。同样的任务可以用不同的算法来实现，选择实现算法有两个考虑因素：一是不同的数据有不同的特点，因此需要用与之相关的算法来开采；二是用户或实际运行系统的要求，有的用户可能希望获取描述型的、容易理解的知识，而有的用户或系统的目的则是获取预测准确度尽可能高的预测型知识。

3. 解释和评价

数据挖掘阶段发现出来的知识模式中可能存在冗余或无关的模式，所以还要经过用户或机器的评价。若发现所得模式不满足用户要求则需要退回到发现阶段之前，如重新选取数据，采用新的数据变换方法，设定新的数据挖掘参数值，甚至换一种采掘算法。

4. 知识表示

由于数据挖掘的最终是面向人的，因此可能要对发现的模式进行可视化，或者把结果转换为用户易懂的另一种表示。

---

① 有两种典型的描述：特征描述和判别描述。特征描述是从与学习任务相关的一组数据中提取出关于该数据集的总体特征的特征式；而判别描述则描述了两个或多个类之间的差异。

② 偏差分析包括分类中的反常实例、例外模式、观测结果对期望值的偏离以及量值随时间的变化等，其基本思想是寻找观察结果与参照量之间的有意义的差别。通过发现异常引起人们对特殊情况的注意。

③ 建模就是通过数据挖掘构造出能描述一种活动、现象的数学模型。

④ 处理数据不确定性的数学工具，常与规则归纳、分类和聚类方法结合起来使用。

⑤ 知识发现与数据挖掘［EB/OL］.［2021-03-01］. https://max.book118.com/html/2017/0619/116603175.shtm.

四、法律手续文档知识服务

上述内容中对企业档案信息的收集和知识挖掘，都是为了企业档案信息更好地服务于利用者。服务层的展开，要用知识管理的理论和方法来指导企业档案的利用，利用的重点在于要突出以"知识"提供服务，所以需要创新企业档案服务的方式。

（一）基于知识管理的法律手续文档服务模式构建

将企业档案从"重藏轻用"的思想观念里走出来，知识管理的理念和技术方法都能起到良好的推动作用，与时代发展同步，结合运用先进的信息技术来开展企业档案信息的服务势在必行，除了在方式上创新以外，还需要结构化和系统的服务模式来完善企业档案的服务，推进企业的进步。在知识管理理念下构建企业档案服务模式，需要满足以下几个方面的要求。

（1）强调用户需求的满足：服务是根据需求来提供的。档案在完善其知识服务的时候，是要考虑到利用者的需求，才能更好地满足需求。这样一方面满足用户的需求，一方面满足档案工作者的需求，以发挥档案该有的作用。在分析需求方面，需要剖析和重视关注的档案内容，不仅是档案本身，还是用户的心理、兴趣行为习惯等重要的信息源泉，以便更好地引导用户，也为了企业档案的服务，能够以更好的形式传递到需求者手中。另外，通过对需求者的需求分析，能够在档案信息的开发、挖掘、整理存储阶段均受到需求驱动，多元化的丰富方式，体现企业档案利用的方式多样和创新。

（2）突出以"知识"提供服务：企业档案开发利用，终究是对内容的利用工作。其知识服务也是针对内容的知识服务。只有对内容进行不断更新，该内容才能够完善企业档案服务，为利用者提供便利的服务。另外企业档案的知识服务，不是传统的简单记录的档案信息，而是要对信息进行知识的提取，满足利用其对知识的需求，档案非常需要对原有的信息进行加工挖掘，然后加强部门的协调。这样才能更加有效地实现档案的信息增值。

（3）建立档案知识服务数据库：要提供完备的知识服务，企业档案的知识服务内容是不可或缺的。目前一些企业已经建立了数据库，但是有各种各样的问题：一是数据库的形式单一；二是有些内容不丰富；三是一些数据库的检索利用的范围受限。所以对于建立专题数据库，企业是有需要的，所谓的专题数据库，即是为不同的对象建立其专属的数据库。例如，可以根据用户的需求建立综合知识库；一些专业的问题可以建立专家知识库；还有一些网络搜集问题可以建立网络知识库等。如此专项的数据库，能够帮助企业档案有更好的安身之所，并且档案信息不再只停留在信息表面，而是能够让人们意识到知识的重要性，并有效的发挥利用。

（二）基于知识管理的企业档案服务创新

企业档案的用户自助服务是一种个人需求的单向性服务，主要的设置一些个人的数据收集和问题处理，使得有整合性的适用于个人查询的数据库系统。自主服务的数据库，是运用知识库、数据库、人工智能等现代技术的发展，加上档案信息的采集而汇聚成的，其形成的关键是起初对于数据的收集和汇总，这些数据信息来源于直接的档案，还有与档案形成过程相关的信息和人，所以一定的调查了解也是需要的。这个数据库可以包括档案的图文、报告、数据、多媒体数据等，其目的是给用户提供更加专业的指导。

　　企业档案的专题服务是一种专业性质较强的服务，其涉及的档案专业性高，一般的工作人员无法全面的理解，要请相关的专业人士或者是专家来进行解答，该服务也叫作跟踪服务。专题服务指向性比较明确，需要定期在产生的档案中提取信息，还有根据当下的情况来采集制作档案的信息，提高档案的质量。为了更加广泛地提高企业档案的作用和深化服务，满足生产活动的需求，并且适应自身的发展，单纯依靠科研人员被动地在大量档案信息中查找，是非常耗损人力、物力和财力的，加大科学研究的步伐，就需要有效有针对性的服务，在知识挖掘的基础上，发挥档案的现实作用，专题服务能够更好地促使企业档案的被动服务走向主动服务。

　　企业档案的个性化定制服务是一种重要的创新形式。个性化的定制服务是为了适应知识经济时代的大背景，适应技术的革新变化，适应个人和企业对知识的需求。个性化的定制服务是为了整体满足用户的需求，需要考虑周全，在细节上做好。记录并且有效挖掘出用户的需求，然后通过数据技术和网络技术等对数据进行分析与整合，为个人和企业提供更多的参考依据，提高档案的利用效率，这样也能够让个人更好的意识到企业档案重要作用，同时还促进了企业档案更好的发展，个人智能的发挥也更加为企业所重视。

五、促进法律手续文档资源知识管理的措施

（一）形成知识共享观念

　　知识共享的氛围和观念对于促进知识管理十分重要，可以通过在组建项目团队过程中筛选具有知识共享观念的员工来构建共同的知识共享观念，还可以通过宣传培训方式广泛传播知识共享观念，促进学习型组织文化形成。

（二）提供条件保障

　　项目建设参与各方可以为建设促进知识分享和知识管理提供软件和硬件上的保障，在知识共享服务平台上开设相关的栏目就是不错的方式，例如在服务平台上建立知识论坛便于项目成员打破时空限制进行交流和学习，此外还可以开设学习园地为项目成员交流学习提供时间和资金保障。

（三）形成激励机制

　　项目建设参与方还可以通过在相关制度中加入激励条款将对积极进行学习和知识共享的奖励制度化，明确奖励的范围、规则等，通过正面激励手段激发项目成员进行学习和知识共享的积极性，形成学习型组织文化。

第六章 项目开发建设法律手续环境管理

第一节 法律手续环境管理概述

为了项目各阶段法律手续能够顺利完成，势必需要营造一个良好的环境。这里就需要引入公共关系相关理论和实务，借助良好的公共关系环境，可以帮助我们在办理各项法律手续的时候花费更少的时间，节约更多的人力和资金成本。

一、公共关系的概念和构成要素

（一）公共关系的概念

公共关系理论最早诞生于美国。21世纪，几乎没有哪种社会力量比公共关系更强大，尤其是公共关系与社交媒体结合在一起时。美国公关协会2012年给公共关系的定义是：公共关系是一个在组织及其公众之间建立互利关系的战略性沟通过程。① 它的基本要求是"沟通"，着眼点是"建立关系"。同时，公共关系是一个有计划的过程，也是一个"战略性"的过程。② 对于企业来说，所谓公共关系，就是通过各种有计划的沟通过程，影响目标公众对组织的态度和行动，营造一个良好的公共关系的环境氛围的过程。这种良好的环境氛围，有利于企业在项目开发建设各个阶段办理相关法律手续时遇到更少的障碍，对于遇到一些问题的时候更容易解决。

（二）公共关系的构成要素

1. 公共关系的主体

公共关系是一项长期、有计划并且复杂的工作，所以需要有专门的公共关系部门从事这项工作。但是，目前很多新能源企业并未成立专门的公共关系部门，很多公共关系的职能由法务部门来承担。其主要原因在于国有企业对于公共关系工作不够重视，这种观念需要逐步转变，特别是信息时代瞬息万变，信息越来越透明，传递的速度也越来越快，公共关系工作的复杂性和重要性越来越凸显。

虽然公共关系部门是公关事务实施的主体，大多数公共关系的专题工作一般应该是由公关部门来完成，但是，公共关系工作是一个常态化的过程，应该涉及所有部门。比如，

---

① Stuart Elliott. Public Relations Defined, After an Energetic Public Discussion [J]. The New York Times, 2014.

② 弗雷泽·P.. 西泰尔公共关系实务 [M]. 潘艳丽，吴秀云译. 北京：清华大学出版社，2017：6.

营销部门和消费者接触，法务部门和政府部门接触，此时营销部门或者法务部门就是公共关系的主体，代表的就是整个组织的形象。所以营造良好的公关环境并不仅仅是依靠公关部门来完成，而是需要组织各个部门以及组织所有成员来共同营造，因此，我们强调的是全员公关。相应地，公共关系的主体并不能狭义地认为就是公共关系部门，而应该扩展到整个组织。

2. 公共关系的客体

实际上，公共关系（Public Relations）应该翻译成公众关系更为确切，良好环境也就是良好的组织形象，主要是由作为公共关系客体的公众来评定的。那么，要想营造一个良好的法律手续环境将要面临怎么样的公众？其特点如何？对组织是如何做出各种反应的？根据国内外公共关系学界的通常说法，我们把公众定义为：任何与组织发生直接或者间接联系的、正在或将会影响到它的形象塑造和组织目标实现的特定的社会群体。① 在这里主要讨论的是公众的一般含义，后面将重点深入阐述我们在办理各种法律手续的时候可能会遇到的公众类型。

二、公共关系的职能

公共关系职能是指组织在运行过程中的工作范围和应承担的责任。② 社会组织的公共关系职能是多种多样的，不同类型组织公关职能的侧重点有所区别。新能源企业公共关系主要涉及信息管理、咨询决策、协调关系、参与决策等职能。

（一）信息管理

公共关系一个主要的职能就是信息管理，包括信息收集和信息沟通等多方面的内容。信息沟通是公共关系的本质，通过双方沟通，有效实现组织与公众之间的信息交流。公共关系部门收集、存储和处理同组织密切相关的各种信息，是组织的资料存储中心；它集中观测社会环境的变化，是组织的环境检测中心；它分析和预报同组织有关的发展趋势，是组织的趋势预报中心；它对外发布组织的有关信息，又是组织的信息发布中心。③

信息收集的主要信息类型是组织形象信息、组织产品形象信息、组织运行状态及其发展趋势信息。信息的采集应当通过多种渠道和运用各种传播媒介，以保证信息的全面性。在此基础上，要对收集的信息进行处理和分析，以保证信息的质量。

同时，利用信息与公众之间进行有效的交流和沟通，关键是能否成功地运用了现代传播理论和方法、传播媒介和手段，沟通组织和公众的关系。

（二）咨询决策

公共关系的管理职能体现在对高层管理决策所发挥的参谋作用上。在这个意义上，公共关系部门就是组织的智囊机构，公共关系人员则参与组织决策的全过程。按照现代管理理论与决策理论，组织在决策前，公共关系部门与公共关系人员应向领导者、决策者提供详尽的有关公共关系方面的情报、信息、预测、咨询和建议，供决策者参考和选择，并作

---

① 居延安. 公共关系学 [M]. 上海：复旦大学出版社，2013.
② 周安华. 公共关系理论、实务与技巧 [M]. 北京：中国人民大学出版社，2019：35.
③ 周安华. 公共关系理论、实务与技巧 [M]. 北京：中国人民大学出版社，2019：35.

为决策的依据。① 但是，公共关系管理部门对于管理层的决策权不仅仅是参谋作用，而且应该保持相对独立的地位。

在向管理层提供决策建议之前，公共关系部门通过对信息的收集、分类、整理、分析，对于组织形象和公众动向等方面的信息已经有了比较全面的掌握，能够向决策层提供相应的信息咨询。同时，公共关系部门站在公众的角度参与决策的制定过程，促使决策部门在追求组织利益最大化实现的同时，能够考虑到公众的需求，确保决策的科学性与有效性。

(三) 协调关系

所谓协调，就是使组织内外不同部门之间和谐、同步，达到组织与环境相适应，以便实现共同的目的，取得最终的成果。协调可以分为组织内部协调与外部协调两个部分。

组织内部各个部门事件是相互依存、相互制约的。组织内部协调就是要在组织内部各部门之间进行常规性的信息沟通工作，加强部门之间的联系，争取能够让各部门在互相理解的基础上协同工作，创造一个良好的内部工作环境。

组织外部的沟通协调工作也是公关部门经常性的工作内容，比如政府关系、媒体关系、社区关系、竞争对手关系和国际公共关系的沟通和协调等，使组织与公众之间能够相互了解和理解，在舆论和态度上相互影响。

协调是公共关系工作中使用最多也最重要的方法和手段之一，贯穿整个公共关系的过程。

(四) 处理危机

组织危机是指组织形象受到严重损害而陷入困境的状况。危机处理包括常见的公共关系纠纷处理和恶性突发性事件的处理。无论是一般公共关系纠纷还是恶性突发事件都有可能使组织陷入困境甚至威胁组织的生存，所以危机事件处理构成公共关系的重要职能。

三、公共关系的一般程序

公共关系工作一般遵循四步工作法。这四个步骤分别是公关调查、公关策划、公关实施、公关评估。四个步骤相互衔接、循环往复，形成一个动态的环状模式。

(一) 公关调查

公关调查是指公关人员运用各种科学方法，有计划地考察、了解、分析、研究组织的公共关系状态，以收集信息、发现问题、掌握情况为目的的一种公共关系实践活动。作为公共关系工作的第一步，公关调查是其他各个步骤的基础。只有经由公关调查，对相关方信息有了较为充分的了解之后，才能制定科学决策。

(二) 公关策划

公关策划是为了实现公共关系目标，对公关活动的性质、内容、形式和行动方案进行谋划与设计的思维过程，是公共关系实务中的一个核心功能环节。这一步骤的关键就是要根据公关调查所掌握的信息，运用各种决策技能与方法，制定应对各种公共关系问题的实施方案。公关策划必须建立在信息分析基础上，确保公共方案的科学可行性。同时，方案

---

① 周安华. 公共关系理论、实务与技巧 [M]. 北京：中国人民大学出版社，2019：36.

的制定需要具有风险意识，要在对各方面风险进行较为充分的评估基础上，经由科学论证，方可有效完成。

（三）公关实施

公共关系策划方案的实施叫作公共关系实施，是在公共关系策划方案被采纳以后，将方案所确定的内容转变为现实的过程。公关实施是公共关系活动的第三个环节，是真正解决公关问题、实现公关目标的关键环节。公关实施过程中，既要遵循决策方案，力图确保方案目标的有效实行；同时也要实事求是，切忌一刀切、僵化执行，而是要根据具体的实施环境和情形，采取适宜的方式，因时因事因地制宜，弹性实施。

（四）公关评估

公关评估指的是依据科学标准和方法，对公共关系的整体策划、组织准备、实施过程以及实施效果进行测量、检查、评价和判断的一种活动。狭义的理解认为公关评估仅仅是对公关效果的评价，是公关实施之后开展的第四个步骤。在实际工作中，公关评估从公共关系工作的第一个步骤也即公关调查就开始进行，对于公关调查、公关策划、公关实施的每个步骤都要进行评估，公关评估贯穿整个公关活动过程。公关评估既是对于已经开展公关工作的经验总结，也是一个组织学习过程。同时，公关评估是对公共关系工作进行管理与控制的必要手段，也是开展新的公关工作的重要依据。

四、公共关系的基本原则

（一）实事求是的原则

实事求是是进行一切公共关系工作的前提。虽然公共关系工作会运用到很多技巧，但这一切都是建立在实事求是的基础上开展的。实事求是原则要求我们在进行公共关系工作的时候，首先要全面真实地掌握相关事实，其次是要实事求是地进行报告和告知。虽然向公众传递信息要遵循实事求是的原则，但并不是要机械照搬执行，而是应该灵活运用，抓住适当的时机进行掌握和贯彻。

（二）互惠互利的原则

美国著名公关学者斯科特·卡特利普认为：公共关系是这样一种管理功能，它建立并维持了一个组织与决定其成败的各类公众之间的互惠互利的关系。① 互惠互利的原则要求组织的决策、方针和行为首先要以公众的利益为出发点，以社会的整体利益来进行衡量。在满足公众利益和社会整体利益的基础上，组织的利益才有可能被满足。这就要求组织的决策者要有政治家的眼光，能够看到社会的整体发展和良好的社会环境对组织发展的重要性。实际上，很多新能源企业也在践行这个原则，比如积极为社会创造更多就业机会，赞助社会福利，踊跃参与国家扶贫计划等。

当然，这一切并不是以牺牲组织的利益为前提的，相反，组织只有把自身利益与公众利益和社会的整体利益结合起来，才能更好地实现自身利益。如果一味地追求自身利益而把公众利益和社会整体利益于不顾，那么，组织终究会无法生存。

---

① ［美］斯科特·卡特利普，艾伦·森特著．有效的公共关系［M］.明安香译．北京：华夏出版社，2002：7.

（三）全员公关的原则

通常在建立有公共关系部门的企业或其他组织中，公共关系的常规工作主要是由公共关系部门来完成的。但是，公共关系的最终目的是树立组织良好的知名度和美誉度，同时创造一个良好的组织运行大环境。这些不是单单靠公共关系部门就能实现的，也不是一朝一夕就能完成的。全员公关原则就是要求组织的每个部门、每个成员都对塑造组织的良好形象担负着责任。因此，组织的每个部门和每个成员都应该具备公关意识，秉承着塑造组织良好社会形象和优化组织运行环境的基本理念。

第二节　法律手续环境管理的对象型公共关系

一般来说，有多少公众就有多少公共关系的工作对象，组织所面临的工作对象是一个庞大并且复杂的群体，但是这些对象之间有一些相似之处，我们可以把公共关系的工作对象进行分类。根据办理法律手续需要面对的公众对象，只要有员工、政府部门、媒体、社区、竞争对手和国际合作者，就从员工关系、政府关系、媒体关系、社区关系、竞争对手关系和国际公共关系等方面进行分析。

一、员工关系

员工是组织的主体，是组织赖以生存和发展的细胞。组织目标的实现，创造良好的社会环境等都需要通过员工的身体力行来实现。不同类型组织面临的公众类型可能不尽相同，但是每个组织都要面临员工关系。而且，员工关系还是"全员公关"的基础，也是公共关系的基本构成成分之一。

员工关系包括组织机构中上下级之间的关系，各个职能部门、科室之间的关系，以及员工和员工之间的关系。员工是组织形象的缔造者，也是和外部公众接触的触角，所以首先要把组织自身的员工关系做好，然后才是对外沟通传播。员工公众是由无数个小群体构成的，如高级管理人员、一线管理人员、办公室职员和一线工人等。每个小群体都有各自不同的利益和关注点。组织需要对信息进行区分，将不同的信息传递给不同的群体。如今的员工更讲求实际，他们要求沟通要有诚意。内部沟通和外部沟通一样，必须针对具体的员工公众组成的小群体进行。①

构建良好的员工关系，可从以下三个方面着手。

（1）充分尊重员工的个人价值。根据马斯洛的需求理论，员工除了追求满足基本的经济需求，还有被充分尊重的需求以及自身价值实现的需求。所以企业除了关注员工的工资经济需求之外，更要充分了解他们被尊重和个人价值实现的需求。

企业对员工除了要给予充分的信任和尊重，还要以各种形式为员工的成长和发展提供充分的机会，这样才能充分挖掘人的潜力，充分调动人的积极性。

（2）经常沟通，信息共享。员工作为组织的一份子，如果对组织的相关信息都不了

---

① 弗雷泽·P..西泰尔公共关系实务［M］.潘艳丽，吴秀云译.北京：清华大学出版社，2017：242.

解的话，就会产生怀疑、烦恼、对抗的心理。特别是组织面临危机的时候，信息沟通的首先对象应该是自己的员工。实现信息共享，能够有效促成良好的人际关系，也是员工对组织产生认同感的基础。

组织内部的信息沟通是多流向的，包括上下级之间的双向沟通、部门之间的沟通，以及员工之间的自由沟通。首先，上下级之间的双向沟通指的是"上情下达"和"下情上达"。组织的领导层要把自己的决策告知自己的员工，员工对于组织的意见和建议也能很顺畅的达到上级领导层。这样才能形成上下一心、同心协力的局面。上下级沟通可以通过组织内部的报刊、墙报、广播和内网等形式实现。其次，部门之间的信息沟通可以促使不同部门之间对于彼此工作更多地了解，也能理解彼此工作中的不易，能够彼此体谅，更能促成部门之间工作的协调和联动。这种交流的方式有很多，比如部门之间的联谊、体育活动、舞会等。最后，员工之间的自由沟通则是指不分上下级也不分部门的员工之间自由的沟通和交流。这种开放式的交流方式可以打破部门之间的界限和职位的隔阂，在整个组织中形成一种相互理解、相互信任的和谐的氛围，从而达到"人和"的境界。

（3）树立企业文化，创造和谐氛围。企业文化是一个组织和员工所具有的一整套价值观念体系。企业文化是一种无形的管理形式。一旦这种企业文化深入员工意识，就会指导员工的行为，更能让员工对于企业产生强烈的认同感和归属感。

将企业文化看成是相对于经济的"另一只手"，它能指导深层次的行为意识准则，凝聚先进意识，创造和谐的组织氛围，在企业深层的精神文化层面发挥凝聚人心的特殊功能。通常这种软管理比硬的规章制度管理具有更好的效果。

二、政府关系

所谓政府关系是指风电项目开发建设法律手续过程中，项目管理人员与政府及其职能机构、政府官员和工作人员，即与政府沟通具体对象之间的关系。政府是国家权力的执行机构，同时也是新能源项目开发建设单位在社会大环境下的"保护伞"。尤其是对于法律手续的办理来说，需要和各级政府部门打交道。政府机关从纵向上来说分为中央政府和各级地方政府，在办理风电项目开发建设的各种法律手续时可能接触的有中央政府和各级地方政府；从横向上来说，有政府的相关主管职能部门。在办理陆上光伏和风电各种法律手续的时候，可能接触较多的有发改委、能源局、规划和自然资源局、林业局、环保局、水利局、住建局、文物局、军事机构、安监局等。如果项目开发建设单位和政府部门关系维护得比较好，各种法律手续的办理会比较顺畅。反之，在办理各种法律手续的时候可能会遇到各种阻碍，手续办理可能需要耗费较长的时间。对于项目开发建设法律手续过程来说，政府关系是法律手续环境管理对象型关系中最重要的一种关系。

为建立良好的政府关系，需要从以下几个方面进行。

（1）与政府部门进行有效的信息沟通。一方面，要熟悉政府的法令、法规和政策。对政府的法令、法规和政策的变化要保持敏感，如果发生变化要及时进行总结和归纳，并向决策部门进行汇报，确保企业决策能够和政府的法令、法规和政策保持一致，并且进行相应的调整。项目开发建设法律手续过程的一切决策和活动都要以政府的法令、法规和政策为基石。另一方面，公关人员要通过相关渠道，经常向政府部门汇报本组织情况，让政府部门能够多多了解本企业的发展规划、运营、税收、遵纪守法等方面情况，确保相关政府部门对于企业或是项目基本情况有一个正确的认识，同时也能协助本企业或项目决策者及时发现决策偏差和失误，或是向相关政府部门寻求政策上和经济上的支持。如果遇到政府决策和项目开发建设实际情况不符，也可以向政府部门进行反映，争取得到通融。所以，项目开发建设企业要勤总结，勤汇报，勤沟通，争取得到政府部门的理解和支持。

（2）与政府工作人员建立联系。项目开发建设企业在向政府部门进行工作汇报和沟通的过程中，以及在平时的业务往来和人际交往过程中，不可避免会接触到政府工作人员。不论是工作当中建立起的人际关系还是个人的私交，尽可能与政府工作人员建立起良好的人际与工作往来关系。这种良好的人际与工作关系，有利于减少在法律手续办理时的"公文旅行"和"踢皮球"现象，或者在办理法律手续遇到阻碍时能够更好更及时解决当前的困境。

（3）扩大组织的美誉度、知名度和影响力。项目开发建设方需要利用各种时机，扩大本企业乃至具体开发项目的知名度、美誉度和影响力。首先，要积极响应国家和各级地方政府，尤其是项目所在地政府的各种政策号召、参加各种慈善活动，帮助建立各种公共设施等，树立组织的社会责任感和顾全大局的形象，有助于提升本企业或是项目的美誉度。其次，可以利用本企业或开发建设项目各种重大的时间节点开展公关活动。比如利用项目合作协议达成、项目动工、重要基础设施落成等机会，邀请相关媒体进行报道以及政府部门相关负责人出席重大活动，通过宣传报道提高本企业或是项目的社会知名度。同时也可以提高政府部门对本企业或项目的知晓程度，让政府部门认识到其重要性，扩大本企业或是项目的影响力。最后，项目开发建设单位也可通过和社会名流公众建立联系和维护关系，比如知名的企业家、经济学家、社会团体领袖、高校知名教授等，力争得到他们的理解和支持，通过他们来提高本企业或是项目在政府部门审批日程中的重要程度和影响力。

三、媒体关系

媒体关系也称作新闻界关系，是指项目开发建设单位与新闻传播机构（包括报社、杂志社、广播电台、电视台及各种网站）以及新闻界人士（包括记者、编辑）等的关系。新闻媒介是项目开发建设单位与社会公众联系的主要渠道，也是最敏感的公众群体之一。

新闻媒体有着非常重要的特性，它传递信息迅速，影响力大，特别是一些官方媒体还具有很高的权威性，可以引导公众舆论，甚至左右民意，在社会经济发展和政治局势的变化当中扮演着非常重要的角色，所以在欧美国家，新闻媒介被看作是立法、司法、行政之外的"第四权力"。

新闻媒介对于项目开发建设单位来说还具有双重属性。首先，新闻媒介是组织公共关系的工作对象，需要组织运用各种公关技能与之建立良好的关系，所以具有对象性。其次，新闻媒介也是组织和其他公众进行联系的主要渠道，也是组织提高知名度和美誉度，以及进行对外宣传的主要工具。它可以为组织发布广告，介绍新产品新技术，也可以召开新闻发布会扩大组织知名度，所以又具有工具性。新闻媒体的双重角色属性决定了它作为公共关系工作对象的重要性。为了建立良好的媒介关系，主要从以下几个方面入手。

（1）尊重新闻界的职业特点。新闻界的职业特点是追求新闻报道的真实性、客观性、及时性和公正性。这些职业特点可能会和公共关系工作产生一些矛盾。要充分尊重新闻界的职业特点，尽可能及时地提供给他们真实、客观的信息，同时还要尊重新闻记者的独立性，不能把新闻媒介看作是为组织宣传的工具，左右甚至采取极端的方式影响他们报道的内容。应该尽可能为他们进行新闻报道提供便利，甚至在一些事件刚发生的时候，就主动向新闻界提供信息，争取得到他们的理解和支持。

（2）加强和传播媒介的合作联系。良好的媒介关系应该是互相帮助和合作的。项目开发建设单位需要通过传播媒介进行组织宣传，扩大知名度和美誉度，而传播媒介也需要通过了解组织的信息来发掘新闻素材丰富新闻内容。因此，项目开发建设单位和传播媒介之间应该建立良好的互助和合作关系。首先，要了解各种传播媒介的特点，根据每种不同传播媒介，有针对性地提供符合其特点的新闻内容，提高信息的采纳率，以便获得更多机会进行组织的信息宣传。其次，要主动、及时地向传播媒介提供信息。项目单位可以选择专人进行撰稿，主动向新闻媒介提供组织相关信息，抓住可能机会利用传播媒介进行宣传报道，扩大组织的知名度和美誉度。最后，经由多种渠道和新闻界多交流互动。项目开发建设单位可以有计划地邀请新闻媒介到组织进行参观，加强对组织的了解，争取得到更加客观的报道。也可以定期和新闻记者进行交流，比如利用酒会、舞会、茶话会、联谊会等，促进了解、增进友谊。

（3）真实传播组织信息。对于媒体组织来说，新闻报道最基本的要求就是真实性，这是新闻界存在的基石。因此，要尽量真实地向新闻媒介传达真实的信息。特别是组织面对危机时候，有可能会有一些不利于组织的信息，这个时候面对新闻媒介的采访，要做到不掩饰、不隐瞒，真实客观地提供相关信息。当然，也要积极向新闻媒体提供组织在面对危机时积极采取的各种补救措施和应对策略，争取得到相关公众的谅解和支持，把组织的信誉损失降到最低。

四、社区关系

社区是一个社会学概念，"社区"一词最早来源于滕尼斯的《共同体与社会》一书，他将社区视为人们的生活共同体，并且在这个共同体中，人们拥有共同的语言、相似的文化与价值。社区是一个聚居在一定地域范围内的人们所组成的社会生活共同体，一个成熟的社区具有政治、经济、文化、教育、服务等多方面的功能，能够满足社区成员的多种需求。[1] 社区关系是指组织与周围同处这一区域的其他组织和个人的关系，所以也称为区域关系或地方关系。[2] 在社区中，与项目开发建设单位发生直接或者间接联系的社会组织十分广泛，包括地方政府、工厂、机关、学校、商店、医院以及众多的居民群众等。组织的生存发展要依赖于所处社区的外部环境，比如要依靠当地的水电部门、通信部门、物流部门的配合，而组织员工的生活要依赖于当地社区的学校、商店、医院。组织不可能是脱离

---

① 郑杭生.社会学概论新修［M］.北京：中国人民大学出版社，2014：152.
② 居延安.公共关系学［M］.上海：复旦大学出版社，2013：10.

外部环境而真空存在，或多或少的都要和所处社区发生关系。

海上风电项目在建设和运行期间可能更多面对的是基层社区村委会或者居委会。现实中，项目建设开发单位在社区关系当中面临着诸多问题，比如遭到村民投诉风机转动产生的噪音影响睡眠，甚至还有村民投诉自家牲畜死亡的原因是风电场产生的辐射导致等。对于类似的案例，当然可以诉诸法律，但是耗时耗力，疲于应对。如果在平时的工作当中，能够建立起良好的社区关系，不但会减少类似事情的发生，而且能够使组织运行更加顺畅。建立良好的社区关系，可以采取以下几个方面的对策措施。

（1）主动积极创造良好的生态环境。项目开发建设单位作为社区中的一员，应该积极主动创造良好的生态环境，处理好"三废"的排放，也可以主动承担起升压站或者风电场、光伏电厂周边的绿化工作，积极为创造良好的社区环境做贡献。

（2）创办和扶持社区公益事业。项目开发建设单位可以通过捐款或者提供劳务等方式来支持社区公益事业，比如修建体育、医疗、教育等公共设施，赞助文化活动等。要结合实际情况，量力而行，争取以最少的支出取得最大的收益。

（3）对社区开放参观。对于项目开发建设单位来说，可以选择固定的时间点，敞开大门，让社区其他组织和居民群众进行参观，采取合适的方式和手段进行科普与讲解，深化他们对本单位的了解，进而避免对本单位不必要的误解或者凭空猜测。

（4）加强社区的情感交流。项目开发建设单位可以邀请社区相关领导和其他组织代表一起聚会。单位内的一些文化、体育和娱乐设施也可以定期向社区开放，邀请社区居民一起举行体育比赛，加大和社区的交流，增进情感，多争取大家的理解和支持。

五、竞争对手关系

竞争对手关系也是同行关系。中国有句老话："同行是冤家"，可见自古以来同行关系就是比较紧张的竞争关系。同行往往不能好好相处，甚至可能是尔虞我诈，争斗到不可开交的博弈关系。但实际上，同行之间面临着基本相同的政策、资源、环境、技术和市场等制约因素，彼此间有着密切的利害关系。在很多情况下，同行相互之间是没有利害冲突的，而恰恰是可以信息共享、互相沟通、共同发展、利益相通的关系。越来越多的组织认识到把同行关系视为伙伴关系有着长远的战略意义。在社会主义市场经济条件下，竞争对手关系的处理，可以从以下三个方面进行考虑。

（1）把握正确的竞争目的。同行之间相互竞争是为了提高自身的经济利益，但是，从根本上来说都是为了创造更多的社会价值，为社会发展做贡献。因此，同行之间竞争不能只从小集团或者本位主义出发，要把握正确的竞争目的，不能一味倾轧对手。

（2）竞争手段应光明正大。同行之间的竞争绝对不能违背社会公德，不能采取尔虞我诈、互相诋毁的方式，应该采取改进技术、提高管理水平、改进产品和服务质量等方式赢过竞争对手。

（3）竞争不忘协作交流。同行之间虽然互相竞争，但是在很多时候没有利益冲突，甚至可以在竞争的同时，也进行彼此之间的交流和合作。比如，可以信息共享、协同攻关技术难题等，这种方式才是更高层次的竞争。

六、国际公共关系

随着全球经济一体化，新能源项目开发建设单位会越来越频繁地遇到国际合作机会，开展国际业务。在和国外组织进行业务往来时，可能会面临与国内企业不同的行为方式。相应地，为了建构良好的国际公共关系，在开展国际业务时，应该采取适当的公关措施。

（1）树立稳定形象，建立牢固信誉。国际业务可能对于风电和光伏发电企业来说起步较晚，通常也不是主要业务。由于国家制度、社会文化诸方面的差异，往往彼此对于对方的情况都不甚了解。在开展业务时要树立一个稳定的形象增进彼此的了解。尤其是要特别注重自身诚信与商誉的建立，给对方留下稳定讲信誉的企业形象，有利于下一步业务的顺利开展。

（2）充分尊重对方的风俗习惯。项目开发建设单位在开展国际业务时，要充分考虑对方经济、文化、信仰、习惯和风俗特点以及与自身的不同。一些国家和地区的风俗习惯差别很大，如果不注意可能会造成比较大甚至是严重的误解和冲突，导致业务很难开展。

（3）不卑不亢，平等处事。在开展国际业务时，项目开发建设单位自身的行为不但要符合国际标准和礼仪，同时也要充分考虑自己企业和国家的利益，坚守自己的底线，不卑不亢，和对方平等处事。

第三节　法律手续环境管理公关沟通传播策略

公共关系本身就是一种交流、沟通的过程，而沟通和交流又常常经由不同的"传播"渠道或方式来实现。公共关系传播是指社会组织利用各种媒介，有计划地将信息与公众进行沟通，以达到争取公众、信息共享的目的。[1] 在公共关系中，传播是社会组织利用各种媒介，将信息或观点有计划地与公众进行交流的沟通活动。传播是一个有计划的完整的行动过程，传播是一种信息的分享活动。[2] 其中比较常用的沟通传播方式包括人际交往和口语传播、文字沟通传播、大众沟通传播和网络沟通传播。公共关系传播应该坚持真实性原则、目标针对性原则、公众利益至上原则、目标一致性原则、双向沟通原则、科学性与艺术性相结合原则等。[3]

一、人际交往和口语传播

（一）人际交往的工作内容

要想创造良好的法律手续工作环境，项目开发建设单位就需要有计划地开展各种具体的公共关系活动。大部分公共关系活动的主体是现实中具体的人，所以公共关系活动离不开人际交往。

人际交往构成了公共关系活动最基本的沟通渠道与传播方式。所谓人际交往就是人们

① 林祖华．公共关系学［M］．北京：中国时代经济出版社，2002：125.
② 赵宏中．公共关系学［M］．武汉：武汉理工大学出版社，2006：94.
③ 林祖华．公共关系学［M］．北京：中国时代经济出版社，2002：142.

在生产实践和生活实践中发生直接联系的过程和行为。① 是人与人之间相互联系的一种行为，是人们运用一定的方式和手段，传递信息，交流思想感情，以求达到某种目的的一种社会活动。② 在人际交往过程中，有面对面的直接沟通，也有通过现代通信技术手段的交往，比如通过电话、语音、视频、在线文字交流等不见面的沟通。事实上，随着全球化时代的到来，也由于通信技术手段的发展以及后疫情时代的影响，各种不见面的沟通比例明显上升。

在人际交往过程中，为确保沟通顺利进行，就需要创造良好的人际交往氛围。首先，自身形象的塑造非常重要。在交往过程中能否被别人所接纳，个人人格魅力和良好形象往往起着决定性作用。人格魅力是一个人心理素质和修养的体现，也是一个人道德品质、思想情感、性格气质、学识教养和处事态度的外在表现。人格魅力不是一朝一夕就能养成的，在平时的生活和工作中要时刻注意自己的言行，多听取不同的意见，及时修正自己的行为。在进行人际交往时，相关人员要保持精神饱满、神情自然、仪表整洁、衣着得体、谈吐高雅、自然大方、言语真诚；要能认识并不断完善自我形象，严于律己、宽以待人，树立新型的交往观念和交往意识。

（二）口语传播的工作内容

口语传播是人际交往最常见的形式，不管是人际交往还是公共关系实务其他类型的活动，都大量采用口语传播的方式。口语传播常常采用面对面的方式，但近年来微信语音等新媒体语音传播方式的运用也越来越普遍。口语传播主体是在一定的空间和时间范围内共同参与互动的。

首先，由于时空限制性的特点，口语传播要抓住和抓准发言的机会；其次，信息交流和反馈的过程基本是同步或者时间很短，所以要注意信息的及时反馈，并要根据反馈及时调整自己发言的内容和话题；再次，口语传播的信息内容并不仅仅限制于语句所表达的意思，还包括语气、语调、手势、表情等所表示的意义，对于这些丰富的表现手法和辅助手段要恰到好处的运用。美国心理学家阿尔培特说，面对面的口语信息交流中，55%体语+38%声音+7%词语＝口语传播。最后，在新媒体时代，人们经常使用移动电话、语音微信来进行交流沟通。在这个过程当中要注意用语准确简洁、流畅连贯，还要学会控制自己的声音，因为语言声调、语气等这些副语言因素是可以用来传递情感的。此外，在口语传播过程中，要了解并尊重对方，并且学会聆听对方的反馈。

二、文字沟通传播

公共关系实务活动常常要借助于大众传播媒介来进行，而大众传播媒介，比如互联网、报纸、杂志、电视等，都要借助于文字传达信息。因此，凡是涉及大众传播活动的内容，通常都是通过文字传播来进行的，例如新闻稿的撰写、宣传资料、内部报刊等。

（一）文字沟通传播的特点

口语和文字是语言的两种具体表现形式。文字具有一些不同于口语的一些特点。首

---

① 臧乐源．人际关系学［M］．天津：天津人民出版社，1990.
② 李元授．交际艺术品评［M］．武汉：华中理工大学出版社，1997.

先，文字的制作和理解都需要一定的文化基础。即使是文盲也可以进行很流畅的口语交流，但是文字作品的制作则不同，遣词造句之后构成的文字作品能否准确地表达主旨、能否吸引受众，不但要求制作者具有一定的文化基础，而且对一个人的文字功底要求也比较高。同时，也要求受众有一定的文化基础才能领会文字所传达的意思。其次，文字所传达的内容更为单一、准确。口语传播可以借助于肢体、语气等副语言赋予口语语言不同的含义和意境，但文字所传达的意思往往更为单一，且非常准确的，不会因为语气的不同而出现歧义。因此，文字语言在传达数字、符号等信息的时候更具有优势。最后，文字语言更易于保存，具有更强的可认证性和正规性。文字不受时空的限制，可以进行保存，而且具有认证性，具有正式认可的价值。在签订一些协议和意向时都需要进行书面写作，这也体现了文字语言的正规性。

（二）文字沟通传播的类型

在平时的公共关系实务中，撰写新闻稿、编制宣传资料以及编辑内部报刊的时候要用到文字沟通。

（1）新闻稿。在编写新闻稿的时候，需要注意以下几个方面问题：①客观地进行叙述。新闻最基本的原则就是真实性，没有事实就没有新闻。同时，在叙述过程中要严守中立的立场，不能在新闻报道中带有主观臆断甚至是偏见。只要进行客观报道即可，由读者自己进行判断和评价。②提炼主题，尽量使主题典型而新颖。新闻稿的主题要透过现象抓住本质，提炼的主题争取要能抓住读者的眼球。③语言要准确、简明。新闻稿语言的准确是与真实性分不开的，只有通过准确的语言表达才能没有歧义地将新闻内容真实地表现出来。

（2）宣传资料。宣传资料是一套介绍和宣传项目开发建设单位的资料，实际上就是项目开发建设单位的推介"名片"。在国际上，各种企业组织向公众散发自身宣传资料是一项日常的公关工作。标准的宣传资料通常包括具有几个基本内容：项目开发建设单位领导人的致辞，项目开发建设单位的历史和现状概略介绍以及对项目开发建设单位专业特色的说明。文字部分通常占了宣传资料的大部分版面，但若能配上适当的照片和图片，做到图文并茂，宣传资料被大众接受的可能性更大。

（3）内部报刊。项目开发建设单位的内部报刊是团结内部员工强有力的纽带，是内部员工之间沟通情感、交流认识的联络桥梁。内部报刊可以是纸媒的，也可以是电子版的。要想让内部报刊在公共关系工作当中发挥作用，就要明确编辑方针。首先，要确立向全体员工服务的意识，及时把项目开发建设单位内部情况向员工进行通报。其次，要在内部报刊有针对性地反馈员工的思想、意见和建议。最后，要在内部报刊上处理好一些技术问题，确保其连续性和稳定性。

三、大众沟通传播

大众传播是公共关系实务的重要组成部分之一。借助大众传播，项目开发建设单位能够迅速提升自己的知名度和美誉度，取得良好的传播效果。大众传播是运用大众传播媒介来进行的传播活动，其中包括了报纸、杂志等印刷媒介，也包括广播、电视、互联网等电子媒介。

（一）大众传播媒介的特点

大众传播媒介具有自己鲜明的特点。

（1）传播速度快，传播范围广。随着互联网越来越深入大众的生活，信息传播可以做到瞬间遍布全球，而且信息传播可以实现实时传播。这个特点使得人们可以利用大众传播进行方便快捷的信息传递，对于提高组织知名度有很大的帮助。但与此同时，对于一些不利于组织的信息也要求项目开发建设单位能够迅速做出反馈与回应。

（2）信息可以长时间进行保留。不论是印刷媒介或电子媒介，媒介信息都可以进行长时间的留存，有利于信息的查询。

（3）大众传播媒介的受众范围大，信息传播难以做到有的放矢。大众传播媒介的受众范围遍布各个地区各个领域，都有不同的关注点，具有很强的异质性，也就使得信息传播很难做到有的放矢。

（4）大众传播难以和受众直接接触，信息反馈比较困难。大众传播不像人际传播那样和受众直接接触。通过大众传播媒介传播信息并不能直接和受众接触，也难以及时收到信息反馈。

（二）针对大众传播媒介的工作内容和注意事项

大众传播媒介对于信息的报道是站在客观层面上的，大众传播媒介不是组织的私用传播媒介，而且大众传播媒介报道比广告宣传更具有公信力。可以通过媒介事件争取到更多的大众传播媒介的报道。所谓媒介事件是组织通过一些策划的活动，得到大众传播媒介的关注并主动进行报道。[①] 进行媒介事件的策划，需要掌握媒体的报道动向，时刻关注并且分析当前大众传播媒介的报道的热点和新闻的重点，实时把握新闻重点的变化，掌握潮流的形势，根据形势的变化趋势选择顺应这种趋势的主题新闻内容进行策划。还应当利用主题活动，创造新闻点，争取主动报道。组织可以利用一些特殊的时间点，比如周年庆典、搬迁之际、新项目开工之际举办的一些主题活动，该活动应该契合当前形势的主题，抓住适当的时机创造新闻点，引起大众传播媒介的兴趣，争取得到主动报道。

基于以上分析，在利用大众传播媒介进行信息传播时，应该注意做到以下几方面事项。

（1）充分了解各种传播媒介的特点，有针对性地进行媒介选择。大众传播媒介包括报纸、杂志、广播、电视和互联网。报纸相对来说价格比较便宜，信息易于保存，可以随时随地进行阅读，但是传播速度较慢，阅读起来不够用生动，且要求受众有一定的文化基础。杂志相比较于报纸增加了图片和照片，比较适合系统地进行宣传、说明和介绍。广播传播迅速，传播范围广，不受时空限制，但是信息不易保存，不够形象。而电视媒介相对来说更形象生动，但是制作技能比较复杂，成本比较高。基于此，可以根据传播信息内容的特点、受众特点以及传播目的等要素，选择适当的传播媒介以达到更好的传播效果。

（2）把握目标公众的特点。虽然大众传播媒介的受众面很广，但是在进行信息传播时候，充分分析目标公众的特点，争取做到满足大部分公众对于信息的兴趣点和需求。

（3）与大众传播媒介保持亲密良好的关系。与大众传播媒介保持亲密良好的关系，将有助于争取更多报道组织的机会，也更容易得到大众传播媒介的配合与支持。

---

① 居延安．公共关系学［M］．上海：复旦大学出版社，2013.

四、网络沟通传播

互联网正在以前所未有的规模和速度改变着人们的生活和沟通方式。2021年2月3日，中国互联网络信息中心（CNNIC）发布的第47次《中国互联网络发展状况统计报告》指出：截至2020年12月，我国网民规模达9.89亿，较2020年3月增长8540万，互联网普及率达70.4%。中国互联网络信息中心公布的数据说明互联网和移动上网应用将在公共关系信息传播沟通中起到非常重要的作用。掌握了网络传播的主动权在很大程度上就是掌握了公共关系传播的主动权。

（一）网络沟通传播的特点

如今，互联网已经遍布全球每个角落，信息传播完全超越了时间和空间的限制。全世界范围内发生的任何事情，不管是正面或者负面的，瞬间就会传遍全球每个地方。关于某个热点大事件甚至是一些小道消息造成整个微博或某个网站的崩溃或者造成网络大拥堵的情况屡见不鲜。由此可见，一方面互联网在人们生活中占据了比较重要的位置；另一方面也可以认识到互联网在信息传播过程中的关注度，这些都是传统媒体望尘莫及的。广播电视要经过制作才能播出，并且受到时间限制，而报纸杂志等印刷媒体至少要到消息的第二天才能发送出来。

同时，网络信息传播使交流活动更便捷并能达到实时交流反馈。传统媒体都是自说自话，电视广播受众只能被动的观看，而印刷媒体更是静读。而网络媒体的出现让信息的沟通和反馈更加顺畅，受众可以利用各大平台自由发表自己的看法，对于接收到的信息进行反馈和评价，这种信息的交互性是传统媒体所无法比拟的。

（二）网络沟通传播的常见类型

日常公共关系工作中和公众进行信息的沟通传播，就目前网络媒体发展的现状来说，主要有几种方式，分别是利用电子邮件、社交网站、即时通信和短视频社交。

（1）电子邮件。电子邮件在社交中的使用相对来说不太频繁，但是电子邮件仍然是商务交往和工作交往以及进行内部沟通当中使用的比较多的沟通方式，很多组织都有自己专有的商务邮箱地址。电子邮箱快速省力，而且发送的文件可以以附件的形式在邮箱当中保存，查找也十分方便。

（2）社交网站。社交网站在现在的社交方式中占据着主要的地位，比如微博、Facebook等。从技术层面来看，类似于网络日志，很多组织和个人利用社交网站发表"广告代言"，并且受众可以留言发表自己的看法，同时也可以进行交流。社交网站是现阶段组织和个人进行信息发布的重要平台，但是在利用社交网站进行信息发布的时候要注意不要把社交网络当做广告发布的平台，久而久之会让公众产生厌烦的情绪。在利用社交网站发布广告同时，也要经常发布一些迎合各种公众品位的时尚、体育、金融等信息。

（3）即时通信。即时通信是一种在线的实时沟通方式，世界上任何角落的两个人甚至多个人可以利用即时通信交换文本信息、图片以及视频信息。现阶段最常用的是微信、QQ、陌陌等等。腾讯发布2020年第三季度财报，腾讯微信及Wechat的月活跃账户为12.1亿，同比增长5.4%。特别是移动通信和智能手机大行其道的今日，即时通信为小范围内的信息沟通提供了最大的便捷。公关人员可以利用即时通信进行重点公众的关系的维护，比如在一些重大的节日和纪念日的时候，通过即时通信向重点公众发布信息表示祝福和祝愿等。

（4）短视频。短视频社交最近两年发展迅猛，越来越多的组织和个人利用这些短视频平台发布信息，更深入地和公众进行信息沟通。比如2020年10月8日，抖音发布国庆中秋假期数据报告。苏州和东莞两个城市相关旅游视频点赞量分别达到2761万和1784万，播放量分别突破10亿和6亿。甚至一些高校和政府机关也在短视频平台注册了官方账号，通过制作内容平易近人的视频，或者记录一些小事件，发布到短视频平台和公众进行交流沟通，来提高组织知名度和美誉度。

（三）网络沟通传播的注意事项

公共关系工作在利用网络进行沟通传播的时候，需要注意以下事项。

（1）要严格遵守网络道德和网络规范。虽然网络沟通传播不是面对面的直接的交往沟通，甚至跨越大半个地球进行交往沟通，但是网络也有相应的上网规范，严格遵守《中华人民共和国计算机信息网络国际联网管理暂行规定》《互联网信息服务管理办法》等国家法律法规。恪守网络道德，文明上网。

（2）以诚相待。在网络空间里，开诚布公地对待目标公众非常重要。在网络上获取的信息是全方位多方面的，谎言很快就会被拆穿，公众可以在网络上互通消息，自由讨论，一旦在网络上发酵将会一发不可收拾。即使在网上的沟通交往也和面对面的人际交往一样要秉承以诚相待的原则，才能收获公众的信任和拥护。

（3）鼓励公众进行反馈。网络沟通和传统的沟通方式相比，信息的反馈更加的及时和全面，可以利用网络沟通的这个优势，鼓励公众进行信息的反馈。比如在社交网站和短视频平台开放留言功能，并经常和公众进行互动，增强沟通的积极性，根据公众的信息反馈，有利于及时调整公共关系的目标、方式和手段，有利于更加顺畅的和公众进行沟通交流。

（4）要监控公众的反应。通过网络传播，要注意收集关乎组织的重要信息，特别是网络上散布的关于组织的负面信息，以及公众方方面面的反馈意见，做到危机意识的状态下的实时监控，对于相关的负面信息如果属于虚假消息，要及时发表声明并扫清虚假消息，如果是不利于组织的真实信息，要开诚布公并及时进行改进和补救，并把改正措施及时向公众进行传达，争取能得到公众的谅解。

第四节　法律手续环境管理的危机公共关系

一、公共关系危机概述

（一）公共关系危机的相关概念

公关专家詹姆斯·卢卡斯罗斯基把危机描述为"无法预测的可见性"，它却可能任何时间降临到任何人头上。[1] 公关危机是指由于组织内部或外部的各种因素，严重损害组织

---

[1] Helio F. Garcia. Crisis Communications [M]. New York：American Association of Advertising Agencies，1999：9.

的声誉和形象，使组织陷入强大的社会舆论的包围，并处于发展危机之下的一种公共关系状态。这种状态如果不迅速改变，就会影响组织的生存，所以称为公关危机。①。

新能源企业在实际工作中，有时会出现先动工后办证以及违反相关法规而被处罚的情况，甚至这些情况被知晓的范围不断扩大，此时开发建设单位的公众的关系状态就处在一种比较危险的境况。轻则会给办理其他法律手续的主管单位留下不好的印象，导致后续的手续办理受阻；重则会引发媒体的报道而让组织形象进一步受损。不论一些大的事件抑或是小的事件，都有可能导致组织陷入危机当中，公关危机会导致组织和公众的关系迅速恶化，正常业务也会受到影响，组织会处在高知名度低美誉度的状态，是一种最糟糕的公共关系状态。

（二）公共关系危机的特征

（1）突发性。公关危机虽然在萌芽状态是有迹可循的，但是一般没有健全的预警系统很难将其发觉。所以公关危机在何时、何地以及什么情况下爆发都是具有偶然性的，这种突发事件一旦爆发会让人措手不及、惊恐慌乱。

（2）紧迫性。互联网时代，公关危机一旦发生了以后，相关的负面的效应一定会迅速地扩大，对组织造成的影响也是巨大的，所以处理公关危机要讲究时效性。

（3）危害性。有的组织对于发生的小的危机事件没有重视，没有及时进行处理，导致事态不断地扩大，小到组织的名誉受损，大到威胁组织的生存。所以组织对发生的危机事件要给予足够的重视，了解危机事件潜在的危害性。

（4）可变性。危机从发生到解决，整个过程暴露在外部的环境中。外部环境的复杂性决定了危机事件也是在不断地变化发展，如果处理得当危机有可能会变成一种机遇，对于组织的美誉度和知名度都会有所提升。在处理危机的时候没有固定的模式，只有一些处理的原则。

（三）公共关系危机的类型

组织可能面临的公关危机是多方面的，针对不同的危机类型，处理危机的工作方式和侧重点是不同的。公关危机主要有以下几种类型。

（1）不可抗的外部力量引起的危机事件，包括自发性的自然灾害以及突发性的政治动荡、经济萧条等因素引发的公关危机。这类公关危机事件一般会给组织带来比较大的经济损失，但是和组织的管理没有直接的关系，公众也都能给予理解和谅解，所以一般不会对于组织的形象和声誉产生影响。

（2）非组织成员造成的危机事件。在现实生活中，有些不法分子对于组织蓄意迫害、诽谤或者竞争对手散布谣言对组织进行中伤等不正当竞争行为等，这些都是组织外成员的不当行为对组织造成了影响，如果不及时处理，公众在不了解的情况下对组织产生误解。针对这类的危机事件要及时进行回应，尽快澄清事实，消除对组织不利的影响。

（3）公众的误解造成的公关危机。由于信息不对称，有些公众对于组织的宗旨、营销策略、产品工艺等方面会产生一些误解，这些误解如不尽快处理，可能会进一步扩大，有可能会引发组织的危机。对于这类危机的处理方式是尽快和相关公众进行沟通，必要时

---

① 周安华. 公共关系理论、实务与技巧 [M]. 北京：中国人民大学出版社，2019：245.

候可以邀请意见领袖进行亲身的体验，尽快消除误会，避免危机的产生。

（4）由组织的自身的管理问题引发的危机。这种类型的危机是由于组织的自身的问题所引发的，所以这种类型的危机是危害最大的，对于组织的形象和声誉造成的损害也是最难恢复的。这种类型的危机是对组织的危机公关能力的巨大的挑战。

二、公共关系危机处理的基本原则

在处理公关危机时要遵守一些基本原则，把握危机公关工作的大的方向。

（1）预防预测的原则。通过对前期公共工作的总结，在日常工作中及时发现那些可能会导致危机发生的线索，将危机扼杀在萌芽状态。很多公共关系危机管理的工作表明，一旦危机突然爆发的时候就已经对组织造成很大的影响，而有的组织甚至后知后觉，可能等发现的时候已经大势已去，错失了很多时机。所以，建立一个危机的预警机制，及时对可能发生的危机进行预防预测，比在危机发生之后再去补救所花费的成本要低得多。但是很多组织都没有相应的预警机制，都是等到危机爆发以后再去救火，不但需要花费更多的成本而且效果也不一定理想。

（2）实事求是的原则。实事求是的原则不但是公共关系危机管理的原则，也是日常的公共关系工作很重要的原则，但是在进行公共关系危机管理的时候实事求是的原则格外的重要，可以说是危机处理的首要的原则。俗话说"好事不出门，坏事传千里"，当危机发生以后，更多的公众的目光会聚焦在危机事件上面，而且在事情没有明朗的情况下容易滋生出各种的谣言，所以组织要在危机发生之后，把事情的情况如实的告知给公众，事情真相的公布之后谣言自然不攻自破；同时，不要试图隐瞒掩盖事情的真相，甚至妄图用谎言进行欺骗。互联网时代，公众获取信息的渠道是全方位的，事实的真相很难隐瞒，而且一旦谎言被揭穿，可能会面临更大的公关危机，这个时候要想再补救挽回就十分的困难，可能会给组织引发生存危机。所以，实事求是的原则是公共关系危机管理的第一原则。

（3）公众至上的原则。公众至上的原则是危机公关的核心原则。在危机发生之后，公众和组织的利益都有可能会遭受一定的损失，这个时候要把公众的利益放在第一位，尽全力挽回公众的损失，条件允许的情况下可能还需要对公众进行相应的经济赔偿。这时候如果不考虑公众利益的损失，而是一味地追求组织自身的利益，会给公众留下不负责任的印象，会让组织的形象进一步受损。所以要秉承公众至上的原则，首先考虑公众的利益，等危机消除之后再考虑慢慢恢复组织的损失。

（4）维护信誉的原则。组织的信誉是组织的生命，而危机的发生常常对组织的信誉带来负面的影响，有时甚至带来的是致命的打击，所以要考虑的是如何把组织的信誉损失降到最低，如何在公共关系危机管理的过程中抓住有利的时机对组织的信誉进行挽回并且重塑。

（5）勇于承担责任的原则。不管危机造成的原因是否是组织本身的原因造成的，危机都会对公众造成一定的影响，也会对公众的利益造成损害。不管是什么原因，公众都是受害者，如果在公众面前百般推诿，强词夺理进行狡辩，会给公众留下缺乏责任感的负面形象。这个时候，组织要勇于承当相应的责任，树立良好的形象。

三、公共关系危机处理的基本流程

虽然公关危机没有固定的处理模式，但是了解公关危机处理的一般的程序，有利于在面对公关危机到来的时候有序应对。公关危机管理的程序主要有以下几个步骤。

（1）了解事实，收集信息。当危机发生以后，首先要快速反应，对于危机相关的情况要迅速地进行了解，搞清楚事件发生的来龙去脉和主要原因，同时要注意搜集公众对于事情的反应和舆论的导向。对于信息的收集也是为了下一步制定相关决策提供必要的支持。

（2）分析情况，确定对策。根据收集到的危机事件的相关信息，首先对信息要进行整理和分析，搞清楚危机发生的症结，然后根据不同的对象制定不同的决策。不管危机发生的原因是否是组织本身的原因，关于危机的相关情况以及处理的对策都要对公众坦诚相告，不能刻意对事件进行隐瞒甚至撒谎，一旦被识破必定会爆发更大的危机。如果在危机事件当中公众的相关利益有损失的话，要尽快对公众进行安抚并尽力挽回公众的损失，把公众的利益放在首位。

（3）联络媒体，主导舆论。危机发生以后，可能会有很多的猜测和谣言，不可避免地会对组织的声誉产生影响。这个时候要主动联系平时关系比较好的媒体，争取得到公正并客观的报道，同时把组织解决危机的对策和方针以及把公众利益放在首位的观念通过媒体传达给公众，最大限度地挽回信誉损失，也可以把舆论往有利于组织的方向进行引导。

（4）多方沟通，迅速化解。这一步主要是争取其他公众、权威机构的合作，共同协助来解决危机。

（5）评价总结，改进工作。在危机平息之后，要对其给组织所造成的经济和声誉的影响进行评估，有利于下一步有针对性地进行补救工作。另外，要对应对危机的危机公关的工作进行总结，查缺补漏，争取在下一次的危及公共工作中做到更好。最后要对本次危机事件进行总结和归纳，杜绝下次再发生类似的事件。

第二篇　法律实务篇

第七章 海上风电项目前期
阶段法律手续实务

第一节 海上风电项目开发建设审批制度概述

一、新能源项目开发建设政府审批体制改革概述

项目开发建设政府审批涉及市场准入、项目施工建设许可、项目建成后的营运许可等系列政府审批事项。自 2001 年我国展行行政审批制度改革以来，项目开发建设政府审批制度也展开了系统改革进程，采取了一系列的改革措施。我国项目审批体制改革主要包括：项目所涉及行业领域投资准入或者说市场准入的投资体制改革、施工建设许可，以及营运许可诸方面审批制度的改革。对于新能源开发建设项目来说，审批体制改革涉及新能源开发建设投资权或者说市场准入许可、项目施工建设许可、营运许可等许多具体的政府审批职能领域。其中，通常认为最为关键的是市场准入审批体制改革，也就是投资体制改革方面。

新能源项目开发建设政府审批制度经历了一个较为长期的变革过程。就市场准入审批制度改革而言，最为重要的是 2004 年国务院颁布的《关于投资体制改革的决定》。自此以后，通过采取多轮渐进式的具体改革措施，政府大力推进简政放权，逐渐形成了我国社会主义市场经济投资体制框架。政府市场监管的职能重心逐步从事前审批转向过程服务和事中事后监管，且力图建立起党委领导、政府主导、市场调节、社会参与的协同监管机制。现行投资体制明确了"谁投资、谁决策、谁收益、谁承担风险"的市场准入原则，确立企业投资主体地位，落实企业投资自主权。对于企业不使用政府投资资金的建设项目，一律不再实行审批制，而进行分类监管，分别实行核准制和备案制。

核准制是对企业对不使用政府资金投资建设的重大和限制类固定资产投资项目，政府从维护社会公共利益的角度进行审查核准的一种投资管理方式。根据国务院颁布的《政府核准的投资项目目录》来确定核准制的投资项目种类和范围。该目录是根据我国经济体制改革的进展情况和经济运行的实际变化情况，适时进行调整，国务院于 2013 年、2014 年和 2016 年三次修订《政府核准的投资项目目录》。其中，就新能源项目市场准入审批而言，银行贷款承诺、电网接入意见、供水协议等被归为企业经营自主权事项，取消其作为核准前置性审批事项；核准前置审批减少到选址意见书、用地预审意见 2 项；清理规范投资项目报建审批事项，不再保留"非行政许可审批"，继续取消和下放国务院部门行政审批事项，拟定地方政府部门权力清单和责任清单手册等，将报建审批事项清理规范

整合为 42 项。

备案制是对企业不使用政府性资金投资建设本《政府核准的投资项目目录》以外的项目，除国家法律法规和国务院专门规定禁止投资的项目以外，不论规模大小，均实行备案管理。

二、海上风电项目开发权审批制度的演变

2010 年 9 月，国家发展改革委组织了第一批海上风电特许权项目招标（包括东台 20 万、大丰 20 万、射阳 30 万、滨海 30 万共 4 个项目），这是我国第一次大规模海上风电开发项目。之后，随着技术不断进步和经验不断积累，海上风电开发进入商业化大规模应用开发阶段。海上风电项目属于风电项目，是政府核准的项目类别。项目开发经历了从国家投资主管部门核准，到权力逐步下放、前置条件逐步简化的过程。

（1）2011 年—2013 年，国家投资主管部门或国家能源主管部门核准。2004 年，国务院印发了《国务院关于投资体制改革的决定》。其附件《政府核准的投资项目目录（2004年本）》中规定，风电站为政府核准项目，总装机容量 5 万 kW 及以上项目由国务院投资主管部门核准，其余项目由地方政府投资主管部门核准。为了规范项目核准行为，国家发展改革委同年印发了《企业投资项目核准暂行办法》。根据该办法，项目申请报告应委托具备相应工程咨询资格的机构编制。其中，由国务院投资主管部门核准的项目，应委托具备甲级工程咨询资格的机构编制；项目申请单位在报送项目申请报告之前，应完成选址意见、用地预审、环境影响评价，以及水土保持方案、矿产压覆调查、地质灾害危险性评估等前置性行政许可事项，相应的前置性行政许可文件作为项目申请报告的附件一并报送。2005 年，国家发展改革委印发的《关于风电建设管理有关要求的通知》重申了上述中央和地方投资主管部门对于风电项目的核准权限，明确有关核准程序和条件按《企业投资项目核准暂行办法》执行。

2010 年 1 月 12 日，国家能源局、国家海洋局印发的《海上风电开发建设管理暂行办法》规定，国家能源主管部门负责海上风电项目的开发权授予。项目投资企业或发电企业，编写项目申请报告，办理项目核准所需的支持性文件。项目所在地省级能源主管部门对项目申请报告初审后，上报国家能源主管部门核准。海上风电项目核准申请报告应附有项目列入规划的文件、项目开发授权文件或项目特许权协议、项目可行性研究报告及技术审查意见、项目用海预审文件、环境影响评价报告批复文件、接入电网的承诺文件、贷款融资承诺文件等。

（2）2014 年—2016 年，国家能源主管部门重心转向宏观管理，逐步退出微观管理，项目核准由地方能源或投资主管部门实施。2013 年 5 月 15 日，国务院发布了《国务院关于取消和下放一批行政审批项目等事项的决定》，其中规定企业投资风电站项目核准的审批权限由国家发展改革委下放至地方政府投资主管部门。2013 年 12 月 2 日，国务院发布的《政府核准的投资项目目录（2013 年本）》落实了前述内容，规定风电站由地方政府核准。2014 年 10 月 31 日，国务院发布的《政府核准的投资项目目录（2014 年本）》规定风电站由地方政府在国家依据总量控制制定的建设规划及年度开发指导规模内核准。2014 年 12 月 8 日，国家能源局印发了《全国海上风电开发建设方案（2014—2016）》，

公布了列入开发建设方案的 44 个项目（总容量 1053 万 kW）的信息，由地方政府在有效期（2 年）内核准。

项目核准方面，《风电开发建设管理暂行办法》规定的管理措施和核准条件对 2004 年投资体制改革有所倒退。该办法规定，风电项目开发企业开展前期工作之前，应向省级以上政府能源主管部门提出开展风电场项目开发前期工作的申请，俗称"路条"。按照项目核准权限划分，5 万 kW 及以上项目开发前期工作申请由省级政府能源主管部门受理后，上报国务院能源主管部门批复。风电场工程项目申请报告应达到可行性研究的深度，并附有下列文件：项目列入全国或所在省（区、市）风电场工程建设规划及年度开发计划的依据文件，项目开发前期工作批复文件、或项目特许权协议、或特许权项目中标通知书，项目可行性研究报告及其技术审查意见，项目用地预审意见，环境影响评价批复意见，风电场工程安全预评价报告备案函，电网企业出具的关于风电场接入电网运行的意见、或省级以上政府能源主管部门关于项目接入电网的协调意见，金融机构同意给予项目融资贷款的文件，以及根据有关法律法规应提交的其他文件。2014 年 5 月 14 日，国家发展改革委印发的《政府核准投资项目管理办法》对《企业投资项目核准暂行办法》没有实质性变化。

但国家投资体制改革的力度不减，2014 年 12 月 10 日，国务院办公厅《关于印发精简审批事项规范中介服务实行企业投资项目网上并联核准制度工作方案的通知》中确立了企业投资项目核准前置条件的清理原则。2014 年 12 月 31 日，中央机构编制委员会办公室、国家发展和改革委员会印发的《关于一律不得将企业经营自主权事项作为企业投资项目核准前置条件的通知》明确规定，企业投资建设实行核准制的项目，政府仅从维护经济安全、合理开发利用资源、保护生态环境、优化重大布局、保障公共利益、防止出现垄断等"外部性"方面进行核准。对外商投资项目，还要从市场准入、资金项目管理等方面进行核准。项目的市场前景、经济效益、资金来源和产品技术方案等"内部性"条件，均由企业自主决策、自担风险，项目核准机关不得干预企业投资自主权，不得将属于企业经营自主权的事项作为企业投资项目核准的前置条件。对于银行贷款承诺、融资意向书、可行性研究报告审查意见、电网接入意见、接入系统设计评审意见等属于企业经营自主决策范围的事项一律不再作为企业投资项目核准的前置条件。

（3）2017 年至今，大力简政放权，大幅简化核准前置条件。2016 年，党中央国务院进一步推进投资体制改革，大力推进简政放权，投资监管方式从事前审批转向过程服务和事中事后监管，建立协同监管机制。2016 年 11 月 30 日，国务院发布的《企业投资项目核准和备案管理条例》规定，除涉及国家秘密的项目外，项目核准、备案通过国家建立的项目在线监管平台办理，核准机关、备案机关以及其他有关部门统一使用在线平台生成的项目代码办理相关手续；项目申请书由企业自主组织编制，任何单位和个人不得强制企业委托中介服务机构编制项目申请书。2016 年 12 月 29 日，国家能源局、国家海洋局印发的《海上风电开发建设管理办法》规定，国家能源局统一组织全国海上风电发展规划编制和管理，会同国家海洋局审定各省区市海上风电发展规划；省级及以下能源主管部门按照有关法律法规，依据经国家能源局审定的海上风电发展规划，核准具备建设条件的海上风电项目。核准文件应及时对全社会公开并抄送国家能源局和同级海洋行政主管部门。

2017 年 3 月 8 日，国家发展改革委印发的《企业投资项目核准和备案管理办法》规定，项目的市场前景、经济效益、资金来源和产品技术方案等，应当依法由企业自主决策、自担风险，项目核准、备案机关及其他行政机关不得非法干预企业的投资自主权；项目单位报送项目申请报告的前置条件也简化到一般仅需具备选址意见书和用地（用海）预审意见。2017 年 3 月 27 日，国家能源局印发《关于深化能源行业投融资体制改革的实施意见》，精简了能源投资项目核准前置许可，只保留选址意见和用地（用海）预审作为前置条件。除法律法规明确规定的，各级能源项目核准机关一律不得设置任何项目核准的前置条件，不得发放同意开展项目前期工作的"路条"性文件；优化能源投资项目核准流程，实行核准制的能源投资项目，核准机关要依托全国投资项目在线审批监管平台或政务服务大厅实行并联核准，项目核准的前置许可条件不得互为前置；落实能源投资项目审批负责制，能源项目核准、备案机关或审批协调机构实行"一站式"受理、"全流程"服务，一家负责到底；大力推进阳光审批，落实投资项目统一代码制度相关要求，充分利用全国投资项目在线审批监管平台，做好能源项目审批、监管等信息公开工作，提高透明度。

三、海上风电项目上网电价审批制度的演变

海上风电项目上网电价由脱硫燃煤标杆电价和可再生能源电价补贴两部分组成。其中，脱硫燃煤标杆电价由电网企业结算，可再生能源电价补贴由可再生能源电价附加支付。海上风电项目上网电价经历了标杆上网电价和中标上网电价、指导价下的竞争上网电价的过程。

（1）2011 年—2019 年 6 月，标杆上网电价和中标上网电价。2014 年 6 月 5 日，国家发展改革委印发《关于海上风电上网电价政策的通知》。该通知规定，非招标的海上风电项目，2017 年以前（不含 2017 年）投运的近海风电项目上网电价为每千瓦时 0.85 元（含税，下同），潮间带风电项目上网电价为每千瓦时 0.75 元；鼓励通过特许权招标等市场竞争方式确定海上风电项目开发业主和上网电价。通过特许权招标确定业主的海上风电项目，其上网电价按照中标价格执行，但不得高于以上规定的同类项目上网电价水平。

2016 年 12 月 26 日，国家发展改革委印发《关于调整光伏发电陆上风电标杆上网电价的通知》进一步明确，自 2017 年 1 月 1 日起，对非招标的海上风电项目，近海风电项目标杆上网电价为每千瓦时 0.85 元，潮间带风电项目标杆上网电价为每千瓦时 0.75 元；国家鼓励各地通过招标等市场竞争方式确定海上风电项目业主和上网电价，但通过市场竞争方式形成的价格不得高于海上风电标杆上网电价。

（2）2019 年 7 月—2020 年，指导价下的竞争上网电价。2019 年 5 月 21 日，国家发展改革委印发《关于完善风电上网电价政策的通知》。根据文件规定，自 2019 年 7 月 1 日起，海上风电标杆上网电价改为指导价，新核准海上风电项目全部通过竞争方式确定上网电价。2019 年符合规划、纳入财政补贴年度规模管理的新核准近海风电指导价调整为每千瓦时 0.8 元，2020 年调整为每千瓦时 0.75 元。新核准近海风电项目通过竞争方式确定的上网电价，不得高于上述指导价。新核准潮间带风电项目通过竞争方式确定的上网电价，不得高于项目所在资源区陆上风电指导价。

第二节 海上风电项目前期阶段各项法律手续及其依据

海上风电项目开发，通常先要与地方政府签订开发协议或合作协议，然后根据相关要求进行海上测风，依据测风数据进行风资源评价，对具备开发价值的海上风电场开展建设条件论证和可行性研究。如果确定进行该项目的开发建设，需要办理用海预审，并编制项目申请报告，报送相应的政府投资主管部门核准。项目核准后，可以并行开展海洋环境影响评价、地震安全性评价、安全生产条件和设施综合分析、军事设施保护意见、职业病危害预评价、海底电缆路由调查勘测、电网接入系统设计审查、陆上升压站和综合楼的环境影响评价和水土保持方案等前期工作，按照规定履行审批、审查或备案手续，获得各种相应的支持性文件。随着国家不断推进简政放权和创新投资项目的监管方式，现阶段海上风电开发建设项目核准的前置条件有所减少，但是按照规定要进行审批、审查或备案的各种手续也要尽早取得，关系项目合法性的核准文件及其他支持性文件，是开发企业关注的重点。这里所提及的海上风电开发建设项目前期工作就是获得项目核准批复，以及可以并行展开获得各项支持性文件这一阶段的各项法律手续办理工作。这一阶段的法律手续流程如下图 7-1 所示。

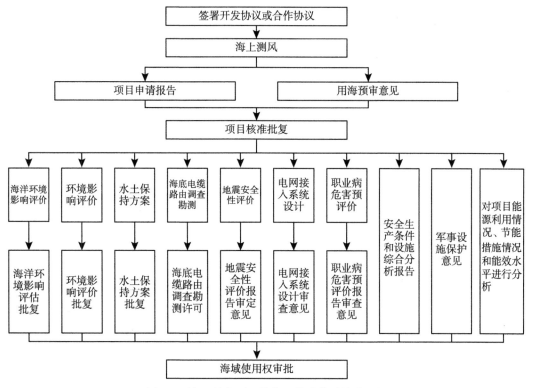

图 7-1　海上风电项目前期工作法律手续流程图

一、项目核准

(一) 相关概念界定

企业投资项目核准制是政府对社会投资管理的行政许可行为,是政府从维护社会公共利益的角度,对不使用政府资金的重大建设项目和限制类项目进行审查核准,而赋予企业投资开发权利的一种具体行政行为。

根据国务院颁布的《企业投资项目核准和备案管理条例》(国务院令第 673 号)规定,"企业投资项目(以下简称项目),是指企业在中国境内投资建设的固定资产投资项目"。我国对关系国家安全、涉及全国重大生产力布局、战略性资源开发和重大公共利益等项目,实行核准管理。具体项目范围以及核准机关、核准权限依照政府核准的投资项目目录执行。

项目核准制就其性质而言是一种行政许可行为,是政府对开发项目的设权行为。政府是从社会和经济公共管理的角度审核企业的投资项目,审核目的主要是"维护经济安全、合理开发利用资源、保护生态环境、优化重大布局、保障公共利益、防止出现垄断"。

核准制适用的投资项目种类和范围,由国务院颁布的《国务院关于发布政府核准的投资项目目录(2016 年本)的通知》(国发〔2016〕72 号)确定。在该目录中,对实行项目核准制的项目作出了明确分类,共规定了 12 类项目需经过政府核准后方可由企业投资建设,包括国内企业投资项目、外商投资项目以及境外投资项目,海上风电项目为其中之一。

(二) 法律依据

项目核准主要的法律依据是《中华人民共和国行政许可法》(主席令第七号,2004 年 7 月 1 日起施行),项目核准申请文件、基本程序、项目核准的审查及效力等依据国务院发布的《企业投资项目核准和备案管理条例》(国务院令第 673 号)和国家发展改革委发布的《企业投资项目核准和备案管理办法》(2017 年 3 月 7 日发布),项目报告书的编制主要依据《国家发展改革委关于发布项目申请报告通用文本的通知》(发改投资〔2017〕684 号),既要遵循通用本的一般要求,又要充分反映行业特殊情况,可根据实际需要对通用本的内容进行合理调整。

二、用海预审

(一) 相关概念界定

根据《中华人民共和国海域使用管理法》(主席令第六十一号,2002 年 1 月 1 日起施行)有关规定:海域的使用必须严格执行许可制度。"海域属于国家所有,国务院代表国家行使海域所有权。任何单位或者个人不得侵占、买卖或者以其他形式非法转让海域。单位和个人使用海域,必须依法取得海域使用权。"

为了贯彻实施《中华人民共和国海域使用管理法》,规范海域使用权管理,维护海域使用秩序,保障海域使用权人的合法权益,国家海洋局制定了《海域使用权管理规定》(国海发〔2006〕27 号),其中第 4 条规定,国务院或国务院投资主管部门审批、核准的建设项目涉及海域使用的,应当由国家海洋行政主管部门就其使用海域的事项在项目审批、核准前预先进行审核（以下简称用海预审）。地方人民政府或其投资主管部门审批、核准的建设项目涉及海域使用的，应当由地方海洋行政主管部门就其使用海域的事项在项目审批、核准前预先进行审核。

综上所述，用海预审即建设项目涉及使用海域的，在向投资主管部门申请项目审批或核准前，应取得同级海洋行政主管部门出具的项目用海预审意见。用海预审应当在项目审批、核准前进行。

（二）法律依据

用海预审的主要法律依据为《中华人民共和国海域使用管理法》（主席令第六十一号，2002 年 1 月 1 日起施行）与《海域使用权管理规定》（国海发〔2006〕27 号）。《中华人民共和国海域使用管理法》对国家海域使用的海洋功能区划、海域使用的申请与审批、海域使用权、海域使用、监督检查、法律责任等内容提出了总论性的要求。而《海域使用权管理规定》在海域使用论证，用海预审，海域使用申请审批，海域使用权招标、拍卖，海域使用权转让、出租和抵押等程序上做出了具体规定。此外，在办理具体法律手续时，还将参考国家海洋局《关于进一步规范海上风电用海管理的意见》（国海规范〔2016〕6 号）、国家能源局与国家海洋局颁布的《海上风电开发建设管理办法》（国能新能〔2016〕394 号）、《海域使用论证技术导则》（2010 版）以及各省市出台的省级海域使用管理条例、办法等。

三、海洋环境影响评价

（一）相关概念界定

《中华人民共和国环境影响评价法》（2018 年修订版）中指出，环境影响评价是指对规划和建设项目实施后可能造成的环境影响进行分析、预测和评估，提出预防或者减轻不良环境影响的对策和措施，进行跟踪监测的方法与制度。环境影响评价是一种导向性评价。每一个国家对其都具有不同的规范要求，虽然环境影响评价会对工程设计、开工日期、投资等造成影响，但是可以将工程对环境的影响降到最低，减少污染治理的成本。《中华人民共和国环境影响评价法》（2018 年修订版）明确指出在中华人民共和国领域和中华人民共和国管辖的其他海域内建设对环境有影响的项目，应依法进行环境影响评价。

所谓海洋环境影响评价，这里是指对海域的规划和建设项目实施后可能造成的环境影响进行科学分析、预测和评估，提出预防或者减轻不良环境影响的对策和措施，进行跟踪监测的方法与制度。[①]《中华人民共和国海洋环境保护法》（2017 年修订版）第 47 条规定，海洋工程建设项目单位应当对海洋环境进行科学调查，编制海洋环境影响报告书（表），并在建设项目开工前，报海洋行政主管部门审查批准。

（二）法律依据

《中华人民共和国环境影响评价法》（2018 年 12 月 29 日修订版）、《中华人民共和国海洋环境保护法》（2017 年 11 月 4 日修订版）、《中华人民共和国防治海洋建设工程项目污染损害海洋环境管理条例》（国务院令第 475 号）对于规划的环境影响评价、建设项目

---

① 范英梅.海洋环境管理［M］.南京：东南大学出版社，2017：167.

的环境影响评价和法律责任都有明确的规定。《国务院关于印发清理规范投资项目报建审批事项实施方案的通知》（国发〔2016〕29号）中指出：国家海洋局仅保留对非重特大项目海洋工程建设项目环境影响报告书的核准；环境保护部仅保留对非重特大项目环评审批。所谓重特大项目环评，是项目核准前置审批事项。非重特大项目环评审批，是项目报建审批事项。海上风电项目属于非重特大项目，其环境影响评价文件（包括环境影响报告书、环境影响报告表和环境影响登记表）按照建设项目的审批、核准和备案权限及建设项目对环境的影响性质和程度实行分级审批。

在具体的办理相关手续时，通常会用到《建设项目环境影响评价技术导则总纲》（HJ 2.1—2016）、《建设项目环境影响评价分类管理名录》（2018版）、《建设项目环境影响报告书（表）适用的评价范围类别规定》《建设项目环境影响登记表备案管理办法》（环保部令（第41号））、《环境保护部审批环境影响评价文件的建设项目目录（2015年本）》《建设项目环境影响评价文件分级审批规定》《关于印发〈海洋工程环境影响评价管理规定〉的通知》（国海环字〔2008〕367号）《国家海洋局关于加强海洋工程建设项目环境影响评价公示工作的通知》（国海环字〔2013〕49号）《国家海洋局关于进一步加强海洋工程建设项目和区域建设用海规划环境保护有关工作的通知》（国海环字〔2013〕196号）以及各省出台的关于建设项目环境影响评价文件分级审批管理规定等相关政策文件。

四、电网接入系统设计审查

（一）相关概念界定

《国家能源局关于印发风电开发建设管理暂行办法的通知》（国能新能〔2011〕285号）规定，风电项目申请报告应附有电网企业出具的关于风电场接入电网运行的意见，或省级以上政府能源主管部门关于项目接入电网的协调意见。中央机构编制委员会办公室、国家发展和改革委员会《关于一律不得将企业自主经营权事项作为企业投资项目核准前置条件的通知》（发改投资〔2014〕2999号）中明确取消电网接入意见和接入系统设计评审意见作为企业投资项目核准的前置条件，并且电网接入系统设计评审意见也不属于行政许可事项，但对发电项目来说，电网接入系统设计评审意见是项目投资开发至关重要的文件，本书也把它作为前期重要法律手续看待。

《国家电网公司电厂接入系统前期工作管理办法》（国家电网公司〔2007〕243号）第15条规定，"在电厂可行性研究阶段，发电公司根据电厂分类情况商国家电网公司、区域电网公司或省级电力公司后及时委托有资质的设计单位开展电厂接入系统设计工作"。电网接入系统设计，包括接入系统一次和二次部分，根据具体情况，同时或分步进行。对已完成输电规划设计和评审的电厂项目，电厂接入系统设计一次部分可适当简化。其次是电厂接入系统设计审查工作，实行计划管理，各区域电网公司和省级电力公司及时将电厂接入系统设计报告通过区域电网公司上报公司总部，由公司总部下达评审计划。

（二）法律依据

依据《中华人民共和国电力法》《海上风电开发建设管理办法》，在《国家电网公司电厂接入系统前期工作管理办法》（国家电网公司〔2007〕243号）中，第三章：电厂接入系统设计及审查对该项手续的设计步骤、审查管理模式、审查分类情况、审查主管部门以及审查后的可行性研究与监督复核提出了一系列详细的要求。

五、安全生产条件和设施综合分析报告

（一）相关概念界定

2002 年 6 月 29 日，第九届全国人民代表大会常务委员会第二十八次会议通过的《中华人民共和国安全生产法》第 24 条规定："生产经营单位新建、改建、扩建工程项目（以下统称建设项目）的安全设施，必须与主体工程同时设计、同时施工、同时投入生产和使用。安全设施投资应当纳入建设项目概算。""三同时"的要求正式写入安全生产法，并延续至今。

按照《建设项目安全设施"三同时"监督管理暂行办法》的规定，电力行业的国家和省级重点建设项目要在可行性研究阶段进行安全预评价，项目公司应委托具有相应资质的安全评价机构，对其建设项目进行安全预评价，并编制安全预评价报告。但 2015 年 4 月 2 日发布的《国家安全生产监督管理总局令第 77 号》对该文件进行了修改，将其名称修改为《建设项目安全设施"三同时"监督管理办法》，并对安全预评价的适用范围进行了修改，根据修改后的条款，电力建设项目不再进行安全预评价，项目公司应当对其安全生产条件和设施进行综合分析，形成书面报告备查。该法规修正版自 2015 年 5 月 1 日起施行。

生产经营单位在建设项目初步设计时，应当委托有相应资质的初步设计单位对建设项目安全设施同时进行设计，编制安全设施设计。建设项目安全设施的施工应当由取得相应资质的施工单位进行，并与建设项目主体工程同时施工。建设项目安全设施建成后，生产经营单位应当对安全设施进行检查，对发现的问题及时整改。建设项目竣工投入生产或者使用前，生产经营单位应当组织对安全设施进行竣工验收，并形成书面报告备查。安全设施竣工验收合格后，方可投入生产和使用。生产经营单位应当按照档案管理的规定，建立建设项目安全设施"三同时"文件资料档案，并妥善保存。①

随后，各省安全生产监督管理局出台了相应的政策，对于《建设项目安全设施"三同时"监督管理办法》进行了补充性的通知，比如《陕西省安全生产监督管理局关于公路水运轨道交通电力军工等行业建设项目安全设施"三同时"审查和安全评价等有关问题的补充通知》（陕安监〔2016〕110 号）："建设单位在建设项目可行性研究阶段，应对建设项目的安全生产条件和设施进行综合分析，在安全设施竣工验收阶段，应对建设项目进行安全设施竣工验收，并外聘或者组织本单位有关工程技术人员分别编制安全条件综合分析报告和安全设施竣工验收报告。在初步设计阶段，应当委托有相应资质的设计单位对建设项目安全设施同时进行设计，编制安全设施设计报告。建设单位应当组织有关专家组成专家组，分别对建设项目安全生产条件综合分析报告、安全设施设计报告和安全设施竣工验收报告进行审查，并分别形成专家组意见书面报告备查。"

---

① 国家安全监管总局 . 建设项目安全设施"三同时"监督管理办法 [Z]. 2015.

（二）法律依据

安全生产条件和设施综合分析报告的主要法律依据为《中华人民共和国安全生产法》（2020 修订版）、《国务院关于进一步加强企业安全生产工作的通知》（国发〔2010〕23 号）、《建设项目安全设施"三同时"监督管理办法》（国家安全监管总局 36 号令，2015 年修改版）等法律、行政法规和规定。其中，前两者从宏观角度约束了企业安全生产的系列问题，后两者则从具体的程序角度为企业安全生产条件与设施综合分析提供了法律依据。

六、军事设施保护意见

（一）相关概念界定

《中华人民共和国军事设施保护法》（2014 年修订版）中指出，本法所称军事设施，是指国家直接用于军事目的的下列建筑、场地和设备：（1）指挥机关，地面和地下的指挥工程、作战工程；（2）军用机场、港口、码头；（3）营区、训练场、试验场；（4）军用洞库、仓库；（5）军用通信、侦察、导航、观测台站，测量、导航、助航标志；（6）军用公路、铁路专用线，军用通信、输电线路，军用输油、输水管道；（7）边防、海防管控设施；（8）国务院和中央军事委员会规定的其他军事设施。

其中海上风电项目所涉及的军事设施主要有军用码头、港口以及海防管控设施等。安排建设项目或者开辟旅游景点，应当避开军事设施。确实不能避开的，需要将军事设施拆除、迁建或者改作民用的，由省、自治区、直辖市人民政府或者国务院有关部门和军区级军事机关商定，并报国务院和中央军事委员会批准或者国务院和中央军事委员会授权的机关批准。

根据《国务院关于印发清理规范投资项目报建审批事项实施方案的通知》（国发〔2016〕29 号），影响军事设施审查更名为军事设施保护意见，并且改为部门间征求意见。

（二）法律依据

为了更好地贯彻《中华人民共和国军事设施保护法》（2014 年修订版），国务院制定了《中华人民共和国军事设施保护法实施办法》（国务院、中央军委令第 298 号）作为各地方政府行动指南。其中对水域军事禁区与管理区提出了更为明确的要求：（1）在水域军事禁区内，禁止非军用船只进入，禁止建筑、设置非军事设施，禁止从事水产养殖、捕捞以及其他有碍军用舰船行动和安全保密的活动。（2）在水域军事管理区内，禁止建筑、设置非军事设施，禁止从事水产养殖；从事捕捞或者其他活动，不得影响军用舰船的行动。（3）划为军事管理区的军民合用港口的水域，实行军地分区管理；在地方管理的水域内需要新建非军事设施的，必须事先征得有关军事设施管理单位的同意。（4）军事禁区、军事管理区应当设立标志牌。标志牌的样式、质地和规格由省、自治区、直辖市军事设施保护委员会规定，标志牌由县级以上地方人民政府负责设立。水域军事禁区、军事管理区的范围难以在实际水域设置界线标志或者障碍物表示的，由当地交通、渔业行政主管部门共同向社会公告，并由测绘主管部门在海图上标明。

七、职业病危害预评价

（一）相关概念界定

《中华人民共和国职业病防治法》（以下简称《职业病防治法》）第 17 条明确提出："新建、扩建、改建建设项目和技术改造、技术引进项目（以下统称建设项目）可能产生职业病危害的，建设单位在可行性论证阶段应当进行职业病危害预评价。职业病危害预评价报告应当对建设项目可能产生的职业病危害因素及其对工作场所和劳动者健康的影响作出评价，确定危害类别和职业病防护措施。"

所谓职业病危害预评价，是指对可能产生职业病危害的建设项目，针对其可能产生的职业病危害因素、对劳动者的健康影响与危害程度、所需防护措施等进行预测性分析与评价，确定建设项目在职业病防治方面的可行性，为职业病防护设施设计提供基础。

按照中央关于全面深化改革、加快转变政府职能的决策部署，2016 年 7 月 2 日修改实施的《职业病防治法》取消了安全监管部门对建设项目职业病防护设施"三同时"行政审批事项，保留了建设单位履行建设项目职业病防护设施"三同时"的有关要求，同时规定安全监管部门加强监督检查，依法查处有关违法违规行为。

为贯彻落实《职业病防治法》和国务院推进简政放权放管结合优化服务的改革要求，国家安全监管总局依法对《建设项目职业卫生"三同时"监督管理暂行办法》进行了修订，形成了《建设项目职业病防护设施"三同时"监督管理办法》，于 2017 年 1 月 10 日国家安全监管总局第 1 次局长办公会议审议通过，自 2017 年 5 月 1 日起施行。2012 年 4 月 27 日国家安全监管总局公布的《建设项目职业卫生"三同时"监督管理暂行办法》同时废止。

《建设项目职业卫生"三同时"监督管理办法》规定：建设项目职业病防护设施必须与主体工程同时设计、同时施工、同时投入生产和使用（以下统称建设项目职业病防护设施"三同时"）。建设单位对可能产生职业病危害的建设项目，应当依照本办法进行职业病危害预评价、职业病防护设施设计、职业病危害控制效果评价及相应的评审，组织职业病防护设施验收，建立健全建设项目职业卫生管理制度与档案。

建设项目职业病防护设施"三同时"工作可以与安全设施"三同时"工作一并进行。建设单位可以将建设项目职业病危害预评价和安全预评价、职业病防护设施设计和安全设施设计、职业病危害控制效果评价和安全验收评价合并出具报告或者设计，并对职业病防护设施与安全设施一并组织验收。

（二）法律依据

职业病危害防治主要的法律依据是《中华人民共和国职业病防治法》，在编制的过程中主要依据《建设项目职业病防护设施"三同时"监督管理办法》（国家安全生产监督管理总局令 第 90 号）、《国家安全监管总局办公厅关于贯彻落实〈建设项目职业病防护设施"三同时"监督管理办法〉的通知》（安监总厅安健〔2017〕37 号）的要求，并参照 GBZ/T 277—2016《职业病危害评价通则》、ZW—JB—2014—004《建设项目职业病危害预评价报告编制要求》、ZW—JB—2014—002《建设项目职业病防护设施设计专篇编制要求》、ZW—JB—2014—003《建设项目职业病危害控制效果评价报告编制要求》，编制职业病危害预评价报告、职业病防护设施设计和职业病危害控制效果评价报告。

八、地震安全性评价

(一) 相关概念的界定

根据《中华人民共和国防震减灾法》和《地震安全性评价管理条例（2019 年修订）》的规定：新建、扩建、改建建设工程，应当达到抗震设防要求。重大建设工程和可能发生严重次生灾害的建设工程，应当按照国务院有关规定进行地震安全性评价，并按照经审定的地震安全性评价报告所确定的抗震设防要求进行抗震设防。新建、扩建、改建建设工程，需要进行地震安全性评价的，必须严格执行国家地震安全性评价的技术规范，确保地震安全性评价的质量。

(二) 法律依据

地震安全性评价依据的法律主要是《中华人民共和国防震减灾法（2008 年修订）》和《地震安全性评价管理条例（2019 年修订）》。

九、海底电缆路由调查勘测

(一) 相关概念界定

《铺设海底电缆管道管理规定》（国务院令第 27 号）中说明，"电缆"系指通信电缆及电力电缆；"管道"系指输水、输气、输油及输送其他物质的管状输送设施。其第 3 条规定：在中华人民共和国内海、领海及大陆架上铺设海底电缆、管道以及为铺设所进行的路由调查、勘测及其他有关活动的主管机关是中华人民共和国国家海洋局。中国的企业、事业单位铺设海底电缆、管道，经其上级业务主管部门审批同意后，需为铺设所进行的路由调查、勘测等活动。

《铺设海底电缆管道管理规定实施办法》（国家海洋局令第 3 号）中明确规定，我国对于铺设海底电缆、管道及其他有关活动的管理，实行统一领导、分级管理的方式。地方海洋管理机构负责其管理海域内海底电缆、管道的审批与监督管理。分局负责地方海洋管理机构管理海域之外的海底电缆、管道的审批与监督管理。下列海底电缆、管道由国家海洋局负责审批：（1）路经中国管辖海域和大陆架的外国海底电缆、管道；（2）由中国铺向其他国家和地区的国际海底电缆、管道；（3）国内长距离（200km 以上）的海底管道和污水排放量为 20 万吨/日以上的海底排污管道。

《国务院关于第二批取消 152 项中央指定地方实施行政审批事项的决定》（国发〔2016〕9 号）明确取消"地方对内水、领海范围内的海底电缆管道铺设路由调查勘测、铺设施工审批"。根据国务院文件精神，国家海洋局不再委托地方海洋行政主管部门履行该行政审批事项的审批实施权。《国家海洋局关于铺设海底电缆管道管理有关事项的通知》（国海规范〔2017〕8 号）贯彻落实国家简政放权工作要求，结合海底电缆管道管理实际，规定属于建设项目配套设施且长度小于 2km 的海底电缆管道，可暂时不单独办理路由调查勘测、铺设施工审批手续，但铺设施工前应依法取得环境影响评价和海域使用批准文件。

（二）法律依据

海底电缆路由调查勘测审批的主要法律依据为《铺设海底电缆管道管理规定》（国务院令第 27 号），其对海底电缆铺设所进行的路由调查、勘测的申请材料、审批流程、纠纷调解等方面都作出了总体的规定。为实施《铺设海底电缆管道管理规定，加强对海底电缆、管道的管理和保护，国家海洋局出台了《铺设海底电缆管道管理规定实施办法》（国家海洋局令第 3 号），该实施办法进一步在各级主管机关的职责范围、申请材料详细构成及其大纲以及违反规定的法律责任等方面都进行了详细说明与划分。

十、陆上升压站和综合楼环境影响评价

（一）相关概念界定

《中华人民共和国环境影响评价法》中指出：环境影响评价是指对规划和建设项目实施后可能造成的环境影响进行分析、预测和评估，提出预防或者减轻不良环境影响的对策和措施，进行跟踪监测的方法与制度。环境影响评价是一种导向性评价。每一个国家对其都具有不同的规范要求，虽然环境影响评价会对工程设计、开工日期、投资等造成影响，但是可以将工程对环境的影响降到最低，减少污染治理的成本。

中华人民共和国生态环境部在 2017 年 1 月 1 日发布的《建设项目环境影响评价技术导则总纲》中系统提出，分析判定建设项目选址选线、规模、性质和工艺路线等与国家和地方有关环境保护法律法规、标准、政策、规范、相关规划、规划环境影响评价结论及审查意见的符合性，并与生态保护红线、环境质量底线、资源利用上线和环境准入负面清单进行对照，作为开展环境影响评价工作的前提和基础。

根据《中华人民共和国环境影响评价法》的规定，在中华人民共和国领域和中华人民共和国管辖的其他海域内建设对环境有影响的项目，应依法进行环境影响评价。陆上风电和光伏发电项目的环境影响评价文件（包括环境影响报告书、环境影响报告表和环境影响登记表）按照建设项目的审批、核准和备案权限及建设项目对环境的影响性质和程度实行分级审批。

2020 年，生态环境部发布了《建设项目环境影响评价分类管理名录（2021 年版）》，从 2021 年 1 月 1 日开始实施。调整后，需报批的报告书、报告表数量再减 10% 以上，更加聚焦环评管理的重点；登记表数量减少 40% 以上，涵盖了生态环境部"环评审批正面清单"改革中豁免一批的举措，做到了前后政策无缝衔接。

按照《建设项目环境影响评价分类管理名录（2021 年版）》的规定，升压站和综合楼只要不涉及敏感区，可以不再进行环评（如表 7-1 所示）。

（二）法律依据

环境影响评价主要法律依据就是《中华人民共和国环境影响评价法》。该法律对于规划的环境影响评价、建设项目的环境影响评价和法律责任都有明确的规定。在具体的办理相关手续时，通常会用到《建设项目环境保护管理条例》《建设项目环境影响评价技术导则总纲》《建设项目环境影响评价分类管理名录》《建设项目环境影响报告书（表）适用的评价范围类别规定》《建设项目环境影响登记表备案管理办法》《环境保护部审批环境影响评价文件的建设项目目录（2015 年本）》《建设项目环境影响评价文件分级审批规

定》以及各省出台的关于建设项目环境影响评价文件分级审批管理规定等相关政策文件。

表 7-1

项目类别 \ 环评类别		报告书	报告表	登记表	本栏目环境敏感区含义
95	污水处理及其再生利用	新建、扩建日处理10万吨及以上城乡污水处理的；新建、扩建工业废水集中处理的	新建、扩建日处理10万吨以下500吨及以上城乡污水处理的；新建、扩建其他工业废水处理的（不含建设单位自建自用仅处理生活污水的；不含出水间接排入地表水体且不排放重金属的）	其他（不含提标改造项目；不含化粪池及化粪池处理后中水处理回用；不含仅建设沉淀池处理的）	
96	海水淡化处理463；其他水的处理、利用与分配469	/	全部	/	
四十四、房地产业					
97	房地产开发、商业综合体、宾馆、酒店、办公用房、标准厂房等	/	涉及环境敏感区的	/	第三条（一）中的全部区域；第三条（二）中的除（一）外的生态保护红线管控范围，永久基本农田、基本草原、森林公园、地质公园、重要湿地、天然林，重点保护野生动物栖息地；重点保护野生植物生长繁殖地；第三条（三）中的文物保护单位，针对标准厂房增加第三条（三）中的以居住、医疗卫生、文化教育、科研、行政办公等为主要功能的区域

十一、陆上升压站和综合楼的水土保持方案

（一）相关概念界定

1993 年 8 月 8 日，《中华人民共和国水土保持法》发布施行，明确规定了在山区、丘陵区、风沙区的开发建设项目要编报水土保持方案。水土保持方案编制是针对开发建设项目过程中造成的水土资源损害，从保护生态、保护自然景观、水土保持的角度论证主体工

程设计不合理性，从主体工程的各个环节、各个方面查找缺陷，补充和完善水土保持设计，并对主体设计提出的修改和完善建议，以达到最大限度地保护生态、控制扰动范围、减少植被破坏和水土流失、快速有效修复生态系统的目的。其主要作用是要克服单纯从工程经济性和施工方便的角度考虑问题，从保护地貌植被、生物链和有利于植被恢复的角度，合理设计各类工程措施、生物措施及临时措施，保护水土资源，从而减少水土流失。

（二）法律依据

依据的法律主要是《中华人民共和国水土保持法（2010 年修订）》《中华人民共和国水土保持法实施条例（2011 年修订）》，水土保持方案的编制及审批主要依据的是《水利部办公厅关于进一步规范生产建设项目水土保持方案编制单位和监测单位水平评价工作的意见》（办水保函〔2015〕1672 号）、《水利部关于进一步深化"放管服"改革全面加强水土保持监管的意见（水保〔2019〕160 号）》《水利部办公厅关于进一步加强生产建设项目水土保持方案技术评审工作的通知》（办水保〔2016〕123 号）《开发建设项目水土保持方案编报审批管理规定》（水利部令第 5 号）。

第三节 海上风电项目前期阶段各项法律手续工作内容

一、项目核准的工作内容

项目核准的主要工作内容为申请材料的准备、通用文书的编制以及按照项目核准基本程序提交相关部门审批。

（一）项目核准申请材料

根据国务院发布的《企业投资项目核准和备案管理条例》（国务院令第 673 号）和国家发展改革委发布的《企业投资项目核准和备案管理办法》，除涉及国家秘密的项目外，项目核准、备案通过国家建立的项目在线监管平台（以下简称在线平台）办理。应当按照国家有关要求编制项目申请报告，并且根据国家法律法规的规定附具以下文件。

（1）城乡规划行政主管部门出具的选址意见书（仅指以划拨方式提供国有土地使用权的项目）。

（2）国土资源（海洋）行政主管部门出具的用地（用海）预审意见（国土资源主管部门明确可以不进行用地预审的情形除外）。

（3）法律、行政法规规定需要办理的其他相关手续。

（二）项目申请报告的内容

海上风电项目核准的主要文书为项目申请报告，其应该包括以下内容。

（1）项目单位情况。

（2）拟建项目情况，包括项目名称、建设地点、建设规模、建设内容等。

（3）项目资源利用情况分析以及对生态环境的影响分析。

（4）项目对经济和社会的影响分析。

（5）项目能源利用情况、节能措施情况和能效水平分析。

其中第 5 项，项目能源利用情况、节能措施情况和能效水平分析不是所有需要核准项目申请报告的通用内容，根据 2017 年 11 月 15 日，国家发展改革委关于印发《不单独进行节能审查的行业目录》通知（发改环资规〔2017〕1975 号），对于风电站、光伏电站（光热）等项目，建设单位可不编制单独的节能报告，可在项目可行性研究报告或项目申请报告中对项目能源利用情况、节能措施情况和能效水平进行分析。《国家发展改革委关于发布项目申请报告通用文本的通知》（发改投资〔2017〕684 号）明确规定："列入《不单独进行节能审查的行业目录》范围内的项目，应在项目申请报告中对项目能源利用情况、节能措施情况和能效水平进行分析。"

申请文书的通用版式详见《国家发展改革委关于发布项目申请报告通用文本的通知》（发改投资〔2017〕684 号）。主要行业的项目申请报告示范文本由相应的项目核准机关参照项目申请报告通用文本制定，明确编制内容、深度要求等。项目申请报告可以由项目单位自行编写，也可以由项目单位自主委托具有相关经验和能力的工程咨询单位编写。

（三）项目核准基本程序

（1）核准单位。根据国务院《政府核准的投资项目目录（2016 年本）》的规定，风电站由地方政府在国家依据总量控制制定的建设规划及年度开发指导规模内核准。紧接着各省也出台了相应的核准的投资项目目录，项目核准实行分级授权，风电项目核准权限一般在地方各级发改委和能源局。

（2）核准流程。项目申报材料齐全、符合法定形式的，项目核准机关应当予以受理。核准机关委托中介服务机构对项目进行评估的，应当明确评估重点；除项目情况复杂的，评估时限不得超过 30 个工作日。评估费用由核准机关承担。核准机关应当自受理申请之日起 20 个工作日内，作出是否予以核准的决定；项目情况复杂或者需要征求有关单位意见的，经本机关主要负责人批准，可以延长核准期限，但延长的期限不得超过 40 个工作日。核准机关委托中介服务机构对项目进行评估的，评估时间不计入核准期限。

核准机关对项目予以核准的，应当向企业出具核准文件；不予核准的，应当书面通知企业并说明理由。由国务院核准的项目，由国务院投资主管部门根据国务院的决定向企业出具核准文件或者不予核准的书面通知。

（3）核准的时效。项目自核准机关作出予以核准决定或者同意变更决定之日起 2 年内未开工建设，需要延期开工建设的，企业应当在 2 年期限届满的 30 个工作日前，向核准机关申请延期开工建设。核准机关应当自受理申请之日起 20 个工作日内，作出是否同意延期开工建设的决定。开工建设只能延期一次，期限最长不得超过 1 年。国家对项目延期开工建设另有规定的，依照其规定。

二、用海预审的工作内容

用海预审的主要工作内容为申请材料的准备、通用文书的编制以及依照审批程序办理。

（一）用海预审申请材料

根据 2019 年《自然资源部关于进一步优化报国务院批准项目用海审查流程 提高审批效率的通知（征求意见稿）》，对用海预审申请材料进行了简化，国务院或国务院投资主管部门审批或核准的建设项目，需要自然资源部出具用海预审意见的，用海申请人先行提交用海预审申请。用海预审申请材料包括：用海预审申请函、海域使用申请书（含宗海图）、海域使用论证报告、资信证明材料和利益相关者处理协议。

　　以福建省建设项目用海预审申报材料为例，分别包括以下资料：（1）用海预申请报告（加盖单位公章）2份，包括建设单位、法人代表、拟用海位置、拟用海面积、用海类型、海域用途、项目建设的意义、投资规模、联系人、联系电话等内容；（2）项目生成文件，包括立项文件（或发改部门的支持性文件）、项目协议书（或合同）等，各1份；（3）规划部门的规划符合性文件1份；（4）项目涉及专项规划及国家产业政策的，需提供有关部门的书面意见1份，如港口管理部门的岸线使用文件等；（5）项目所在地县级政府或乡镇政府的书面意见1份；（6）县级海洋部门的预审意见1份；（7）企业营业执照及法人代表身份证复印件（A4）各1份。

　　（二）用海预审文书编制
　　用海预审申请表格式如表7-2所示：

表7-2　　　　　　　　　　　　　　　建设项目用海预审申请表

项目名称					拟选位置	
项目审批、核准备案机关						
项目依据的有关规划						
项目性质	公益性			用海面积		公顷（详细内容）
	经营性			占用岸线		米
用海类型					总投资额	
用海项目基本情况说明						
用海顶点坐标、附用海位置图						
联系方式	联系单位					
	通讯地址					
联系人		电话			邮编	
备注				用海单位公章　　　年　月　日		

　　（三）用海预审的审批
　　1. 审批单位
　　国务院或国务院投资主管部门审批、核准的建设项目需要使用海域的，申请人应当在项目审批、核准前向国家海洋行政主管部门提出海域使用申请，取得用海预审意见。

地方人民政府或其投资主管部门审批、核准的建设项目需要使用海域的，用海预审程序由地方人民政府海洋行政主管部门自行制定。

2. 办理条件

（1）到发改部门取得立项批文（或同意开展前期工作的函），或者到地方政府取得支持性函件；（2）到规划部门取得项目符合当地规划的意见函；（3）到港口部门取得岸线使用批文或预审项目（码头项目）。

3. 审批流程

国家海洋局收到预审申请材料后，组织项目所在省（自治区、直辖市）海洋行政主管部门进行初步审查，符合条件的，通知建设项目单位在限期内提交海域使用论证报告。收到论证报告后，组织专家评审。必要时征求国务院有关部门和单位的意见。海域使用论证报告自通知提交之日起超过1年未提交的，国家海洋局退回项目用海预审申请材料。

国家海洋局依据海洋功能区划、海域使用论证报告及专家评审意见进行预审，并出具用海预审意见，涉及使用海域进行填海的，在用海预审意见中明确安排围填海计划指标的相应额度。

其他由国家海洋局直接受理的项目，按上述规定程序开展初步审查和海域使用论证，用海方案确定后办理正式用海审批手续。

用海预审审批流程如图7-2所示。

（四）注意事项

根据《海域使用权管理规定》，用海预审意见有效期2年。有效期内未依法办理海域使用权证，则用海预审意见失效。

用海预审意见临近期限时，应及时向主管部门申请延期，可取得1年延期时间。遭遇海域使用权办理困难的，应及时与主管部门沟通协调，必要时重新开展海域使用论证报告审批，申请重新出具用海预审意见。

三、海洋环境影响评价的工作内容

海洋环境影响评价法律手续的基本工作内容包括环境影响评价文书的编制、报送及其审批工作。

（一）环境影响评价文书编制

首先是确定环境影响评价文书的编制类型。我国对建设项目环评文件实行名录分类管理制，具体包括三种文件形式：环境影响评价报告书、环境影响评价报告表、环境影响评价登记表。其中，环境影响评价登记表已改为备案制。

在获取项目信息后，首先应对照《建设项目环境影响评价分类管理名录（2021年版）》（如表7-3所示）确定项目环评类别，确定所欲编制的环评文件类型。即确定是需要编制环境影响报告书、报告表或是登记表。生态环境部《建设项目环境影响评价分类管理名录》经常修正，按照以往经验往往产生误判，应对照最新修订版查询项目类别。

参照最新的《建设项目环境影响评价分类管理名录（2021年版）》，海上风电项目

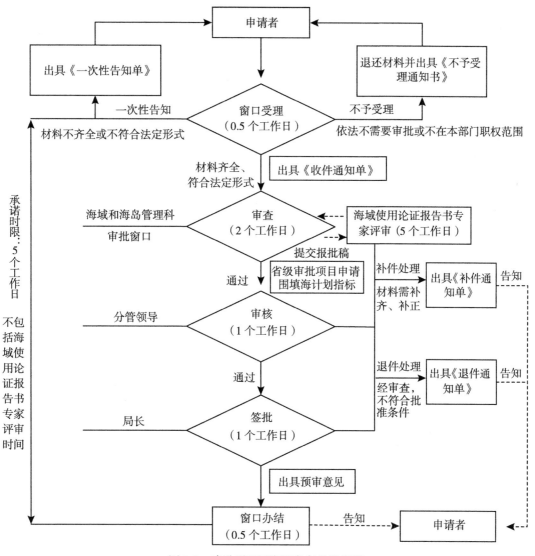

图 7-2　建设项目用海预审审批流程图

属于 151 海洋能源开发利用类工程，根据装机容量的不同，应该编制环境影响评价报告书或者环境影响评价报告表 。

　　海上风电项目的海洋环境影响报告书（表）一般委托具有相应环境影响评价资质的单位编制。报告书应当包括下列内容：

　　（1）工程概况、工程分析；

　　（2）工程所在海域环境现状和相邻海域开发利用情况；

　　（3）与海洋主体功能区规划、海洋功能区划、海洋环境保护规划、海洋生态红线制度等相关规划和要求的符合性分析；

　　（4）工程对海洋环境和海洋资源可能造成影响的分析、预测和评估；

表 7-3

环评类别 项目类别	报告书	报告类	登记表	本栏目环境敏感区含义
五十三、装卸搬运和仓储业 59				
149 危险品仓储 594（不含加油站的油库；不含加气站的气库）	总容量 20 万立方米及以上的油库（含油品码头后方配套油库）；地下油库；地下气库	其他（含有毒、有害、危险品的仓储；含液化天然气库）	/	
五十四、海洋工程				
150 海洋矿产资源勘探开发及其附属工程	新区块油气开发及其附属工程；污水日排放量 1000 立方米及以上或年产油量 20 万吨及以上的海洋油气开发及其附属工程；挖沟埋设单条管道长度 20 公里及以上或涉及环境敏感区的油气集输管道、电（光）缆工程；海洋（海底）矿产资源开发（包括天然气水合物开发；海砂开采；矿盐卤水开发；海床底温泉开发；海底地下水开发等工程）	其他（不含海洋油气勘探工程；不含不在环境敏感区内且排污量未超出原环评批复排放总量的海洋油气调整井工程；不含为油气开采工程配套的海底输水及输送无毒无害物质的管道、电（光）缆原地弃置工程）	海洋油气勘探工程；不在环境敏感区内且排污量未超出原环评批复排放总量的海洋油气调整井工程；为油气开采工程配套的海底输水及输送无毒无害物质的管道、电（光）缆原地弃置工程	第三条（一）中的自然保护区、海洋特别保护区；第三条（二）中的除（一）外的生态保护红线管控范围，海洋公园，重点保护野生动物栖息地，重点保护野生植物生长繁殖地，封闭及半封闭海域
151 海洋能源开发利用类工程	装机容量在 20 兆瓦及以上的潮汐发电、波浪发电、温差发电、海洋生物质能等海洋能源开发利用、输送设施及网络工程；总装机容量 5 万千瓦以上的海上风电工程及其输送设施及网络工程；涉及环境敏感区的	其他潮汐发电、波浪发电、温差发电、海洋生物质能等海洋能源开发利用、输送设施及网络工程；地热发电、太阳能发电工程及其输送设施及网络工程；其他海上风电工程及其输送设施及网络工程	/	第三条（一）中的自然保护区、海洋特别保护区；第三条（二）中的除（一）外的生态保护红线管控范围，海洋公园，重点保护野生动物栖息地，重点保护野生植物生长繁殖地，封闭及半封闭海域

（5）工程对相邻海域功能和其他开发利用活动影响的分析及预测；

（6）工程对海洋环境影响的经济损益分析和环境风险分析；

（7）工程生态用海方案（包括岸线利用、用海布局、生态修复与补偿、跟踪监测及监测能力建设等方案）的环境可行性分析；

（8）工程拟采取的包括清洁生产、污染物总量控制及生态保护措施在内的环境保护措施及其经济、技术论证；

（9）工程选址的环境可行性；

（10）环境影响评价综合结论。

海洋工程可能对海岸生态环境产生影响或损害的，其报告书中应当增加工程对海岸自然生态影响的分析和评价。

（二）环境影响评价申请材料

根据《海洋工程环境影响评价管理规定》（国海规范〔2017〕7号）：建设单位向海洋行政主管部门提出海洋工程环境影响评价批准申请时，应当提交如下材料：

（1）书面申请文件；

（2）建设单位法人资格证明文件；

（3）环境影响评价单位的资质证明；

（4）海洋工程环境影响报告书（表）全本，以及用于公示的不包含国家秘密和商业秘密的海洋工程环境影响报告书；

（5）由具备向社会公开出具海洋调查、监测数据资质的单位提供的环境现状调查及监测数据资料（报告）汇编；

（6）根据有关法律法规要求应提交的其他材料。

（三）环境影响评价的审批

1. 审批机关

如果该海上风电项目属于涉及国家海洋权益、国防安全等特殊性质或者由国务院或者国务院有关部门审批的，环境影响报告书由国家海洋局负责核准，除此之外的海上风电项目，环境影响评价实行分级管理。各级海洋行政主管部门依据有关法律法规和国家行政审批改革政策确定的管理权限，审批相应的海洋工程环境影响评价文件。可能造成跨区域环境影响并且有关海洋主管部门对环境影响评价结论有争议的，该工程的环境影响报告书由其共同的上一级海洋主管部门核准。

2. 审批流程

海洋行政主管部门按照《行政许可法》规定办理受理程序，自收到申请材料之日起5个工作日内作出是否受理的决定，并书面通知建设单位。逾期不通知的，视为受理，其受理时间自收到申请材料之日起计算。申请材料不符合要求的，于5日内一次性告知建设单位需要补正的内容。

存在下列情形之一的，应当作出不予受理的决定：（1）建设单位不具备法人资格的（法律法规有其他规定的，从其规定）；（2）环境影响评价机构资质不符合要求的；（3）提供海洋环境质量现状调查、监测资料的单位不具备向社会公开出具海洋调查、监测数据资质的；（4）其他依法依规应不予受理的情形。

海洋行政主管部门在批准海洋环境影响报告书（表）之前，征求同级海事、渔业行政主管部门和军队环境保护部门的意见，在地方管辖海域内的项目同时征求下一级海洋行政主管部门的意见。海洋行政主管部门受理海洋环境影响报告书（表）后，组织技术审查。

存在下列情形之一的，海洋行政主管部门作出不予批准的决定：

（1）不符合海洋主体功能区规划、海洋功能区划、海洋环境保护规划、海洋生态红线制度及国家产业政策的；

（2）在重点海湾，海洋自然保护区的核心区及缓冲区，海洋特别保护区的重点保护区及预留区，重点河口区域，重要滨海湿地区域，重要砂质岸线及沙源保护海域，优质景观岸线，重要经济生物的产卵场、繁殖场、索饵场，重要鸟类栖息地，特殊保护海岛，海洋观测站点环境保护范围等区域实施围填海的；

（3）依据现有知识水平和技术条件，对项目实施可能产生的不良生态环境影响的性质、程度和范围不能做出科学判断的；

（4）项目实施可能造成区域水交换能力减弱、环境质量等级降低、生物多样性水平下降、重要生态系统面积减少、生态环境超载等问题之一，且无法提出有效减轻对策措施的；

（5）环境影响报告书（表）的编制不符合相关标准和技术规范要求，基础资料和数据失实，分析、评价和预测内容存在重大疏漏和缺陷的，或者环境影响评价结论不明确、不合理的；

（6）拟采取的污染防治措施无法确保污染物排海（排放）达到国家和地方标准，或者污染物排海（排放）不符合核定排放指标的；拟采取的海洋生态保护、修复或补偿对策措施不能有效预防和控制海洋生态环境损害破坏的；拟采取的风险防控和应急对策不满足环境风险管控要求的；

（7）未按照相关要求开展公众参与，或者公众参与调查对象不具备全面性、真实性，或者未对公众参与的不同意见进行反馈处理的。

（8）其他不符合相关政策、法律、法规、标准要求的情形。

审批流程图如图7-3所示。

3. 审批的时间和时效

海洋行政主管部门自受理海洋工程环境影响报告书之日起60个工作日内、受理海洋工程环境影响报告表之日起30个工作日内，作出是否予以批准的决定并书面通知建设单位。

海洋工程自海洋工程环境影响报告书（表）批准之日起超过5年方开工建设的，建设单位应当在开工建设60个工作日前将其海洋工程环境影响报告书（表）报原批准部门重新批准。原批准部门自收到申请之日起10个工作日内作出是否予以批准的决定并书面通知建设单位。

四、电网接入系统设计审查的工作内容

电网接入系统设计审查的主要工作内容为前期申请材料的准备以及依照审批程序办理。

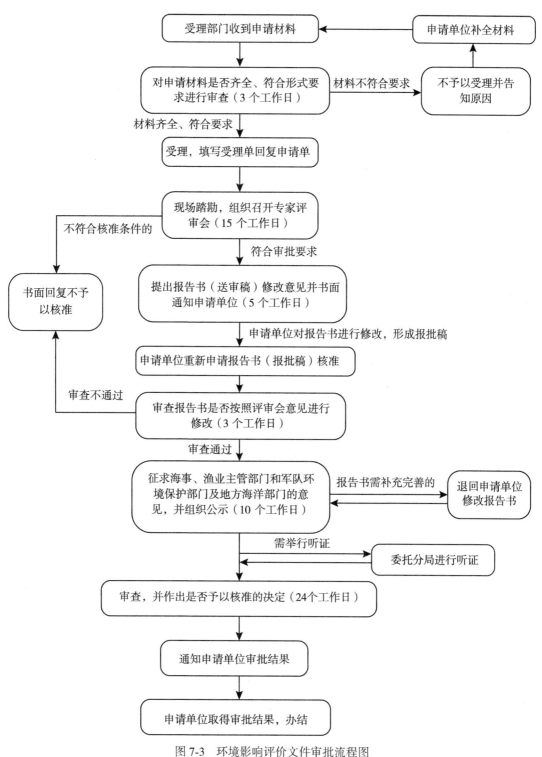

图 7-3　环境影响评价文件审批流程图

(一) 电网接入系统设计审查的申请材料

发电项目可研阶段接入系统设计及审查工作在可研报告通过审查后，筹建单位申请开展接入系统设计，应准备以下材料：(1) 经办人身份证原件及复印件和法人委托书原件 (或法定代表人身份证原件及复印件)；(2) 企业法人营业执照、土地证等项目合法性支持性文件；(3) 电源项目地理位置图 (标明方向、邻近道路、河流等) 及场地租用相关协议；(4) 接入用户内部电网项目，需提交用电人盖章确认的书面同意意见，以及项目单位与用电人签订的电能消纳方式相关协议；(5) 电源项目可行性研究报告；(6) 政府投资主管部门同意项目开展前期工作的批复 (需核准项目)；(7) 其他项目前期工作相关资料。

(二) 电网接入系统设计审查的工作流程

(1) 项目完成可行性研究报告，取得可行性研究报告批复。

(2) 根据发电企业分类情况，应在取得相应级别电网公司的并网意见批复和发改委开展前期工作的意见后，提出接入系统设计申请。

国家电网公司系统按以下分类情况分别负责管理电厂接入系统设计审查工作：①公司总部负责管理跨区送电项目、接入西北 750kV 电网和接入特高压电网的电厂项目接入系统设计审查工作；②区域电网公司负责管理其他可能以 330kV、500kV 电压等级接入电网的电厂项目接入系统设计审查工作，根据情况可委托省级电力公司组织进行；③省级电力公司负责管理规划接入 220kV 及以下电网的电厂项目接入系统设计审查工作。

发电公司应及时委托有资质的设计单位开展电厂接入系统设计工作，签订委托设计合同，由电力设计院承担接入系统方案设计。发电企业接入系统设计包括接入系统一次和二次部分，根据具体情况，同时或分步进行。对已完成输电规划设计和评审的发电项目，发电企业接入系统设计一次部分可适当简化。电厂接入系统设计具体审查工作应委托有资质的咨询机构承担，也可采用电网公司组织、咨询机构参与的工作方式。

(3) 电力接入系统设计方案完成后，由省级电网公司呈报接入系统方案评审计划至国家电网公司 (机组上网容量超过 10MW 省级要报国家电网复核备案)。

(4) 评审计划国网公司批准后，省级电力公司组织专家对设计方案进行综合评审。审查意见由组织审查的电网公司负责印发。电厂接入系统设计 (一次部分) 审查意见应明确电厂在系统中的地位和作用，电力电量消纳方向，电厂布局对电网结构的影响，电厂接入系统的电压等级、出线方向、出线回路数等；同时根据电网安全稳定运行的需要，对电厂电气主接线、发电机组及主要电气技术参数选择等提出要求；对电厂的本期建设规模和进度提出建议。电厂接入系统设计 (二次部分) 审查意见应在已明确的接入系统一次方案的基础上，对电厂接入系统后继电保护、安全稳定控制、调度自动化、电力市场支持系统、电能计费、通信等与电网及电厂安全稳定运行密切相关的二次系统提出要求，并提出上述系统电厂端的设备配置意见。

(5) 电力接入系统设计方案专家评审通过后，由省级电力公司下发红头文件—回复函/意见书同意此设计方案。批复文件下发到市级电力公司与申报方。

(6) 省发改委项目核准完成后 (一般是接入系统方案评审完成) 到电监局备案。

电厂接入系统设计审查意见是开展电厂后续设计和接入系统工程可行性研究的基础。

电厂接入系统设计审查后，送出线路两侧间隔安排纳入电厂和变电所总体规划。电厂接入系统设计审查后，各级电网公司应加强与发电公司的沟通，跟踪电厂前期工作进度，结合电网滚动规划，对2年内尚未获得核准的电厂的接入系统设计方案进行复核，必要时商发电公司及时对电厂接入系统设计进行复核调整。

（三）注意事项

1. 可能存在的法律风险

（1）并网运行条件确认程序及要求包括发电项目接入系统审查意见，未取得接入系统审查意见将不予批准办理并网运行条件确认。

（2）根据《国家电网公司电厂接入系统前期工作管理办法》，省级电力公司负责管理规划接入220kV及以下电网的电厂项目接入系统设计审查工作；项目2年内未核准或建设规模、建设进度、外送条件、市场环境等发生重大变化，需对电网接入系统设计进行复核，必要时应重新开展接入系统设计和审查工作。项目发生上述情况未按要求向省级电力公司申请接入系统设计复核或重新审查，可能导致项目送出通道受限等颠覆性影响。

（3）建设区域存在未揭露不可预见的地质灾害。

2. 防范措施

（1）项目前期工作开展过程中，积极与电网公司保持沟通交流，确保项目送出通道完整，以保障项目顺利并网。

（2）项目规模及外送条件等边界条件发生变化时应及时与电网公司主管部门沟通协调，在必要时开展相关复核及复审工作。

（3）要求地勘单位在做前期勘测时尽量完整详细。

五、安全生产条件和设施综合分析的工作内容

（一）工作内容

海上风电项目的安全生产条件和设施的综合分析报告、安全设施设计报告一般委托有相应资质的单位进行编制、设计。

建设单位在建设项目可行性研究阶段，应对建设项目的安全生产条件和设施进行综合分析，形成书面报告备查。在初步设计阶段，应当委托有相应资质的设计单位对建设项目安全设施同时进行设计，编制安全设施设计报告。

建设项目安全设施设计应当包括下列内容①：

（1）设计依据；

（2）建设项目概述；

（3）建设项目潜在的危险、有害因素和危险、有害程度及周边环境安全分析；

（4）建筑及场地布置；

（5）重大危险源分析及检测监控；

（6）安全设施设计采取的防范措施；

（7）安全生产管理机构设置或者安全生产管理人员配备要求；

---

① 国家安全监管总局. 建设项目安全设施"三同时"监督管理办法［Z］. 2015.

（8）从业人员教育培训要求；

（9）工艺、技术和设备、设施的先进性和可靠性分析；

（10）安全设施专项投资概算；

（11）安全预评价报告中的安全对策及建议采纳情况；

（12）预期效果以及存在的问题与建议；

（13）可能出现的事故预防及应急救援措施；

（14）法律、法规、规章、标准规定需要说明的其他事项。

（二）注意事项

检查各类安全生产、工业园区建设是否满足安全生产法律法规、标准、规章、规范的要求，检查安全设施、设备、装置是否已与主体工程同时设计、同时施工、同时投入生产和使用，检查安全评价中各项安全对策措施建议的落实情况，检查安全生产管理措施是否到位，检查安全生产规章制度是否健全，检查是否建立了事故应急救援预案。

案例：（冀保涞源）安监管罚［2017］二股一004号。某新能源发电有限公司未按照规定制定生产安全事故应急预案，当地行政主管部门责令限期整改并处罚款人民币4万元。

六、军事设施保护意见的工作内容

（一）工作内容

依据《中华人民共和国军事设施保护法》（2014年修订版），划为军事管理区的军民合用港口的水域，实行军地分区管理；在地方管理的水域内需要新建非军事设施的，必须事先征得有关军事设施管理单位的同意。项目提交场区范围图、坐标点、高程及《关于征求军事意见的函》至项目当地武装部，由武装部进行情况调查，无影响出具批复文件。

如涉及军事问题需根据涉及方面与武装部及上级军区协商。未获取军事批复擅自开工导致影响军事设施将依法追究相关人员责任。

（二）注意事项

根据《军事设施保护法》和《军事保护法实施办法》的有关规定，在水域军事禁区内，禁止非军用船只进入，禁止建筑、设置非军事设施，禁止从事水产养殖、捕捞以及其他有碍军用舰船行动和安全保密的活动。在水域军事管理区内，禁止建筑、设置非军事设施，禁止从事水产养殖；从事捕捞或者其他活动，不得影响军用舰船的行动。划为军事管理区的军民合用港口的水域，实行军地分区管理；在地方管理的水域内需要新建非军事设施的，必须事先征得有关军事设施管理单位的同意。未经省级军区批准进行项目建设活动，可能发生项目处罚、停工、拆除等颠覆性影响风险。

项目前期阶段应积极同项目所在区域各军种主管部门沟通联系，了解项目建设可能存在的军事影响问题，及时按要求开展各项军事评估工作，待征得同意意见后开工建设。

七、职业病危害预评价的工作内容

对于海上风电项目，一般是建设单位委托专业的职业卫生技术服务机构实施建设项目职业病危害评价与检测工作，委托具有相关设计资质的单位承担职业病防护设施设计。根据建设项目的不同，选择甲级或者乙级资质的职业卫生技术服务机构。根据《职业卫生技术服务机构管理办法》相关规定，取得甲级资质的职业卫生技术服务机构，业务范围在全国从事职业卫生技术服务活动。取得乙级资质的职业卫生技术服务机构，可以根据认可的业务范围在其所在的省、自治区、直辖市从事职业卫生技术服务活动。生产经营的装置（设施）跨省、自治区、直辖市的用人单位，必须由取得甲级资质的职业卫生技术服务机构承担。

（一）编制职业病危害预评价报告

按照《建设项目职业病防护设施"三同时"监督管理办法》的要求，对可能产生职业病危害的建设项目，建设单位应当在建设项目可行性论证阶段进行职业病危害预评价，编制预评价报告。根据第 10 条的规定：建设项目职业病危害预评价报告应当符合职业病防治有关法律、法规、规章和标准的要求，并包括下列主要内容。

（1）建设项目概况，主要包括项目名称、建设地点、建设内容、工作制度、岗位设置及人员数量等；

（2）建设项目可能产生的职业病危害因素及其对工作场所、劳动者健康影响与危害程度的分析与评价；

（3）对建设项目拟采取的职业病防护设施和防护措施进行分析、评价，并提出对策与建议；

（4）评价结论，明确建设项目的职业病危害风险类别及拟采取的职业病防护设施和防护措施是否符合职业病防治有关法律、法规、规章和标准的要求。

《建设项目职业病防护设施"三同时"监督管理办法》中，对职业病危害预评价报告提出了要明确建设项目的职业病危害风险类别的要求。《国家安全监管总局关于公布建设项目职业病危害风险分类管理目录（2012 年版）的通知》（安监总安健〔2012〕73 号）对可能存在职业病危害的主要行业按照严重、较重和一般 3 个类别进行了指导性分类。因此，对于建设项目的职业病危害风险类别，应当在参考建设项目职业病危害分类管理目录的基础上，根据建设项目的实际情况，结合风险评价结果来合理确定该建设项目职业病危害的风险类别。

职业病危害预评价报告编制完成后，属于职业病危害一般或者较重的建设项目，其建设单位主要负责人或其指定的负责人应当组织具有职业卫生相关专业背景的中级及中级以上专业技术职称人员或者具有职业卫生相关专业背景的注册安全工程师（以下统称职业卫生专业技术人员）对职业病危害预评价报告进行评审，并形成是否符合职业病防治有关法律、法规、规章和标准要求的评审意见；属于职业病危害严重的建设项目，其建设单位主要负责人或其指定的负责人应当组织外单位职业卫生专业技术人员参加评审工作，并形成评审意见。[①]

建设单位应当按照评审意见对职业病危害预评价报告进行修改完善，并对最终的职业病危害预评价报告的真实性、客观性和合规性负责。职业病危害预评价工作过程应当形成

---

① 国家安全生产监督管理总局.建设项目职业病防护设施"三同时"监督管理办法［Z］.2017.

书面报告备查。①

（二）职业病防护设施设计

存在职业病危害的建设项目，建设单位应当在施工前按照职业病防治有关法律、法规、规章和标准的要求，进行职业病防护设施设计。

建设项目职业病防护设施设计应当包括下列内容：

（1）设计依据；

（2）建设项目概况及工程分析；

（3）职业病危害因素分析及危害程度预测；

（4）拟采取的职业病防护设施和应急救援设施的名称、规格、型号、数量、分布，并对防控性能进行分析；

（5）辅助用室及卫生设施的设置情况；

（6）对预评价报告中拟采取的职业病防护设施、防护措施及对策措施采纳情况的说明；

（7）职业病防护设施和应急救援设施投资预算明细表；

（8）职业病防护设施和应急救援设施可以达到的预期效果及评价。

职业病防护设施设计完成后，属于职业病危害一般或者较重的建设项目，其建设单位主要负责人或其指定的负责人应当组织职业卫生专业技术人员对职业病防护设施设计进行评审，并形成是否符合职业病防治有关法律、法规、规章和标准要求的评审意见；属于职业病危害严重的建设项目，其建设单位主要负责人或其指定的负责人应当组织外单位职业卫生专业技术人员参加评审工作，并形成评审意见。

建设单位应当按照评审意见对职业病防护设施设计进行修改完善，并对最终的职业病防护设施设计的真实性、客观性和合规性负责。职业病防护设施设计工作过程应当形成书面报告备查。②

（三）注意事项

1. 主要法律风险

根据《中华人民共和国职业病防治法》规定：建设单位违反本法规定，有下列行为之一的，由卫生行政部门给予警告，责令限期改正；逾期不改正的，处 10 万元以上 50 万元以下的罚款；情节严重的，责令停止产生职业病危害的作业，或者提请有关人民政府按照国务院规定的权限责令停建、关闭：（1）未按照规定进行职业病危害预评价的；（2）建设项目的职业病防护设施未按照规定与主体工程同时设计、同时施工、同时投入生产和使用的；（3）未按照规定对职业病防护设施进行职业病危害控制效果评价的。

2. 防范措施

严格按照建设项目三同时要求开展前期阶段职业病危害预评价工作，及时组织评审并上报主管部门备案或留档备查，根据各项目公司制度规定可由前期业务部门组织开展，由质量安全部门配合监督。

---

① 国家安全生产监督管理总局. 建设项目职业病防护设施"三同时"监督管理办法 ［Z］. 2017.

② 国家安全生产监督管理总局. 建设项目职业病防护设施"三同时"监督管理办法 ［Z］. 2017.

八、地震安全性评价的主要工作内容

（一）编制地震安全性评价报告

地震安全性评价一般委托具有相关资质的第三方机构进行。地震安全性评价单位对建设工程进行地震安全性评价后，应当编制该建设工程的地震安全性评价报告。

地震安全性评价报告应当包括下列内容：

（1）工程概况和地震安全性评价的技术要求；

（2）地震活动环境评价；

（3）地震地质构造评价；

（4）设防烈度或者设计地震动参数；

（5）地震地质灾害评价；

（6）其他有关技术资料。

（二）地震安全性评估报告的审定

国务院地震工作主管部门负责下列地震安全性评价报告的审定：（1）国家重大建设工程；（2）跨省、自治区、直辖市行政区域的建设工程；（3）核电站和核设施建设工程。

省、自治区、直辖市人民政府负责管理地震工作的部门或者机构负责除前款规定以外的建设工程地震安全性评价报告的审定。

自收到地震安全性评价报告之日起15日内进行审定，审定单位确定建设工程的抗震设防要求。审定单位组织有关专家对地震安全性评价报告进行评审。地震安全性评价报告评审的主要依据为国家标准《工程场地地震安全性评价》和《地震安全性评价报告编写格式》。地震安全性评价报告评审的主要内容为：技术思路和方法、现场工作量及工作深度、基础资料的完备性、分析论证的可靠性、结论的合理性等。

国务院地震工作主管部门或者省、自治区、直辖市人民政府负责管理地震工作的部门或者机构，在确定建设工程抗震设防要求后，以书面形式通知建设单位，并告知建设工程所在地的市、县人民政府负责管理地震工作的部门或者机构。

地震安全性评价报告审批流程如图7-4所示。

九、海底电缆路由调查勘测的主要工作内容

（一）海底电缆路由调查勘测的申请材料

海底电缆、管道所有者，须在为铺设所进行的路由调查、勘测实施60天前，向主管机关提出书面申请。除《路由调查、勘测申请书》外还应附具以下资料：（1）所有者上级业务主管部门批准该海底电缆、管道建设的文件；（2）调查、勘测路由的选择依据；（3）根据需要就调查、勘测路由适宜性征求其他有关部门意见的报告；（4）路由调查、勘测单位的基本情况及工程勘察、设计证书；（5）海底管道工程还应增加《铺设海底管道工程对海洋资源和环境影响报告书》的编写大纲和评价单位的资格证书；（6）污水排海管道工程还应增加《污水排海工程可行性研究报告》；（7）其他有关说明资料。

（二）海底电缆路由调查勘测通用文书版式

海底电缆路由调查勘测通用文书主要有《路由调查、勘测申请书》《路由调查、勘测

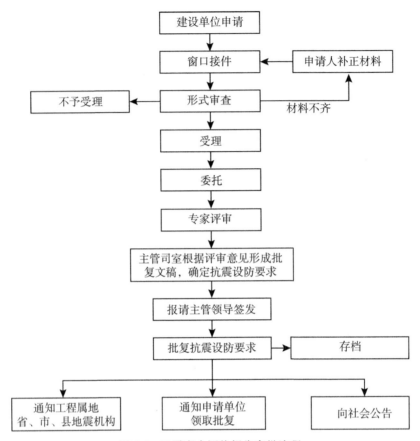

图 7-4 地震安全评价报告审批流程

报告》《铺设海底管道工程对海洋资源和环境影响报告书》等，其基本内容如下。

《路由调查、勘测申请书》应当包括以下内容：（1）所有者的名称、国籍、住所；（2）海底电缆、管道路由调查、勘测单位的名称、国籍、住所及主要负责人；（3）海底电缆、管道路由调查、勘测的精确地理区域；（4）海底电缆、管道路由调查、勘测的时间、内容、方法和设备，包括所用船舶的船名、国籍、吨位及其主要装备和性能。

《路由调查、勘测报告》应包括以下内容：（1）调查概况；（2）路由海区的气象与水文动力状况；（3）路由海区的工程地质条件；（4）与该海底电缆、管道工程建设和维护有关的其他海洋开发活动和海底设施；（5）有关政府机构在路由海区的开发利用规划；（6）路由条件的综合评价及其结论；（7）有关图件及其他调查资料。

《铺设海底管道工程对海洋资源和环境影响报告书》的内容应包括：（1）海底管道途经海域海洋资源和环境的状况；（2）海底管道海上铺设施工作业阶段及其正常使用阶段对周围海域海洋资源和生态环境及其他海洋开发利用活动影响的综合评价及对上述影响的解决方法；（3）海底管道事故状态对海洋资源和环境产生影响的评价及其应急措施。

（三）海底电缆路由调查勘测的审批流程

我国内水、领海范围内的海底电缆管道铺设路由调查勘测、铺设施工申请由所在海区分局直接受理，海区分局依据《铺设海底电缆管道管理规定》和《铺设海底电缆管道管理规定实施办法》等进行办理。审查过程中，应当征求海底电缆管道所在地省级海洋行政主管部门的意见，必要时还应当征求其他有关部门的意见。铺设施工审批前，海底电缆管道所有者应依法取得环境影响评价和海域使用批准文件。具体审批流程如下。

1. 接收报件和受理

申请人报送的海底电缆管道路由调查勘测申请材料齐全、符合形式要求的，政务大厅应当作出予以接件的决定；申请材料不全需补充修改的或不符合形式要求的，应向申请人下达补正告知书，一次性告知申请人补正全部材料。接收材料后，经审查申请事项属于本部门职权范围，申请材料齐全，符合法定形式的，应当受理行政许可。

2. 审批

路由调查、勘测报告评审由调查单位的上级业务主管部门与路由调查、勘测的委托单位共同组织，邀请主管机关和有关专家参加，成立评审组。最终由专家组提出书面意见。在收到所有者提交的路由调查、勘测报告和成果评审书后，主管机关应主持召开路由审查会议，邀请有关专家和路由区有开发利用活动的部门（包括军事机关）参加。最后根据初审、专家评审及有关部门意见等情况进行综合审查，作出是否批准路由调查勘测的决定。

审批流程如图7-5所示。

十、水土保持方案法律手续的基本工作内容

（一）水土保持方案的编制

根据《水利部关于进一步深化"放管服"改革全面加强水土保持监管的意见》（水保〔2019〕160号）文件的规定，征占地面积在5公顷以上或者挖填土石方总量在50000m³以上的生产建设项目（以下简称项目）应当编制水土保持方案报告书，征占地面积在0.5公顷以上5公顷以下或者挖填土石方总量在1000m³以上50000m³以下的项目编制水土保持方案报告表。征占地面积不足0.5公顷且挖填土石方总量不足1000m³的项目，不再办理水土保持方案审批手续，生产建设单位和个人依法做好水土流失防治工作。

针对一个海上风电项目的陆上升压站和综合楼的征地面积不会达到5公顷以上，所以针对陆上升压站和综合楼一般编制水土保持方案报告表即可，如果征占地面积不足0.5公顷且挖填土石方总量不足1000m³，不再办理水土保持方案审批手续。

水土保持方案报告表，一般委托第三方编写，需要认真筛选第三方机构的资质和水平。根据《水利部办公厅关于进一步规范生产建设项目水土保持方案编制单位和监测单位水平评价工作的意见》（办水保函〔2015〕1672号）和《关于开展生产建设项目水土保持方案编制单位水平评价工作的通知》（中水会字〔2016〕第010号）规定，中国水土保持学会对原持有"生产建设项目水土保持方案编制资格证书"且自愿申请水土保持方案编制单位水平评价的1558家单位进行了水平评价，并统一换发生产建设项目水土保持方案编制单位水平评价证书，其中四星131家、三星694家、二星733家。

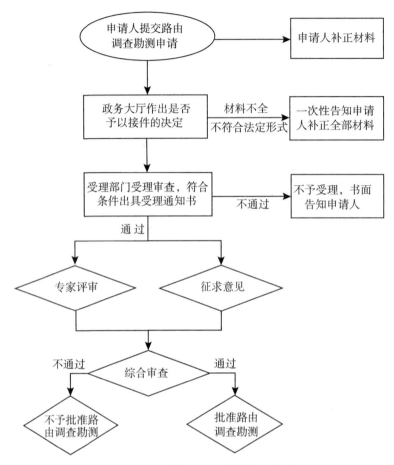

图 7-5　海底电缆路由调查勘测审批流程图

（二）水土保持方案的报送及其审批

根据《水利部关于进一步深化"放管服"改革全面加强水土保持监管的意见》（水保〔2019〕160 号）规定：水土保持方案报告书和报告表应当在项目开工前报水行政主管部门（或者地方人民政府确定的其他水土保持方案审批部门，以下简称其他审批部门）审批，其中对水土保持方案报告表实行承诺制管理。按照承诺制管理的水土保持方案，实行即来即办、现场办结。

水土保持方案报告表由开发建设项目所在地县级水行政主管部门审批。

适用备案情形的水土保持方案，也就是水土保持方案报告表审批流程。

（1）自行送审。水土保持方案报告表实行承诺制管理，由生产建设单位从省级水行政主管部门水土保持方案专家库中自行选取一名专家签署是否同意意见审批部门不再组织技术评审。

（2）受理及批复。建设单位将资料上报水务主管部门，提交审批申请和相关材料，包括生产建设项目水土保持方案报告表及专家意见等。审批部门进行审核、做出行政许可决定、拟文、签批并印发批文。

　　根据水利部《关于进一步加强生产建设项目水土保持方案技术评审工作的通知》（办水保〔2016〕123 号）文件，文件中明确了 10 条水土保持方案通过评审的条件，未达到下列条件之一的方案，不予通过评审：①符合水土保持法律法规及有关文件规定；②符合水土保持技术标准、规范和规程要求；③水土保持方案的格式和内容满足示范文本要求；④生产建设项目选线选址符合水土保持相关规定；⑤水土流失防治目标、责任范围合理；⑥弃渣专门存放地选址合理、位置明确、堆置方案可行；⑦表土资源保护措施和利用方向合理；⑧水土保持措施体系完整有效，措施等级、标准明确；⑨水土保持监测任务、内容、方法和点位合理；⑩水土保持施工组织（工艺）和进度安排合理。

第八章 海上风电项目建设阶段法律手续实务

海上风电项目建设阶段是指项目核准至竣工验收之间的阶段。项目建设阶段具体可以细分为施工准备、主体工程施工、工程启动验收、工程移交生产验收等。其中，施工准备环节的法律手续主要有海域使用权手续办理、建设工程规划许可手续办理、水上水下活动许可手续办理等；主体工程施工环节涉及的行政管理监督及其法律手续主要有质量监督、消防设计审查、防雷设计审核、职业病危害因素监测、海底电缆管道铺设施工许可、航道安全检查和环保监测等。随着工程进度，最后进行工程启动验收和工程移交生产验收。这一阶段的法律手续流程如图 8-1 所示。

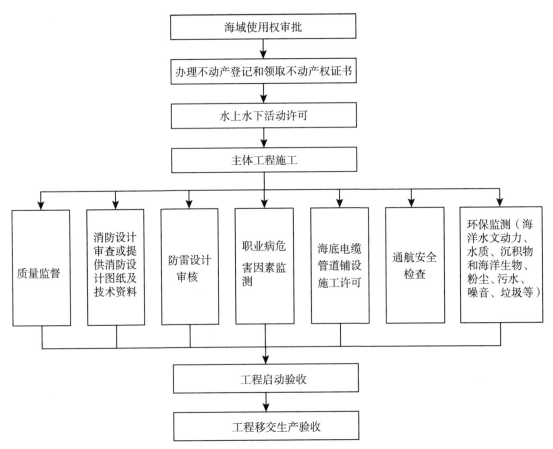

图 8-1 海上风电项目建设阶段法律手续流程图

第一节　海上风电项目建设阶段各项法律手续及其依据

一、海域使用权审批及不动产权登记

（一）相关概念界定

根据《中华人民共和国海域使用管理法》（以下简称《海域使用管理法》）规定：海域属于国家所有，国务院代表国家行使海域所有权。任何单位或者个人不得侵占、买卖或者以其他形式非法转让海域。单位和个人使用海域，必须依法取得海域使用权。

项目建设单位提交使用海域申请材料，海域使用申请经批准后，由审核机关作出项目用海批复，海域使用申请人应当按项目用海批复要求办理海域使用权登记，领取海域使用权证书。自 2015 年 3 月 1 日后，开发企业获得海域使用权，不再按照《海域使用管理法》的规定向国家海洋局或地方人民政府申请登记，也不再颁发海域使用权证书，而是应当持项目用海批复文件等材料向当地不动产登记机构申请不动产登记，领取不动产权证书。

（二）法律依据

主要的法律依据是《中华人民共和国海域使用管理法》，办理过程中依据国务院办公厅《关于沿海省、自治区、直辖市审批项目用海有关问题的通知》（国办发〔2002〕36号）、国务院关于国土资源部《报国务院批准的项目用海审批办法》的批复（国函〔2003〕44号）、《海域使用权管理规定》（国海发〔2006〕27号）、《海域使用权登记办法》（国海发〔2006〕28号）。

（三）办理不动产登记和领取不动产权证书

《不动产登记暂行条例》（国务院令第 656 号）第 2 条明确规定："本条例所称不动产登记，是指不动产登记机构依法将不动产权利归属和其他法定事项记载于不动产登记簿的行为。本条例所称不动产，是指土地、海域以及房屋、林木等定着物。"

2015 年 3 月 1 日，《不动产登记暂行条例》（国务院令第 656 号）正式实施后，我国的各类不动产不再由不同主管部门分头登记，分别发证，而是统一由不动产登记机构登记，统一颁发不动产权证书，证书内标明不同的物权类型。因此，自 2015 年 3 月 1 日后，开发企业获得海域使用权，也不再按照《海域使用管理法》的规定向国家海洋局或地方人民政府申请登记，也不再颁发海域使用权证书，而是应当持项目用海批复文件等材料向当地不动产登记机构申请不动产登记，领取不动产权证书。我国实行海域有偿使用制度。开发企业在办理海域使用权不动产登记之前，应当按规定缴纳海域使用金，并在办理登记时提交海域使用金缴纳凭证或减免凭证。

二、建设工程规划许可

（一）相关概念界定

根据《中华人民共和国城乡规划法》（2019 年 4 月 23 日第二次修正）第 40 条的规定：在城市、镇规划区内进行建筑物、构筑物、道路、管线和其他工程建设的，建设单位或者个人应当向城市、县人民政府城乡规划主管部门或者省、自治区、直辖市人民政府确

定的镇人民政府申请办理建设工程规划许可证。申请办理建设工程规划许可证，应当提交使用土地的有关证明文件、建设工程设计方案等材料。需要建设单位编制修建性详细规划的建设项目，还应当提交修建性详细规划。对符合控制性详细规划和规划条件的，由城市、县人民政府城乡规划主管部门或者省、自治区、直辖市人民政府确定的镇人民政府核发建设工程规划许可证。

（二）法律依据

《中华人民共和国城乡规划法》以及各地方的《城乡规划管理条例》。

三、水上水下活动许可

（一）相关概念界定

《中华人民共和国水上水下活动通航安全管理规定》（中华人民共和国交通运输部令2019年第2号）第2条规定，公民、法人或者其他组织在中华人民共和国管辖水域从事可能影响通航安全的水上水下作业或者活动，简称水上水下活动。

根据《中华人民共和国海上交通安全法》和《中华人民共和国水上水下活动通航安全管理规定》（中华人民共和国交通运输部令2019年第2号）的有关规定，在管辖海域进行调查、勘探、开采、测量、建筑、疏浚（航道养护疏浚除外）、爆破、打捞沉船沉物、拖带、捕捞、养殖、科学试验和其他水上水下施工，应当经海事管理机构批准。

从事需经批准的水上水下活动的建设单位、主办单位或者施工单位，应当具备《中华人民共和国海事行政许可条件规定》规定的相应条件，向活动地的海事管理机构提出申请并报送相应的材料。在取得海事管理机构颁发的《中华人民共和国水上水下活动许可证》（以下简称许可证）后，方可进行相应的水上水下活动。

（二）法律依据

水上水下活动许可主要的法律依据是《中华人民共和国海上交通安全法》和《中华人民共和国水上水下活动通航安全管理规定》（中华人民共和国交通运输部令2019年第2号），在办理的过程中要根据《中华人民共和国海事行政许可条件规定》来进行申请办理。

四、质量监督

（一）相关概念界定

根据《建设工程质量管理条例（2019修订）》第13条的规定："建设单位在开工前，应当按照国家有关规定办理工程质量监督手续，工程质量监督手续可以与施工许可证或者开工报告合并办理。"电力工程项目法人单位（建设单位）在工程开工前，必须按要求到相应的质监机构办理质量监督注册手续。通过质监机构监督检查的电力工程项目，方可并入电网。

全国电力建设工程质量由国家能源局依法依规实施统一监督管理。为了进一步完善电力工程质量监督管理体系，规范监督行为，国家能源局2014年和2018年先后发布了《国家能源局关于加强电力工程质量监督工作的通知》（国能安全〔2014〕206号）和《国家能源局关于印发进一步加强电力建设工程质量监督管理工作意见的通知》（国能发安全

〔2018〕2号），明确对电力建设工程质量监督有管理职责和权限的行政部门有国家能源局各派出能源监管机构、可靠性和质监中心、地方各级政府电力管理部门。

（二）法律依据

电力工程质量监督的主要法律依据是《建设工程质量管理条例》和《电力建设工程施工安全监督管理办法》（中华人民共和国国家发展和改革委员会令第28号），相关的政策依据是《国家能源局关于加强电力工程质量监督工作的通知》（国能安全〔2014〕206号），《国家能源局关于印发进一步加强电力建设工程质量监督管理工作意见的通知》（国能发安全〔2018〕2号），具体办理电力工程质量监督法律手续的依据是《电力工程质量监督实施管理程序（试行）》，能源部门对电力工程质量监督的依据是国家能源局发布的《电力工程质量监督大纲》。

五、消防设计审查或提供消防设计图纸及技术资料

（一）相关概念界定

2020年4月4日，中华人民共和国住房和城乡建设部发布了《建设工程消防设计审查验收管理暂行规定》（住建部令第51号），于2020年6月1日正式实施。《建设工程消防设计审查验收管理暂行规定》的出台，主要意义在于职能划转后的法规匹配，并完善一些管理的细节，把建设工程各参建单位责任予以明确。其前身是《建设工程消防监督管理规定》（公安部令第106号）和《公安部关于修改〈建设工程消防监督管理规定〉的决定》（公安部令第119号）。为贯彻落实国务院机构改革要求，根据新修改的消防法，将建设工程消防设计审查和验收工作主体由公安消防部门调整为住房和城乡建设主管部门。

《建设工程消防设计审查验收管理暂行规定》指出，单机容量300MW及以上或总装机容量600MW及以上的发电项目属于特殊建设工程，应该实行消防设计审查制度。建设单位应当向消防设计审查验收主管部门申请消防设计审查，消防设计审查验收主管部门依法对审查的结果负责。未经消防设计审查或者审查不合格的，建设单位、施工单位不得施工。

如果该新能源项目未达到单机容量300MW及以上或总装机容量600MW及以上，则不属于特殊建设工程。建设单位申请施工许可或者申请批准开工报告时，提供满足施工需要的消防设计图纸及技术资料即可。未提供满足施工需要的消防设计图纸及技术资料的，有关部门不发放施工许可证或者批准开工报告。

（二）法律依据

消防设计备案或审查的法律依据主要包括《中华人民共和国消防法》《建设工程消防设计审查验收管理暂行规定》（2020年住建部令第51号）、《建设工程消防设计审查验收工作细则》，此外还包括国家工程建设消防技术标准强制要求、各省出台的配套消防法规等。中华人民共和国住房和城乡建设部《建设工程消防设计审查验收工作细则》（建科规〔2020〕5号）对建设工程消防设计审查验收工作的流程、所需材料、审核内容与标准等作了进一步的细化。

六、防雷设计审核

（一）相关概念界定

防雷设计审核是指符合《防雷装置设计审核和竣工验收规定》适用范围的建（构）筑物的防雷装置应当经过设计审核和竣工验收，防雷装置设计未经审核同意的，不得交付施工；防雷装置竣工未经验收合格的，不得投入使用。

国务院在 2016 年 6 月 24 日发布了《国务院关于优化建设工程防雷许可的决定》（国发〔2016〕39 号），该文件中整合了部分建设工程防雷许可，其中"公路、水路、铁路、民航、水利、电力、核电、通信等专业建设工程的防雷管理，由各专业部门负责"。紧接着，中国气象局等 11 部委发布了《关于贯彻落实国务院关于优化建设工程防雷许可决定的通知》（气发〔2016〕79 号）文件，文件中明确规定："公路、水路、铁路、民航、水利、电力、核电、通信等专业建设工程的防雷管理，由各专业部门负责，气象部门不再承担相应防雷装置设计审核、竣工验收行政许可和监管工作。"

2017 年《国务院关于修改部分行政法规的决定》（中华人民共和国国务院令第 687 号）对于《气象灾害防御条例》进行了部分修改，将《气象灾害防御条例》第 23 条修改为："各类建（构）筑物、场所和设施安装雷电防护装置应当符合国家有关防雷标准的规定。新建、改建、扩建建（构）筑物、场所和设施的雷电防护装置应当与主体工程同时设计、同时施工、同时投入使用。新建、改建、扩建建设工程雷电防护装置的设计、施工，可以由取得相应建设、公路、水路、铁路、民航、水利、电力、核电、通信等专业工程设计、施工资质的单位承担。"

（二）法律依据

防雷设计审核的法律依据主要是《中华人民共和国气象法》《气象灾害防御条例》等法规，防雷设计审核的法律手续主要以《防雷装置设计审核和竣工验收规定》为依据，该政策文件对规范防雷装置设计审核和竣工验收工作的负责机构、审核程序等都做了明确的规定。

七、职业病危害因素监测

（一）相关概念界定

《用人单位职业病危害因素定期检测管理规范》第 3 条第 2 款指出：职业病危害因素是指《职业病危害因素分类目录》中所列危害因素以及国家职业卫生标准中有职业接触限值及检测方法的危害因素。关于职业病危害因素定期检测的要求，《中华人民共和国职业病防治法》及《工作场所职业卫生监督管理规定》中早有相关规定。

根据《中华人民共和国职业病防治法》第 26 条规定，职业病危害因素监测是指用人单位应当按照国务院安全生产监督管理部门的规定，定期对工作场所进行职业病危害因素检测、评价。检测、评价结果存入用人单位职业卫生档案，定期向所在地安全生产监督管理部门报告并向劳动者公布。《工作场所职业卫生监督管理规定》第 20 条进一步把定期检测的时间频度要求明确为"每年至少进行一次"。职业病危害因素检测、评价由依法设立的取得国务院安全生产监督管理部门或者设区的市级以上地方人民政府安全生产监督管理部门按照职责分工给予资质认可的职业卫生技术服务机构进行。

《用人单位职业病危害因素定期检测管理规范》第 14 条第 2 款规定：在收到定期检测报告后 1 个月之内，用人单位应当将定期检测结果向所在地安全生产监督管理部门报告。

（二）法律依据

职业病危害因素监测主要以国家安全监管总局办公厅印发的《用人单位职业病危害因素定期检测管理规范》（安监总厅安健〔2015〕16 号）为依据，该规范对产生职业病危害的用人单位对其工作场所进行职业病危害因素定期检测及其管理进行了明确的说明。该规范未规定的其他有关事项，依照 2018 年 12 月 29 日第十三届全国人民代表大会常务委员会第七次会议修订的《中华人民共和国职业病防治法》和其他有关法律法规规章及职业卫生标准的规定执行。

八、环保监测

（一）相关概念界定

根据《环境保护法》及《海洋环境保护法》等相关法律法规及有关规范的规定，环保监测是指海上风电项目主体工程施工期间要对海洋环境进行跟踪检测（海洋水文动力、水质、沉积物和海洋生物等），以及对粉尘、污水、噪音、垃圾、光污染进行监测。

（二）法律依据

环保监测的主要依据是国家海洋局于 2002 年 4 月颁布的《建设项目海洋环境影响跟踪监测技术规程》、2014 年 4 月 24 日第十二届全国人民代表大会常务委员会第八次会议修订的《环境保护法》以及 2017 年 11 月 4 日第十二届全国人民代表大会常务委员会第三十次会议修正的《海洋环境保护法》，此外还包括《中华人民共和国环境噪声污染防治法》《中华人民共和国水污染防治法》《中华人民共和国大气污染防治法》《中华人民共和国土壤污染防治法》《中华人民共和国固体废物污染环境防治法》等。

九、海底电缆管道铺设施工许可

（一）相关概念界定

根据《铺设海底电缆管道管理规定》的规定，中国的企业、事业单位铺设海底电缆、管道，以及为铺设所进行的路由调查、勘测等活动，需要经其上级业务主管部门审批同意后方可进行。

海底电缆、管道所有者（以下简称所有者），须在为铺设所进行的路由调查、勘测实施 60 天前，主向管机关提出书面申请；海底电缆、管道路由调查、勘测完成后，所有者应当在计划铺设施工 60 天前，将最后确定的海底电缆、管道路由报主管机关审批，铺设施工审批前，海底电缆管道所有者应依法取得环境影响评价和海域使用批准文件；铺设施工完毕后，所有者应当将海底电缆、管道的路线图、位置表等说明资料报送主管机关备案，并抄送港监机关。

属于建设项目配套设施且长度小于 2km 的海底电缆管道，可暂时不单独办理路由调查勘测、铺设施工审批手续，但铺设施工前应依法取得环境影响评价和海域使用批准文件。

（二）法律依据

《中华人民共和国领海及毗连区法》《中华人民共和国专属经济区和大陆架法》《铺设海底电缆管道管理规定》《铺设海底电缆管道管理规定实施办法》（国家海洋局令第 3 号）《国家海洋局关于铺设海底电缆管道管理有关事项的通知》（国海规范〔2017〕8 号）。

十、通航安全检查

（一）相关概念界定

根据《中华人民共和国水上水下活动通航安全管理规定》第 22 条至 26 条的规定，水上水下活动完成后，建设单位或者主办单位应当及时清除水上水下活动过程中产生的碍航物，不得遗留任何有碍航行和作业安全的隐患。在碍航物未清除前，必须设置规定的标志、显示信号，并将碍航物的名称、形状、尺寸、位置和深度准确地报告海事管理机构。当在工程涉及通航安全的部分完工后或者工程竣工后，将工程有关通航安全的技术参数报海事管理机构备案。海事管理机构应当建立现场监督检查制度，依法检查建设单位或主办单位所属船舶、设施、人员水上通航安全作业条件、采取的通航安全保障措施落实情况，将安全核查的内容则作为海事日常监管工作。有关单位和人员应当予以配合。对于检查不合格的施工单位，海事管理机构将视其严重性予以责令改正或停止作业。

（二）法律依据

通航安全检查主要以 2019 年新修订的《中华人民共和国水上水下活动通航安全管理规定》（中华人民共和国交通运输部令 2019 年第 2 号）为依据，该规定对水上水下活动施工过程中的日常安全监管工作、监管单位、监管标准等问题进行了详细的说明。

十一、工程启动验收

（一）相关概念界定

工程启动验收是指具备工程启动验收条件后，施工单位应及时向建设单位提出验收申请。

《风力发电工程施工及验收规范》中明确说明，风力发电工程启动验收可分为单台机组启动调试试运行验收和整套启动试运行验收。单台机组启动调试试运行工作结束后，应及时组织单台机组启动调试试运行验收。本期工程最后一台风力发电机组调试试运行验收结束后，应及时组织工程整套启动试运行验收，当风力发电机组数量较多时可分批次进行。验收通过，签发《工程启动验收鉴定书》。

（二）法律依据

工程启动验收主要以中华人民共和国住房和城乡建设部公告第 1004 号《风力发电工程施工与验收规范》（编号 GB/T 51121—2015）和中华人民共和国国家发展和改革委员会于 2004 年 3 月 9 日发布的《风力发电场项目建设工程验收规程》（DL/T 5191—2004）为依据，对工程启动验收工作的验收依据、组织机构、验收流程、验收内容、验收条件等内容进行了详细的说明。

十二、工程移交生产验收

（一）相关概念界定

工程移交生产验收是指工程启动完成并具备工程试运和移交生产验收条件后，施工单位应及时向建设单位提出工程试运和移交生产验收申请。验收完成后，签署《工程移交生产验收鉴定书》。

（二）法律依据

工程试运和移交生产验收法律手续主要以中华人民共和国住房和城乡建设部公告第1004号《风力发电工程施工与验收规范》（编号 GB/T 51121—2015）和中华人民共和国国家发展和改革委员会于2004年3月9日发布的《风力发电场项目建设工程验收规程》（DL/T 5191—2004）为依据。

第二节　海上风电项目建设阶段各项法律手续工作内容

一、海域使用权审批及不动产权登记的工作内容

（一）提交海域使用权审批申请材料

提交材料：（1）海域使用申请书（一式五份）。（2）申请海域的坐标图（包括项目宗海图和位置图）。（3）资信等相关证明材料。申请人为个人的需要提交申请人的身份证复印件，申请人为单位的需要提交法定代表人身份证复印件和营业执照复印件、资金证明等。（4）国家级保护区内开发项目提交保护区管理部门的许可文件。（5）存在利益相关者的，应当提交解决方案或协议。

（二）确定受理部门

受理海域使用申请的海洋行政主管部门为受理机关；有审批权人民政府的海洋行政主管部门为审核机关；受理机关和审核机关之间的各级海洋行政主管部门为审查机关。

根据《海域使用管理法》的有关规定，海域使用权由人民政府分级审批，下列项目用海，应当报国务院审批：（1）填海50公顷以上的项目用海；（2）围海100公顷以上的项目用海；（3）不改变海域自然属性的用海700公顷以上的项目用海；（4）国家重大建设项目用海；（5）国务院规定的其他项目用海。规定以外的项目用海的审批权限，由国务院授权省、自治区、直辖市人民政府规定。

《海域使用权管理规定》（2007年1月1日）进一步规定，海上风电开发建设项目中，以下类型项目由国家海洋局直接受理：（1）由国务院或者国务院投资主管部门审批、核准的项目；（2）省、自治区、直辖市管理海域以外或跨省、自治区、直辖市管理海域的项目；（3）国家级保护区内的开发项目及核心区用海。规定以外的，由县级海洋行政主管部门受理。跨管理海域的，由共同的上一级海洋行政主管部门受理。

（三）受理部门审查报送

受理机关收到申请材料后，组织现场调查和权属核查，并对下列事项进行审查：（1）项目用海是否符合海洋功能区划；（2）申请海域是否设置海域使用权；（3）申请海域的

界址、面积是否清楚。

必要时受理机关应当对项目用海内容进行公示。符合条件需要报送的，在收到申请材料之日起 10 日内提出初审意见，并将初审意见和申请材料报送审查机关；符合条件不需要报送的，受理机关依法进行审核。不符合条件的，依法告知申请人。

（四）审查机关审查

审查机关在收到受理机关报送的申请材料后 10 日内，对下列事项进行审查后，提出审查意见报送上级审查机关或审核机关：（1）项目用海是否符合海洋功能区划；（2）申请海域是否计划设置其他海域使用权；（3）申请海域是否存在管辖异议。

（五）审核机关审查

审核机关对报送材料初步审查后，通知申请人开展海域使用论证、提交相关材料；收到论证报告后，组织专家评审；必要时征求同级有关部门的意见。

审核机关对下列事项进行审查：

（1）申请、受理和审查是否符合规定程序和要求；

（2）是否符合海洋功能区划和相关规划；

（3）是否符合国家有关产业政策；

（4）是否影响国防安全和海上交通安全；

（5）申请海域是否计划设置其他海域使用权；

（6）申请海域是否存在管辖异议；

（7）海域使用论证结论是否切实可行；

（8）申请海域界址、面积是否清楚，有无权属争议；

对符合条件的，提请同级人民政府批准；不符合条件的，依法告知申请人。

（六）审核机关批复

海域使用申请经批准后，由审核机关作出项目用海批复，内容包括：

（1）批准使用海域的面积、位置、用途和期限；

（2）海域使用金征收金额、缴纳方式、地点和期限；

（3）办理海域使用权登记和领取海域使用权证书的地点和期限；

（4）逾期的法律后果；

（5）海域使用要求；

（6）其他有关的内容。

海上风电项目用海经有批准权的人民政府批准后，由负责审核的海洋行政主管部门负责办理项目用海批复文件，主送海域使用申请人，抄送有关人民政府及海洋行政主管部门。其中，国家海洋行政主管部门受理的项目用海，由其征求项目所在地省级人民政府的意见；县级以上海洋行政主管部门受理并报国务院审批的项目用海，经审核报省级人民政府同意后，报至国家海洋行政主管部门。

海域使用权人不得擅自改变经批准的海域用途；确需改变的，应当以拟改变的海域用途按审批权限重新申请报批。《中华人民共和国海域使用管理法》规定，海域使用权期限届满，海域使用权人需要继续使用海域的，应当至迟于期限届满前 2 个月向原批准用海的人民政府申请续期。除根据公共利益或者国家安全需要收回海域使用权的外，原批准用海的人民政府应当批准续期。准予续期的，海域使用权人应当依法缴纳续期的海域使用金。

审批流程如图 8-2 所示：

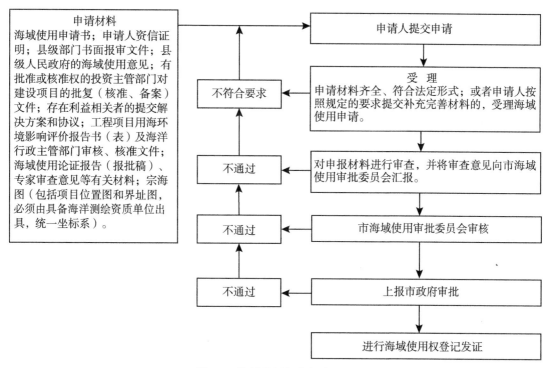

图 8-2　海域使用权审批流程图

（七）办理不动产登记和领取不动产权证书

1. 办理不动产登记和领取不动产权证书申请材料

申报办理不动产权登记证需向法定机关报送：

（1）不动产登记申请书；

（2）申请者为单位的，提供组织机构代码、营业执照副本、法人身份证；

（3）委托他人办理的，授权委托书及受委托人的身份证（审原件留复印件）；

（4）有批准权的人民政府批准用地的文件等土地权属来源材料或不动产权属证书（原件）；

（5）建设工程符合规划的材料（审原件留复印件）；

（6）建设工程已竣工的材料（审原件留复印件）；

（7）相关税费完税凭证（审原件留复印件）；

（8）登记询问笔录；

（9）权籍调查表、宗地图、房屋平面图、宗地界址坐标、房屋测绘报告等；

（10）其他必要材料。

2. 办理不动产登记和领取不动产权证书办理流程

（1）受理（初审）：1 个工作日内完成；

（2）审查：5个工作日内完成；

（3）决定、办结：4个工作日内完成。

（4）法定时限：30个工作日，承诺时限：自受理通知书签发日起10个工作日（该时限不包括涉及重大利益关系需履行法定陈述、申辩、公告、听证程序及转报上级批准的时间）。

（八）注意事项

根据《海域使用管理法》，未经批准或者骗取批准，非法占用海域的，责令退还非法占用的海域，恢复海域原状，没收违法所得，并处非法占用海域期间内该海域面积应缴纳的海域使用金5倍以上15倍以下的罚款；对未经批准或者骗取批准，进行围海、填海活动的，并处非法占用海域期间内该海域面积应缴纳的海域使用金10倍以上20倍以下的罚款。

案例：F公司于2014年5月在三宝乡大泉子村十三户屯东1km处，未经国土资源行政主管部门批准，擅自占用土地9537m²，属于违法占地。被宾县国土资源局于2017年1月4日处罚款95370元。此公司未经批准，擅占土地，受到了与土地相关的处罚。需要注意的是，新能源行业发展速度快，项目建设周期较短，而建设用地相关审批层级多、周期长，土地相关手续的办理滞后于项目建设的进度，因而导致土地相关处罚的出现。同理，在海域使用权的审批上，也应该注意此方面的风险。

二、建设工程规划许可手续的工作内容

（一）建筑工程类的申请材料

（1）《建设工程规划许可证》申请表1份，并加盖申请人印章；

（2）有关计划批准文件、设计条件或规划方案审批意见；

（3）土地使用权属证件及附图；

（4）1/500或1/1000地形图；

（5）符合出图标准并加盖建筑设计单位设计出图章的1/500或1/1000总平面设计图两份；

（6）相关单位部门审核意见；

（7）日照分析文件一份（可选）；

（8）规划部门要求提供的其他材料；

（9）涉及拆迁的，应附送拆迁文件。

（二）申请建设工程规划许可证的一般程序

（1）凡在城市规划区内新建、扩建和改建建筑物、构筑物、道路、管线和其他工程设施的单位与个人，必须持有关批准文件向城市规划行政主管部门提出建设申请；

（2）城市规划行政主管部门根据城市规划提出建设工程规划设计要求；

（3）城市规划行政主管部门征求并综合协调有关行政主管部门对建设工程设计方案的意见，审定建设工程初步设计方案；

（4）城市规划行政主管部门审核建设单位或个人提供的工程施工图后，核发建设工程规划许可证。

建设工程规划许可证所包括的附图和附件，按照建筑物、构筑物、道路、管线以及个人建房等不同要求，由发证单位根据法律、法规规定和实际情况制定。附图和附件是建设工程规划许可证的配套证件，具有同等法律效力。

（三）审批机关及审批流程

建设工程规划许可证，设市城市由市人民政府城市规划行政主管部门核发；县人民政府所在地镇和其他建制镇，由县人民政府城市规划行政主管部门核发。

审批流程如图 8-3 所示。

三、水上水下活动行政许可手续的工作内容

水上水下活动行政许可向活动地的海事管理机构提出申请并报送相应的材料。水上水下活动水域涉及两个以上海事管理机构的，许可证的申请应当向其共同的上一级海事管理机构或者共同的上一级海事管理机构指定的海事管理机构提出。

（一）申请材料

（1）《中华人民共和国水上水下活动通航安全审核申请书》；（2）项目立项、初步设计、港口岸线使用（或者交通运输部关于使用岸线的意见）等批准文件及其复印件或相关主管部门对项目实施的批准文件及其复印件（需办理批准手续的项目）；（3）与通航安全有关的技术资料及施工作业图纸（施工简图）；（4）通航安全保障方案；（5）与水上水下活动有关的合同或协议书及其复印件（建设、施工单位为同一单位时除外）；（6）施工作业单位的资质认证文书及其复印件（施工作业时）；（7）参与施工作业（活动）的船舶清单；（8）委托证明及委托人和被委托人身份证明及其复印件（委托时）。

（二）通航水域水上水下活动许可的条件

（1）水上水下活动已依法办理了其他相关手续；

（2）水上水下活动的单位、人员、船舶、设施符合安全航行、停泊和作业的要求；

（3）已制定水上水下活动的方案，包括起止时间、地点和范围、进度安排等；

（4）对安全和防污染有重大影响的，已通过通航安全评估；

（5）已建立安全、防污染的责任制，并已制定符合水上交通安全和防污染要求的保障措施和应急预案。

（三）许可证的时效和注意事项

许可证注明了允许从事水上水下活动的单位名称、船名、时间、水域、活动内容、有效期等事项。许可证有效期届满不能结束水上水下活动的，建设单位、主办单位或者施工单位应当于许可证有效期届满 15 日前向海事管理机构申请办理延期手续，由海事管理机构在原许可证上签注延期期限后方能继续从事相应活动。许可证有效期最长不得超过 3 年。许可证上注明的船舶在水上水下活动期间发生变更的，建设单位或者主办单位应当及时到作出许可决定的海事管理机构办理变更手续。在变更手续未办妥前，变更的船舶不得从事相应的水上水下活动。许可证上注明的实施施工作业的单位、活动内容、水域发生变更的，建设单位或者主办单位应当重新申请许可证。

审批流程如图 8-4 所示。

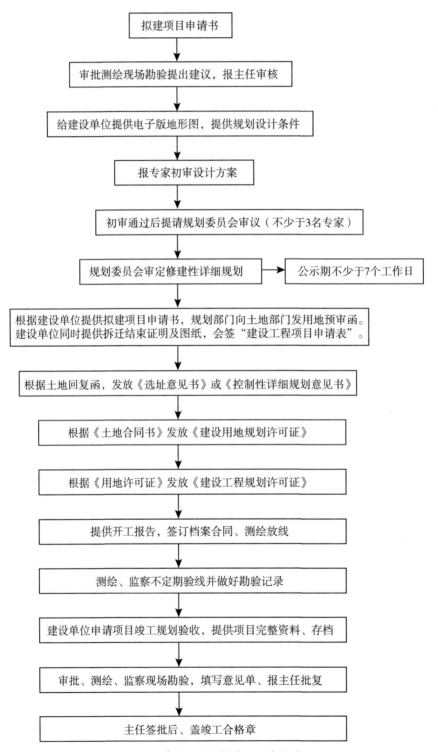

图 8-3 建设工程规划许可证审批流程

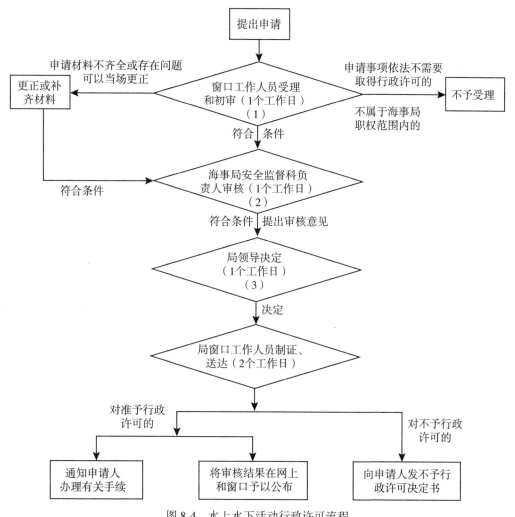

图 8-4　水上水下活动行政许可流程

四、质量监督的工作内容

在工程项目建设实施过程中，应根据计划安排，由各质监机构组织，对工程项目实行阶段性监督检查、专项检查和定期巡视检查。各阶段（专项、巡视）监督检查应按照《电力工程质量监督检查大纲》要求，采用现场抽查验证的方式进行。

（一）阶段性监督检查

工程质量监督检查的阶段划分，应按照《电力工程质量监督检查大纲》的规定执行。

1. 监督申请

项目法人单位（建设单位）应按照《电力工程质量监督检查计划书》的阶段安排，在工程进度接近阶段检查要求的工程转序节点时，提前 10 个工作日，以书面形式（或电子邮件）向质监机构申请本阶段的质量监督检查，并填报《电力工程质量监督检查申请书》，格式如表 8-1 所示。

表 8-1　　　　　　　　　　　电力工程质量监督检查申请书

工程名称			注册登记号	
监检阶段			是否已验收	
申请单位			申请时间	
联系人		职务	手机	
电子邮箱		电话	传真	
本阶段待检情况简介				

项目法人单位（建设单位）在提出申请时，应按要求提供本阶段工程质量验收汇总表，进行启动前监督检查时，还需另附启动验收委员会验收组验收报告。

2. 监督检查通知

质监机构应在接到阶段质量监督检查申请后 3 个工作日内，以书面形式通知项目法人单位（建设单位），明确此次监督检查的日程安排、专家组人员组成及相关现场工作要求。现场监督检查采取质量监督专家组负责制。

3. 现场监督检查

质量监督专家组由专家组长带队，按照日程安排按时进入现场，根据《电力工程质量监督检查大纲》规定的内容，分专业对涉及工程主体结构安全和主要使用功能的项目进行抽查验证；对工程质量责任主体和质量检测等单位履行法定质量控制责任和义务的情况进行检查；核查工程质量验收程序，查验工程质量验收结论；对关系重大的关键检查项目和可能存在隐患的检查项目（部位），应委托第三方检测机构进行抽检复核。

专家组组长及全体质量监督人员共同签发《电力工程质量监督检查专家意见书》，格式如表 8-2 所示：

表 8-2　　　　　　　　　　　电力工程质量监督检查专家意见书

质量监督机构：

工程名称		注册登记号	
监检阶段		监检方式	抽查验证
建设单位		监理单位	
施工单位		设计单位	
调试单位		运行单位	

续表

工程主要形象进度：	
整改项目： 　　建设单位负责以上问题的整改闭环，并报中心站备案。	
建议：	
专家组评价意见：	
专家组结论：	
专家组长： 成员： 　　　　　　　　　年　月　日	建设单位项目负责人： 　　　　　　　　　年　月　日

注：一式四份，质量监督机构及项目法人单位（建设单位）各执二份。

4. 整改通知和停（复）工令

根据《电力工程质量监督检查专家意见书》，对严重违反质量管理程序的行为或影响质量安全的重大质量问题，应根据其危害程度，由质监机构签发《电力工程质量监督检查整改通知书》或《停工令》格式如表8-3、表8-4所示：

表8-3　　　　　　　　　　　　　电力工程质量监督检查整改通知书

质量监督机构：

工程名称		注册登记号	
监检阶段		监检日期	
建设单位		项目负责人	
监理单位		总监	
设计单位		设总	
施工单位		项目经理	

续表

调试单位		项目经理	
运行单位		负责人	

整改内容：
　　根据专家组检查意见，_____
经研究_____工程_____（阶段）验收结论无效，请尽快整改，并重新组织验收。

质监中心站监督负责人： （盖章） 　　年　月　日	建设单位项目负责人： 　　年　月　日

　　注：一式二份，质量监督机构及项目法人单位（建设单位）各执一份。

表8-4　　　　　　　　　　　　　**电力工程质量监督检查停工令**

质量监督机构：

工程名称		注册登记号	
监检阶段		监检日期	
建设单位		项目负责人	
监理单位		总监	
设计单位		设总	
施工单位		项目经理	
调试单位		项目经理	

　　根据专家组检查意见，_____
经研究_____
_____工程责令停工整改。
　　待整改闭环，经检查合格方可复工。

质监中心站负责人： （盖章） 　　年　月　日	建设单位项目负责人： 　　年　月　日

　　注：一式二份，质量监督机构及项目法人单位（建设单位）各执一份。

　　项目法人单位（建设单位）接到《电力工程质量监督检查整改通知书》或《停工

令》后，应在规定时间内组织完成整改，经内部验收合格后，填写《电力工程质量监督检查整改回复单》，报请质监机构复查核实，格式如表 8-5 所示：

表 8-5　　　　　　　　　　　　电力工程质量监督检查整改回复单

工程名称				注册登记号	
监检阶段				监检日期	
	整改项目		整改情况	整改人员	检查人员
1					
2					
3					
4					
5					
6					
7					
8					
建设单位 项目负责人： 　　年　月　日		监理单位 总监： 　　年　月　日		勘察、设计单位 项目经理： 　　年　月　日	
施工单位 项目经理： 　　年　月　日		调试单位 项目经理： 　　年　月　日		运行单位 负责人： 　　年　月　日	

凡由质监机构下达《停工令》的工程，须经该质监机构复查合格，并签发《复工令》后，方可继续施工，格式如表 8-6 所示：

表 8-6　　　　　　　　　　　　电力工程质量监督检查复工令

质量监督机构：

工程名称		注册登记号	
监检阶段		监检日期	
建设单位		项目负责人	
监理单位		总监	
设计单位		项目经理	

续表

施工单位		项目经理	
调试单位		项目经理	

经检查_____ 工程_____ 可予复工。	
质监中心站负责人： （盖章） 年 月 日	建设单位项目负责人： 年 月 日

5. 转序通知

在工程转序节点，如未发现影响工程转序质量问题的，应根据《电力工程质量监督检查专家意见书》，由质监机构向项目法人单位（建设单位）签发该阶段《工程质量监督检查转序通知书》，格式如下所示：

电力工程质量监督检查转序通知书

注册登记号：_____

_____：

根据你单位申请，按照《电力工程质量监督检查大纲》规定，经抽查复核，验收程序符合规定，验收结论属实，_____工程项目_____阶段通过质量监督检查，可转入下阶段工序。

特此通知

（盖章）
年 月 日

如有影响转序质量问题的，项目法人单位（建设单位）必须组织整改闭环，质监机构对《电力工程质量监督检查整改回复单》核查无误后，再核发该阶段《工程质量监督检查转序通知书》。未通过本阶段质量监督检查的，不得转入下阶段工序施工。

（二）专项检查

对于工程建设过程中有全局性质量影响的重点专业和重点工艺，质监机构组织进行专项检查。专项检查的现场工作要求、工作流程、整改通知和停（复）工程序同上。

（三）定期巡视检查

对于建设周期较长的工程项目、重点工程项目、重点施工工艺或重大专项工程，质监机构实行定期巡视检查制度，巡视检查的频次应符合《电力工程质量监督检查大纲》的要求，并根据工程具体情况确定。定期巡视检查的现场监督检查、整改通知和停（复）工程序同上。

（四）并网管理

《电力工程质量监督实施管理程序》（试行）第 15 条规定，根据《电力工程质量监督管理规定》，通过质监机构监督检查的电力工程项目，方可并入电网。电力工程项目投运并网前，各阶段监督检查、专项检查和定期巡视检查提出的整改意见必须全部完成整改闭环，经复核无误后，由质监机构签发《电力工程质量监督检查并网通知书》格式如下所示：

电力工程质量监督检查并网通知书

注册登记号：＿＿＿＿＿＿＿＿

＿＿＿＿＿＿＿＿＿＿＿：

　　由＿＿＿＿＿＿＿＿＿＿＿＿＿＿＿＿＿组织，根据《电力工程质量监督检查大纲》规定，经检查复核，＿＿＿＿＿＿＿＿＿＿＿＿＿工程项目＿＿＿＿＿＿阶段通过质量监督检查，同意办理并网手续。

　　特此通知

（盖章）

年　　月　　日

《电力工程质量监督检查并网通知书》的正本送电网调度部门，副本由项目法人单位（建设单位）和质监机构存档。电网调度部门在接到《工程质量监督检查并网通知书》后，方可办理受电和并网手续。

（五）注意事项

1. 可能存在的法律风险

（1）可能存在未报先建的行为，项目现场忽略了质量监督环节。

（2）现场施工进度与检查日期之间的矛盾。

（3）建设工程设计风险，施工组织设计风险，人员因素风险，材料、构配件、设备质量风险，方法因素风险，隐蔽工程验收风险。

（4）项目质监验收未办理或延期办理影响项目竣工整体验收进度，影响项目并网运行。

2. 防范措施

（1）通常需提前与国家能源局区域分管机构沟通，不可跳过该环节。

（2）提前与质监中心站沟通申请，保证按节点要求完成质监。

（3）委托专业监理机构进行质量把控。

（4）建立健全工程质量责任体系。

（5）根据项目进度及时办理。

五、消防设计审查或提供消防设计图纸及技术资料的工作内容

如果属于单机容量 300MW 及以上或总装机容量 600MW 及以上的特殊建设工程，实行消防设计审查制度。不属于特殊建设工程的项目，申请施工许可或者申请批准开工报告时，提供满足施工需要的消防设计图纸及技术资料即可。

（一）申请消防设计审查需要提交的材料

建设单位申请消防设计审查，应当提交下列材料：

（1）消防设计审查申请表；

（2）消防设计文件；

（3）依法需要办理建设工程规划许可的，应当提交建设工程规划许可文件；

（4）依法需要批准的临时性建筑，应当提交批准文件。

消防设计审查申请表格式如表 8-7 所示：

表 8-7　　　　　　　　　　**特殊建设工程消防设计审查申请表**

工程名称：　　　　　　　　　（印章）　　　　　　　　申请日期：　　年　月　日

建设单位		联系人		联系电话	
工程地址		类别		□新建　　□扩建 □改建（装饰装修、改变用途、建筑保温）	
建设工程规划许可文件（依法需办理的）		临时性建筑批准文件（依法需办理的）			
特殊消防设计	□是 □否	建筑高度大于 250m 的建筑采取加强性消防设计措施		□是 □否	
工程投资额（万元）		总建筑面积（m²）			
特殊建设工程情形（详见背面）		□（一）□（二）□（三）□（四）□（五）□（六） □（七）□（八）□（九）□（十）□（十一）□（十二）			

单位类别	单位名称	资质等级	法定代表人（身份证号）	项目负责人（身份证号）	联系电话（移动电话和座机）
建设单位					
设计单位					
技术服务机构					

建筑名称	结构类型	使用性质	耐火等级	层数		高度（m）	长度（m）	占地面积（m²）	建筑面积（m²）	
				地上	地下				地上	地下

续表

□装饰装修	装修部位	□顶棚 □墙面 □地面 □隔断 □固定家具 □装饰织物 □其他			
	装修面积（m²）		装修所在层数		
□改变用途	使用性质		原有用途		
□建筑保温	材料类别	□A　□B1　□B2	保温所在层数		
	保温部位		保温材料		
消防设施及其他	□室内消火栓系统　□室外消火栓系统　□火灾自动报警系统　□自动喷水灭火系统 □气体灭火系统　□泡沫灭火系统　□其他灭火系统　□疏散指示标志 □消防应急照明　□防烟排烟系统　□消防电梯　□灭火器　□其他				
工程简要说明					

其中，消防设计文件应当包括下列内容：

（1）封面：项目名称、设计单位名称、设计文件交付日期。

（2）扉页：设计单位法定代表人、技术总负责人和项目总负责人的姓名及其签字或授权盖章，设计单位资质，设计人员的姓名及其专业技术能力信息。

（3）设计文件目录。

（4）设计说明书，包括：

①工程设计依据，包括设计所执行的主要法律法规以及其他相关文件，所采用的主要标准（包括标准的名称、编号、年号和版本号），县级以上政府有关主管部门的项目批复性文件，建设单位提供的有关使用要求或生产工艺等资料，明确火灾危险性。

②工程建设的规模和设计范围，包括工程的设计规模及项目组成，分期建设情况，本设计承担的设计范围与分工等。

③总指标，包括总用地面积、总建筑面积和反映建设工程功能规模的技术指标。

④标准执行情况，包括：

a. 消防设计执行国家工程建设消防技术标准强制性条文的情况；

b. 消防设计执行国家工程建设消防技术标准中带有"严禁""必须""应""不应""不得"要求的非强制性条文的情况；

c. 消防设计中涉及国家工程建设消防技术标准没有规定内容的情况。

⑤总平面，应当包括有关主管部门对工程批准的规划许可技术条件，场地所在地的名称及在城市中的位置，场地内原有建构筑物保留、拆除的情况，建构筑物满足防火间距情况，功能分区，竖向布置方式（平坡式或台阶式），人流和车流的组织、出入口、停车场（库）的布置及停车数量，消防车道及高层建筑消防车登高操作场地的布置，道路主要的设计技术条件等。

⑥建筑和结构，应当包括项目设计规模等级，建构筑物面积，建构筑物层数和建构筑物高度，主要结构类型，建筑结构安全等级，建筑防火分类和耐火等级，门窗防火性能，用料说明和室内外装修，幕墙工程及特殊屋面工程的防火技术要求，建筑和结构设计防火

设计说明等。

⑦建筑电气，应当包括消防电源、配电线路及电器装置，消防应急照明和疏散指示系统，火灾自动报警系统，以及电气防火措施等。

⑧消防给水和灭火设施，应当包括消防水源，消防水泵房、室外消防给水和室外消火栓系统、室内消火栓系统和其他灭火设施等。

⑨供暖通风与空气调节，应当包括设置防排烟的区域及其方式，防排烟系统风量确定，防排烟系统及其设施配置，控制方式简述，以及暖通空调系统的防火措施，空调通风系统的防火、防爆措施等。

⑩热能动力，应当包括有关锅炉房、涉及可燃气体的站房及可燃气、液体的防火、防爆措施等。

（5）设计图纸，包括：

①总平面图，应当包括：场地道路红线、建构筑物控制线、用地红线等位置；场地四邻原有及规划道路的位置；建构筑物的位置、名称、层数、防火间距；消防车道或通道及高层建筑消防车登高操作场地的布置等。

②建筑和结构，应当包括：平面图，包括平面布置，房间或空间名称或编号，每层建构筑物面积、防火分区面积、防火分区分隔位置及安全出口位置示意，以及主要结构和建筑构配件等；立面图，包括立面外轮廓及主要结构和建筑构造部件的位置，建构筑物的总高度、层高和标高以及关键控制标高的标注等；剖面图，应标示内外空间比较复杂的部位（如中庭与邻近的楼层或者错层部位），并包括建筑室内地面和室外地面标高，屋面檐口、女儿墙顶等的标高，层间高度尺寸及其他必需的高度尺寸等。

③建筑电气，应当包括：电气火灾监控系统，消防设备电源监控系统，防火门监控系统，火灾自动报警系统，消防应急广播，以及消防应急照明和疏散指示系统等。

④消防给水和灭火设施，应当包括：消防给水总平面图，消防给水系统的系统图、平面布置图，消防水池和消防水泵房平面图，以及其他灭火系统的系统图及平面布置图等。

⑤供暖通风与空气调节，应当包括：防烟系统的系统图、平面布置图，排烟系统的系统图、平面布置图，供暖、通风和空气调节系统的系统图、平面图等。

⑥热能动力，应当包括：所包含的锅炉房设备平面布置图，其他动力站房平面布置图，以及各专业管道防火封堵措施等。

（二）消防设计审核文书的报送及其审批

根据《建设工程消防设计审查验收管理暂行规定》（住建部令51号）的规定，"县级以上地方人民政府住房和城乡建设主管部门（以下简称消防设计审查验收主管部门）依职责承担本行政区域内建设工程的消防设计审查、消防验收、备案和抽查工作。跨行政区域建设工程的消防设计审查、消防验收、备案和抽查工作，由该建设工程所在行政区域消防设计审查验收主管部门共同的上一级主管部门指定负责"。

建设单位当向消防设计审查验收主管部门申请消防设计审查，并提交审查材料。消防设计审查验收主管部门收到建设单位提交的特殊建设工程消防设计审查申请后，符合下列条件的，应当予以受理并出具受理凭证；不符合其中任意一项的，消防设计审查验收主管部门应当一次性告知需要补正的全部内容：

（1）特殊建设工程消防设计审查申请表信息齐全、完整；

（2）消防设计文件内容齐全、完整（具有《暂行规定》第17条情形之一的特殊建设工程，提交的特殊消防设计技术资料内容齐全、完整）；

（3）依法需要办理建设工程规划许可的，已提交建设工程规划许可文件；

（4）依法需要批准的临时性建筑，已提交批准文件。

消防设计审查验收主管部门应当自受理消防设计审查申请之日起15个工作日内出具书面审查意见。依照规定如需要组织专家评审的，专家评审时间不超过20个工作日。

《特殊建设工程消防设计审查意见书》格式如下所示：

特殊建设工程消防设计审查意见书

（文号）

_____：

根据《中华人民共和国建筑法》《中华人民共和国消防法》《建设工程质量管理条例》《建设工程消防设计审查验收管理暂行规定》等有关规定，你单位于　　年　月　日申请_____建设工程（地址：　　　　；建筑面积：　　　　；建筑高度：　　　　；建筑层数：　　　；使用性质：　　　）消防设计审查（特殊建设工程消防设计审查申请受理凭证文号：　　　）。经审查，结论如下：

□ 合格。

□ 不合格。

主要存在以下问题：

如不服本决定，可以在收到本意见书之日起　　　日内依法向　　　　　申请行政复议，或者　　内依法向　　　　人民法院提起行政诉讼。

（印章）
年　月　日

建设单位签收：　　　　　　　　　　　　　　　　年　月　日

备注：1. 本意见书一式两份，一份交建设单位，一份存档。

　　　2. 不得擅自修改经审查合格的建设工程消防设计，确需修改的，建设单位应当重新申报消防设计审查。

六、防雷设计审核的工作内容

（一）防雷设计审核文书的编制

防雷装置设计实行审核制度。目前国家能源局尚未出台电力建设工程防雷管理办法，参照国家气象局的防雷审核流程如下，建设单位应当向气象主管机构提出申请，填写《防雷装置设计审核申报表》。格式如表8-8、表8-9所示：

表8-8

防雷装置设计审核申报表
(初步设计)

申请单位 名称（公章）		联系电话		传真	
		联系人		手机	
项目名称					
项目地址					
设计单位名称		联系人		联系电话	
建设规模	建筑单体_____栋（座）；总建筑面积_____平方米；最高建筑高度_____米； 总占地面积_____平方米。				
建设项目 使用性质					

送审资料：

　　1.《防雷装置设计审核申请书》；

　　2. 总规划平面图；

　　3. 设计单位和人员资质、资格证书的复印件；

　　4. 初步设计说明书（包括：气象资料、设计依据、计算公式、直击雷防护措施、雷击电磁脉冲防护措施、防雷产品选型等）及初步设计图纸（包括：接地平面图、接闪器布置平面图、SPD设计示意图、建筑图、结构图等）；

　　5. 建筑、结构、消防、空调、给排水、强电、弱电等初步设计资料；

　　6. 雷电灾害风险评估报告。

　　申请单位应将送审资料按统一规格装订成册，连同本表送气象主管机构审核。

送审资料还缺第　　　　　　项，请尽快补齐。

经办人：　　　　　　　　　　　　　　　　　　　　　　　　　年　　月　　日

送审资料齐备，同意报审。项目编号：（　　）雷初审字〔　　〕第　　　号。

经办人：　　　　　　　　　　　　　　　　　　　　　　　　　年　　月　　日

填表时间：　　　年　　月　　日

表 8-9　　　　　　　　　**防雷装置设计审核申报表**
（施工图设计）

申请单位名称（公章）			联系电话		传真		
			联系人		手机		
项目名称				预计开工时间			
项目地址				预计竣工时间			
设计单位名称			联系人		联系电话		
建筑物名称	结构类型（见说明二）	层数（层）	高度（米）	建筑面积（平方米）	使用类别（见说明三）	电源情况（见说明四）	土壤情况（见说明五）	防雷图号

项目简要说明	

| 说明 | 一、送审资料：
1.《防雷装置设计审核申请书》；
2. 设计单位和人员资质、资格证书的复印件；
3. 防雷装置施工图设计说明书、施工图设计图纸两套及其电子文档；
4. 经规划部门批准的总平面图各两套（原件或复印件，复印件需加盖建设单位公章）；
5. 建筑施工图及其电子文档；
6. 结构施工图；
7. 其他与防雷建设有关的施工图（水、电、消防、煤气、金属构架大样、SPD 安装等）；
8. 工业建筑物应有生产工艺流程图、物料存储方式、危险品场所分布等资料；
9. 储罐材质、壁厚、储存物形态、储存工作压力数据等资料；
10. 防雷产品相关资料；
11. 经过初步设计的，提交《防雷装置初步设计核准书》；
12. 经当地气象主管机构认可的防雷专业技术机构出具的有关技术评价意见。
申请单位应将送审资料按统一规格装订成册，连同本表送气象主管机构审核。
二、结构类型填写：A. 砖木；B. 混合；C. 钢筋混凝土；D. 钢结构
三、使用类别填写：
A1. 甲类厂房、仓库　B1. 教育、医疗、科研、体育馆　C1. 高级综合建筑　D1. 一般综合建筑
A2. 乙类厂房、仓库　B2. 影剧院、会堂、俱乐部、旅游　C2. 高层住宅　D2. 住宅、公寓
A3. 丙类仓库　B3. 金融、商业、宾招、娱乐场所　C3. 大型厂房、丙类厂房　D3. 一般厂房、仓库
A4. 油、气罐站（区）、锅炉房　B4. 交通、通讯、供水、供电、供气　C4. 特殊地形建筑物　D4. 其他
四、电源情况填写：A. 架空进线　B. 自设变配电室　C. 埋地进线
五、土壤情况填写：A. 岩石　B. 坚土　C. 普通土　D. 软土 |

送审资料，还缺第_____项，请尽快补齐。 经办人：　　　　　年　月　日
送审资料齐备，同意报审。编号：（　　　）雷审字〔　　〕第　　号。 经办人：　　　　　年　月　日

填表时间：　　　年　月　日

申请材料清单如表8-10、表8-11所示：

表8-10　　　　　　　　　　防雷装置初步设计审核申请材料清单

序号	提交材料名称	原件/复印件	份数	纸质/电子	要求	备注
1	防雷装置设计审核申请书	原件		纸质和电子		
2	总规划平面图	原件		纸质和电子		
3	设计单位和人员的资质证和资格证书	复印件		纸质和电子		
4	防雷装置初步设计说明书、初步设计图纸及相关资料	原件		纸质和电子		

注：材料份数按当地气象主管机构行政审批要求提供。

表8-11　　　　　　　　　　防雷装置施工图设计审核申请材料清单

序号	提交材料名称	原件/复印件	份数	纸质/电子	要求	备注
1	防雷装置设计审核申请书	原件		纸质和电子		
2	设计单位和人员的资质证和资格证书	复印件		纸质和电子		
3	防雷装置施工图设计说明书、施工图设计图纸及相关资料	原件		纸质和电子		
4	防雷装置未经过初步设计的，应当提交总规划平面图；经过初步设计的，应当提交防雷装置初步设计核准意见书	原件		纸质和电子		

注：材料份数按当地气象主管机构行政审批要求提供。

申请材料格式如下：

防雷装置设计审核

申　请　书

申请单位（公章）：＿＿＿＿＿＿＿＿＿＿＿＿

申请项目：＿＿＿＿＿＿＿＿＿＿＿＿＿＿

设计阶段：＿＿＿初步设计＼施工图设计＿＿＿

申请日期：＿＿＿＿年＿＿＿＿月＿＿＿＿日

	名　称			
项目情况	地　址			
	建设规模	建筑单体＿＿＿＿栋（座）；总建筑面积＿＿＿平方米； 最高建筑高度＿＿＿＿米；总占地面积＿＿＿＿平方米。		
	使用性质			
建设单位	名　称			
	地　址		邮政编码	
	联系人		联系电话	
设计单位	名　称			
	地　址		邮政编码	
	资质证编号		资质等级	
	资格证编号		联系电话	

品　名	数量（吨/每年）				
	生产	使用	储存	运输	经营

易燃易爆品、化学危险品情况

电子信息系统情况

系统名称	系统结构及设备配置

续表

设计简介：			
	经办人：		年 月 日
申请单位（公章）：	经办人：		年 月 日
办理结果：			
气象主管机构（公章）：	经办人：		年 月 日

防雷装置初步设计核准意见书

项目编号：（ ）雷初审字〔 〕第 号

_____ （单位）：

你单位报来的_____防雷装置初步设计资料，经审核，符合国家现行技术规范和相关法律法规的要求，准予按此初步设计进行施工图设计。

（公章）
年 月 日

（二）防雷设计审核文书的报送及其审批

申请人可通过窗口报送、网上提交等方式提交审核申请材料。

防雷装置设计审核申请材料不齐全或者不符合法定形式的，气象主管机构应当在收到申请材料之日起5个工作日内一次告知申请单位需要补正的全部内容，并出具《防雷装置设计审核资料补正通知》。逾期不告知的，收到申请材料之日起即视为受理。自受理之日起5个工作日后，可通过电话、网站等方式查询审批状态和结果。

通用防雷装置设计审核申请受理条件如下：（1）设计单位和人员取得国家规定的资质、资格；（2）申请单位提交的申请材料齐全且符合法定形式；（3）需要进行雷电灾害风险评估的项目，提交了雷电灾害风险评估报告。

办理方式主要包括：（1）一般程序。包括申请、受理、审核与决定、证件（文书）制作与送达、结果公开等。（2）并联审批。由相关部门牵头，设计审核并入报建阶段环节并联审批。

防雷装置设计审核内容如下：（1）申请材料的合法性；（2）防雷装置设计文件是否符合国家有关标准和国务院气象主管机构规定的使用要求。

气象主管机构应当在受理之日起 20 个工作日内完成审核工作。防雷装置设计文件经审核符合要求的，气象主管机构应当办结有关审核手续，颁发《防雷装置设计核准意见书》。施工单位应当按照经核准的设计图纸进行施工。在施工中需要变更和修改防雷设计的，应当按照原程序重新申请设计审核。《防雷装置设计核准意见书》格式如下所示：

防雷装置设计核准意见书

项目编号：（　　）雷审字〔　　〕第　　号

＿＿＿＿＿＿＿＿＿＿＿＿＿（单位）：

你单位报来的＿＿＿＿＿＿＿＿＿＿＿防雷装置设计资料，经审核，符合国家现行技术规范和相关法律法规的要求，准予办理防雷装置施工手续。

（公章）

年　　月　　日

防雷装置设计经审核不符合要求的，气象主管机构出具《防雷装置设计修改意见书》（格式如下所示）。申请单位进行设计修改后，按照原程序重新申请设计审核。

防雷装置设计修改意见书

项目编号：（　　）雷审字〔　　〕第　　号

＿＿＿＿＿＿＿＿＿＿＿＿＿（单位）：

你单位报来的＿＿＿＿＿＿＿＿＿＿＿防雷装置（初步设计 \ 施工图设计）资料，经审核，不符合有关要求，请按以下意见修改后再报审。

修改意见如下（可另附页）：

（公章）

年　　月　　日

气象主管机构作出行政许可决定后，受理窗口应在 5 个工作日内，通过电话或网站公示方式告知服务对象，并通过现场领取方式将证件送达（如图 8-5 所示）。

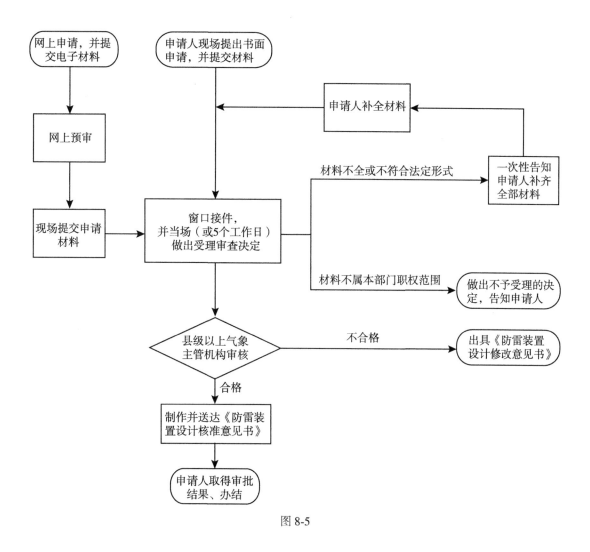

图 8-5

七、职业病危害因素监测的工作内容

（一）职业病危害因素监测报告文书的编制

根据《用人单位职业病危害因素日常监测和定期检测管理规范》有关规定，用人单位应当建立职业病危害因素定期检测制度，每年至少委托具备资质的职业卫生技术服务机构对其存在职业病危害因素的工作场所进行一次全面检测。用人单位在与职业卫生技术服务机构签订定期检测合同前，应当对职业卫生技术服务机构的资质、计量认证范围等事项进行核对，并将相关资质证书复印存档。用人单位应当要求职业卫生技术服务机构及时提供定期检测报告，定期检测报告经用人单位主要负责人审阅签字后归档。在收到定期检测报告后 1 个月之内，用人单位应当将定期检测结果向所在地安全生产监督管理部门报告。

根据《职业卫生技术服务机构管理办法》相关规定，取得甲级资质的职业卫生技术服务机构，可以根据认可的业务范围在全国从事职业卫生技术服务活动。取得乙级资质的职业卫生技术服务机构，可以根据认可的业务范围在其所在的省、自治区、直辖市从事职业卫生技术服务活动。

下列用人单位的职业卫生技术服务，必须由取得甲级资质的职业卫生技术服务机构承担：

（1）核设施的用人单位；

（2）生产经营的装置（设施）跨省、自治区、直辖市的用人单位。

《职业病危害因素监测与评价结果报告》格式如下所示：

职业病危害因素检测与评价结果报告

_____安全生产监督管理局：

我单位委托_____机构（已取得相应资质的职业卫生技术服务机构名称），于____年____月____日对我单位工作场所进行了职业病危害因素的检测与评价，现将结果上报（见检测评价报告书）。

对工作场所职业病危害因素不符合国家职业卫生标准和卫生要求的岗位，我单位已采取相应的治理措施（应详细列举具体措施），治理后的效果我单位将委托_____机构重新检测评价后上报。

附件：检测评价报告书

单位（盖章）

年　　月　　日

（二）职业病危害因素监测报告报送及其审批

用人单位在收到检测报告后1个月之内，按照《职业卫生档案管理规范》中《职业病危害因素检测与评价结果报告》的模板填写相关内容加盖本单位公章后向安全生产监督管理部门报告。安全生产监督管理部门在收到《职业病危害因素检测与评价结果报告》后，5个工作日内出具《职业病危害现检测报告回执表》。

（三）注意事项

用人单位应当建立职业病危害因素定期检测制度，每年至少委托具备资质的职业卫生技术服务机构对其存在职业病危害因素的工作场所进行一次全面检测；用人单位应当建立职业病危害因素定期检测档案，并纳入其职业卫生档案体系。

案例：（巢）安检罚2018年018号。巢湖××新能源有限公司未落实职业病防护设施"三同时"工作，当地行政主管部门对其警告并责令其整改。

八、环保监测的工作内容

在项目前期阶段，进行环境影响评价，其中包括相应的监测计划。在项目实施过程中，加强回顾性评价，环境监测工作的主要目的就在于加强当地环境保护，根据项目的具体实施特点分析主要污染因子，为环境保护的措施的提出提供依据，不断优化和完善生态环境。因此施工期间的环境监测，主要参照依据为环评报告，主要对粉尘、污水、噪音、垃圾，以及光污染进行监测，最后形成环境监测报告。施工阶段的环境监测主要以委托第三方的形式开展。

第三方检测监测机构需要具备的资质和条件如下。

CMA资质：从事环境检测行业机构应具备相应的检测服务资质。我国对检测计量行业，强制要求通过CMA认证。CMA属于行政性质，相当于营业许可证。取得计量认证合格证书的检测机构，允许其在检验报告上使用CMA标记；有CMA标记的检验报告可用于产品质量评价、成果及司法鉴定，具有法律效力。

CNAS资质：CNAS属于第三方认证，证明检测能力达到了较高的水准，表明具备了按相应认可准则开展检测和校准服务的技术能力，可以得到国际组织的高度认可。

另外第三方环境检测监测机构在获得CNAS/CMA资质之后，在开展环境检测监测行为时还需要规范自身的行为，除了加强行业自律外，同时监管部门也制定了相应的规定，如《检验检测机构资质认定环境监测机构评审补充要求》。

报告书的主要内容包括：建设项目工程分析、建设项目周边海域环境概况、建设项目海域海洋功能区划和海洋开发利用现状、建设项目周围海域海洋环境保护规划与环境质量目标、建设项目海洋环境影响问题识别与分析、监测方案设计、质量保证、现状调查与评价、建设项目各单项环境影响评价、综合评价、环境影响跟踪监测文件、附件、附图、附表、参考文献。

（一）水质监测

主要监测项目可分为两大类：一类是反映水质状况的综合指标，如温度、色度、浊度、pH值、电导率、悬浮物、溶解氧、化学需氧量和生化需氧量等；另一类是一些有毒物质，如酚、氰、砷、铅、铬、镉、汞和有机农药等。

（二）沉积物和海洋生物监测

建设单位在海洋工程试运行或者正式投入运行后，按照《海洋沉积物质量综合评价技术规程》的相关要求进行沉积物和海洋生物监测。应当如实记录污染物排放设施、处理设备的运转情况及其污染物的排放、处置情况，并按照国家海洋主管部门的规定，定期向原核准该工程环境影响报告书的海洋主管部门报告。

（三）粉尘监测

主要对降尘（粒径>100μm，能较快地沉降）、飘尘（粒径10~100μm，可以长期飘浮在空中）、可吸入颗粒物（粒径<10μm）的含量进行监测。

（四）污水监测

严格按照《中华人民共和国水污染防治法》进行污水监测及处理。主要监测项目可分为两大类：一类是反映水质状况的综合指标，如温度、色度、浊度、pH值、电导率、悬浮物、溶解氧、化学需氧量和生化需氧量等；另一类是一些有毒物质，如酚、氰、砷、铅、铬、镉、汞和有机农药等。

案例：F公司系一家经批准从事虎纹蛙养殖的企业，但原建德市环境保护局在对F公司进行现场检查时，发现F公司改变了养殖方式，将自然露天养殖变更为集中养殖，养殖池的养殖水从溢流管溢出流到养殖棚外自挖的收集沟中，收集沟约长50m，为泥土沟，未做防渗漏措施。环保局现场采集收集沟中水样，发现超过国家排放标准。据此，环保局以 F 公司超标排放废水的行为违反了《中华人民共和国水污染防治法》为由，作出行政处罚决定，责令 F 公司改正违法行为，并处罚款人民币 10 万元整。

（五）噪音监测

风机机位微观选址时，应严格按照声噪音质量标准 GB3096—2008 执行，避免离居民区距离不符合标准要求，出现部分敏感点噪声值出现超标情况。

主要监测指标包括：噪声的强度，即声场中的声压；噪声的特征，即声压的各种频率组成成分等。

案例 1：云南某风电项目被附近居民投诉风机噪音问题，后经监测，3 台风机运行状态下，部分敏感点噪声值出现超标情况。当地行政主管部门处罚停运 3 台风机，并落实有关防治措施后，方可运行。

案例 2：普环罚［2017］19 号。2017 年 9 月 4 日，三峡新能源普安发电有限公司因在普安县盘水街道（横冲梁风电场）修建的 2#、9#、11# 风力发电机组噪声超标，对附近的养殖场有一定影响。该公司被普安县环境保护局责令立即停止违法行为并处罚款人民币 2 万元。

（六）垃圾监测

按照《中华人民共和国固体废物污染环境防治法》进行监测及处理。

案例：南环罚告（2018）2 号。2018 年 4 月 12 日，海南×××能源科技有限公司因危险废物贮存室未设置危险废物标识，无危险废物台账记录，危险废物与非危险废物物品混放，无独立贮存场所等被海南州环境保护局责令限期整改并处罚款 2000 元整。

（七）光污染监测

需要对白亮污染、彩光污染、照度、显色指数等进行监测。

九、海底电缆管道铺设施工许可的工作内容

（一）工作内容

1. 提出路由调查、勘测申请

海底电缆、管道所有者（以下简称所有者），须在为铺设所进行的路由调查、勘测实施 60 天前，主向管机关提出《路由调查、勘测申请书》。申请书应当包括以下内容：

（1）所有者的名称、国籍、住所；
（2）海底电缆、管道路由调查、勘测单位的名称、国籍、住所及主要负责人；
（3）海底电缆、管道路由调查、勘测的精确地理区域；
（4）海底电缆、管道路由调查、勘测的时间、内容、方法和设备，包括所用船舶的船名、国籍、吨位及其主要装备和性能。

同时应附具以下资料：
（1）调查、勘测路由选择依据的详细说明；
（2）调查、勘测单位的基本情况；
（3）《铺设海底管道工程对海洋资源和环境影响报告书》的编写大纲和评价单位的基本情况；
（4）《污水排海工程可行性研究报告》；

（5）其他有关说明资料。

主管机关自收到申请之日起30天内作出答复。

2. 海底电缆管道铺设施工申请

海底电缆、管道路由调查、勘测完成后，所有者应当在计划铺设施工60天前，将最后确定的海底电缆、管道路由报主管机关审批，《路由调查、勘测报告》应包括以下内容：

（1）调查概况；

（2）路由海区的气象与水文动力状况；

（3）路由海区的工程地质条件；

（4）与该海底电缆、管道工程建设和维护有关的其他海洋开发活动和海底设施；

（5）有关政府机构在路由海区的开发利用规划；

（6）路由条件的综合评价及其结论；

（7）有关图件及其他调查资料。

并附具以下资料：

（1）海底电缆、管道的用途、使用材料及其特性；

（2）精确的海底电缆、管道路线图和位置表以及起止点、中继点（站）和总长度；

（3）铺设工程的施工单位、施工时间、施工计划、技术设备等；

（4）铺设海底管道工程对海洋资源和环境影响报告书；

（5）其他有关说明资料。

主管机关自收到申请之日起30天内作出答复。2017年8月8日起，国家海洋局及所属北海、东海、南海分局负责审批的海底电缆管道铺设施工事项，经批准后，仅下达海底电缆管道铺设施工批复文件，不再发放海底电缆管道铺设施工许可证，海上作业者持批复文件开展铺设施工作业。

3. 备案

海底电缆、管道铺设施工完毕后90天内，所有者应将海底电缆、管道准确路线图、位置表等说明资料一式五份报送主管机关备案，并抄送有关港务监督机关。

（二）审批机关

根据《国家海洋局关于铺设海底电缆管道管理有关事项的通知》（国海规范〔2017〕8号）的文件精神：国家海洋局不再委托地方海洋行政主管部门履行该行政审批事项的审批实施权。由国家海洋局各分局根据国家海洋局的委托承担本海区内水、领海范围内海底电缆管道路由调查勘测、铺设施工的审批。

其中：（1）路经中国管辖海域和大陆架的外国海底电缆管道；（2）由中国铺向其他国家和地区的国际海底电缆管道；（3）国内长距离（200km以上）的海底管道；（4）污水日排放量在20万吨以上的海底排污管道；上述事项由自然资源部负责审批，其他事项由自然资源部海区局负责审批。

（三）注意事项

获准的海底电缆、管道路由调查、勘测和铺设施工，在实施作业前或实施作业中如需变动（包括：路由、作业时间、作业计划、作业方式等变动），所有者应及时报告主管机关。如路由等变动较大，应报经主管机关批准。

案例：苏海执处罚［2020］004 号。三峡新能源×××有限公司于 2020 年 9 月 7 日因未报经主管机关批准和备案，擅自进行海底电缆管道的铺设施工，被江苏省自然资源厅罚款 10 万元整。

十、通航安全检查的工作内容

（一）通航安全检查文书的编制

建设单位委托具有相关资质的单位对建设单位落实有关通航安全保障、防治船舶污染措施和管理的情况进行研究，并对风电场营运期间的通航安全保障措施提出建议。核查报告由受委托单位提交给业主单位，待项目完成商运前质量监督及营运期航标完成效能验收后，业主单位组织海事、航道等相关管理部门进行专家评审，取得评审意见。在工程涉及通航安全的部分完工后或者工程竣工后，建设单位应将工程有关通航安全的技术参数报海事管理机构备案。

备案应提交的材料如下：

（1）《涉水工程通航安全技术参数备案书》；

（2）项目立项、初步设计、海域使用等批准文件复印件或相关主管部门对项目实施的批准文件的复印件；

（3）工程交工或竣工的证明文件；

（4）扫测报告和扫测图（仅对水深有要求的工程）；

（5）已通过效能验收的导助航设施证明材料（如有航标工程）；

（6）施工作业单位的能力证明文件及其复印件；

（7）工程通航净空尺度测量报告（仅对通航净空尺度有要求的工程）；

（8）建设、业主单位和经营管理单位营业执照复印件；

（9）委托证明及委托人和被委托人身份证明及其复印件（委托时）。

《涉水工程通航安全技术参数备案书》格式如表 8-12 所示：

表 8-12　　　　　　　　　　涉水工程通航安全技术参数备案书

工程名称			
业主单位		联系人/联系电话	
经营管理单位		联系人/联系电话	
备案人		法定代表人	
工程概况	（位置、规模、主尺度等）		

附送材料		
编号	材料名称	
1	项目立项、初步设计、海域使用许可等项目的批准文件复印件或相关主管部门对项目实施的批准文件复印件（需办理批准手续的项目）	☐
2	扫测报告和扫测图（仅对水深有要求的工程）	☐
3	工程交工或竣工的证明文件	☐
4	已通过效能验收的导助航设施证明材料（如有航标工程）	☐
5	工程通航净空尺度测量报告（仅对通航净空尺度有要求的工程）	☐
6	其他需要说明的内容	☐
联系人	联系电话	
兹承诺： 本备案书填写的内容及提交的附送材料真实、有效。 备案人（签章） 年 月 日		
备案意见	（准予备案，备案编号为：　　　　　　） 备案机构：（通航安全管理专用章） 备案时间：　年　月　日	

本备案书仅作为涉水工程通航安全技术参数向海事管理机构报备的证明。

（二）通航安全检查文书的报送及其审批

办理流程：申请人提出申请，提交材料，资料齐全并符合要求的，决定受理。资料不全或不符合要求的，限期补交修改资料。逾期未补全或仍不符合法定形式的，不予受理。限期内资料补全并符合要求的，决定受理。经批准后作出，不予备案的，说明理由并告知申请人复议或诉讼权利。予以备案的作出准予备案。

十一、工程启动验收的工作内容

工程启动试运可分为单台机组启动调试试运、工程整套启动试运两个阶段。各阶段验收条件成熟后，建设单位应及时向项目法人单位提出验收申请。

单台风力发电机组安装工程及其配套工程完工验收合格后，应及时进行单台机组启动调试试运工作，以便尽早上网发电。试运结束后，必须及时组织验收。

本期工程最后一台风力发电机组调试试运验收结束后，必须及时组织工程整套启动试运验收。

（一）单台机组启动调试试运验收

验收应具备的条件：

（1）风力发电机组安装工程及其配套工程均应通过单位工程完工验收。

（2）升压站和场内电力线路已与电网接通，通过冲击试验。

（3）风力发电机组必须已通过下列试验。

①紧急停机试验。

②振动停机试验。

③超速保护试验。

（4）风力发电机组经调试后，安全无故障连续并网运行不得少于240小时。

验收应检查的项目如下：

（1）风力发电机组的调试记录、安全保护试验记录、240小时连续并网运行记录。

（2）按照合同及技术说明书的要求，核查风力发电机组各项性能技术指标。

（3）风力发电机组自动、手动启停操作控制是否正常。

（4）风力发电机组各部件温度有无超过产品技术条件的规定。

（5）风力发电机组的滑环及电刷工作情况是否正常。

（6）齿轮箱、发电机、油泵电动机、偏航电动机、风扇电机转向应正确、无异声。

（7）控制系统中软件版本和控制功能、各种参数设置应符合运行设计要求。

（8）各种信息参数显示应正常。

验收的主要工作如下：

（1）按上述验收检查项目的要求对风力发电机组进行检查。

（2）对验收检查中的缺陷提出处理意见。

（3）与风力发电机组供货商签署调试、试运验收意见。

（二）工程整套启动试运验收

验收应具备的条件如下：

（1）各单位工程完工验收和各台风力发电机组启动调试试运验收均应合格，能正常运行。

（2）当地电网电压稳定，电压波动幅度不应大于风力发电机组规定值。

（3）历次验收发现的问题已基本整改完毕。

（4）在工程整套启动试运前质监部门已对本期工程进行全面的质量检查。

（5）生产准备工作已基本完成。

（6）验收资料已按电力行业工程建设档案管理规定整理、归档完毕。

验收时应提供的资料如下。

1. 工程总结报告

（1）建设单位的建设总结；

（2）设计单位的设计报告；

（3）施工单位的施工总结；

（4）调试单位的设备调试报告；

（5）生产单位的生产准备报告；

（6）监理单位的监理报告；

（7）质监部门质量监督报告。

2. 备查文件、资料

（1）施工设计图纸、文件（包括设计更改联系单等）及有关资料；

（2）施工记录及有关试验检测报告；

（3）监理、质监检查记录和签证文件；

（4）各单位工程完工与单机启动调试试运验收记录、签证文件；

（5）历次验收所发现的问题整改消缺记录与报告；

（6）工程项目各阶段的设计与审批文件；

（7）风力发电机组、变电站等设备产品技术说明书、使用手册、合格证件等；

（8）施工合同、设备订货合同中有关技术要求文件；

（9）生产准备中的有关运行规程、制度及人员编制、人员培训情况等资料；

（10）有关传真、工程设计与施工协调会议纪要等资料；

（11）土地征用、环境保护等方面的有关文件资料；

（12）工程建设大事记。

验收应检查的项目如下：

（1）检查所提供的资料是否齐全完整，是否按电力行业档案管理规定归档；

（2）检查、审议历次验收记录与报告，抽查施工、安装调试等记录，必要时进行现场复核；

（3）检查工程投运的安全保护设施与措施；

（4）各台风力发电机组遥控功能测试应正常；

（5）检查中央监控与远程监控工作情况；

（6）检查设备质量及每台风力发电机组 240 小时试运结果；

（7）检查历次验收所提出的问题处理情况；

（8）检查水土保持方案落实情况；

（9）检查工程投运的生产准备情况；

（10）检查工程整套启动试运情况。

验收工作程序如下：

1. 召开预备会

（1）审议工程整套启动试运验收会议准备情况；

（2）确定验收委员会成员名单及分组名单；

（3）审议会议日程安排及有关安全注意事项；

（4）协调工程整套启动的外部联系。

2. 召开第一次大会

（1）宣布验收会议程；

（2）宣布验收委员会委员名单及分组名单；

（3）听取建设单位"工程建设总结"；

（4）听取监理单位"工程监理报告气"；

（5）听取质监部门"工程质量监督检查报告"；

（6）听取调试单位"设备调试报告"。

3. 分组检查

（1）各检查组分别听取相关单位施工汇报；

（2）检查有关文件、资料；

（3）现场核查。

4. 工程整套启动试运

（1）工程整套启动开始，所有机组及其配套设备投入运行；

（2）检查机组及其配套设备试运情况。

5. 召开第二次大会

（1）听取各检查组汇报；

（2）宣读"工程整套启动试运验收鉴定书"；

（3）工程整套启动验收委员会成员在鉴定书上签字；

（4）被验收单位代表在鉴定书上签字。

验收主要工作如下：

（1）审定工程整套启动方案，主持工程整套启动试运；

（2）审议工程建设总结、质监报告和监理、设计、施工等总结报告；

（3）按上述验收检查项目的要求分组进行检查；

（4）协调处理启动试运中有关问题，对重大缺陷与问题提出处理意见；

（5）确定工程移交生产期限，并提出移交生产前应完成的准备工作；

（6）对工程作出总体评价；

（7）签发"工程整套启动试运验收鉴定书"。

"工程整套启动试运验收鉴定书"格式如下所示：

_____工程整套启动试运验收鉴定书

前言（简述整套启动验收主持单位、参加单位、验收时间与地点等）

一、工程情况

（一）工程名称及位置

（二）工程主要建设内容

包括涉及批准机关及文号、批准建设工期、工程总投资、投资来源等，叙述单位工程。

（三）工程建设有关单位

包括建设、设计、施工、主要设备制造、监理、资料、质量监督、运行管理等单位。

二、工程建设情况

（一）工程开工日期及完工日期

包括主要项目的施工情况及开工和完工日期、施工中发现的主要问题及处理情况等。

（二）工程完成情况和主要工程量

包括整套启动验收时工程形象面貌、实际完成工程量与批准设计工程量对比等。

（三）建设征地补偿

包括征地批准书与实际完成数等。

（四）水土保持、环境保护方案落实情况。

三、概算执行情况

包括年度投资计划执行、概算及调整等情况。

四、单位工程验收及单台机组调试试运验收情况。

包括验收时间、主持单位、遗留问题处理。

五、工程质量鉴定

包括审核单位工程质量，鉴定整套工程质量等级。

六、存在的主要问题及处理意见

包括整套启动验收遗留问题处理责任单位、完成时间，工程存在问题的处理建议，对工程运行管理的建议等。

七、根据验收情况，明确工程移交生产验收有关事宜。

八、验收结论

包括对工程规模、工期、质量、投资控制、能否按批准设计投入使用，以及工程档案资料整理等作出明确的结论（对工期使用提前、按期、延期，对质量使用合格、优良，对投资控制使用合理、基本合理、不合理，对工程建设规模使用全部完成、基本完成、部分完成等应有明确术语）。

九、验收委员会委员签字

见"_____工程整套启动验收委员会委员签字表"。

十、参见单位代表签字

见"_____工程参见单位代表签字"。

十一、保留意见（应由本人签字）

见附件。

工程整套启动试运验收   启委会主任委员（签字）：
支持单位（盖章）：

____年____月____日   ____年____月____日

十二、工程移交生产验收的工作内容

工程移交生产前的准备工作完成后，建设单位应及时向项目法人单位提出工程移交生产验收申请。项目法人单位应转报投资方审批。经投资方同意后，项目法人单位应及时筹办工程移交生产验收。根据工程实际情况，工程移交生产验收可以在工程竣工验收前进行。

（1）验收应具备的条件：设备状态良好，安全运行无重大考核事故；对工程整套启动试运验收中所发现的设备缺陷已全部消除；运行维护人员已通过业务技能考试和安规考试，能胜任上岗；各种运行维护管理记录簿齐全；风力发电场和变电运行规程、设备使用手册和技术说明书及有关规章制度等齐全；安全、消防设施齐全良好，且措施落实到位。备品配件及专用工器具齐全完好。

（2）验收应提供的资料：提供全套的检查所需的资料；设备、备品配件及专用工器具清单；风力发电机组实际输出功率曲线及其他性能指标参数。

（3）验收检查项目：清查设备、备品配件、工器具及图纸、资料、文件；检查设备质量情况和设备消缺情况及遗留的问题；检查风力发电机组实际功率特性和其他性能指标；检查生产准备情况。

（4）验收主要工作：按上述的要求进行认真检查；对遗留的问题提出处理意见；对生产单位提出运行管理要求与建议；在"工程移交生产验收交接书"上履行签字手续，并上报投资方备案。"交接书"格式如下所示：

××工程移交生产验收交接书

前言（简述移交生产验收主持单位、参加单位、验收时间与地点等）

一、工程概况

（一）工程名称及位置

（二）工程主要建设内容

包括工程批准文件、规模、总投资、投资来源。

（三）工程建设有关单位

（四）工程完成情况

包括开工日期及完工日期、施工发现的问题及处理情况

（五）建设征地补偿情况

二、生产准备情况

包括生产单位运行维护人员上岗培训情况。

三、设备备件、工器具、资料等清查交接情况

应附交接清单。

四、存在的主要问题

五、对工程运行管理的建议

六、验收结论

七、验收组成员签字

见"××工程移交生产验收组成员签字表"。

八、交接单位代表签字

见"××工程移交生产验收交接单位代表签字表"。

工程移交生产验收　　　　　　　　　　工程移交生产验收组

主持单位（盖章）：　　　　　　　　　　组长（签字）：

____年____月____日　　　　　　　　____年____月____日

第九章 海上风电项目竣工验收阶段法律手续实务

海上风电项目竣工验收阶段是指进入竣工验收环节，风力发电工程竣工验收要求在工程整套启动试运行验收后6个月内申请，1年内进行。验收通过，签发《工程竣工验收鉴定书》。在工程竣工验收之前，应完成以下专项验收：水保验收、环保验收、消防验收或备案抽查、安全验收、计量验收和档案验收等专项验收（如图9-1所示）。

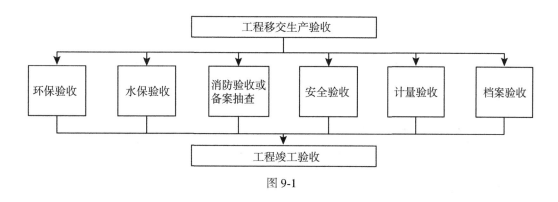

图 9-1

第一节 海上风电项目竣工验收阶段法律手续及其依据

一、环保验收

（一）相关概念界定

在项目前期过程中，项目进行了环境影响评价的相关工作，并且根据项目的性质和装机容量的不同编制了环境影响报告书、报告表或是登记表。而竣工环保验收主要依照前期整个项目工程的环境评价资料，针对性地展开对建筑项目环境状况的验收和检查。其中，环评阶段编制的环境影响报告书、报告表的项目需要进行环保验收，环境影响登记表的项目不需要进行环保验收。

《防治海洋工程建设项目污染损害海洋环境管理条例》（2018年修订版）第17条规定，建设单位应当在海洋工程投入运行之日30个工作日前，向原核准该工程环境影响报告书的海洋主管部门申请环境保护设施的验收；海洋工程投入试运行的，应当自该工程投入试运行之日起60个工作日内，向原核准该工程环境影响报告书的海洋主管部门申请环境保护设施的验收。分期建设、分期投入运行的海洋工程，其相应的环境保护设施应当分期验收。第 18 条规定，海洋主管部门应当自收到环境保护设施验收申请之日起 30 个工作日内完成验收；验收不合格的，应当限期整改。海洋工程需要配套建设的环境保护设施未经海洋主管部门验收或者经验收不合格的，该工程不得投入运行。建设单位不得擅自拆除或者闲置海洋工程的环境保护设施。

《建设项目竣工环境保护验收管理办法》（2017 年修订版）第 5 条规定，建设项目竣工后，建设单位应当如实查验、监测、记载建设项目环境保护设施的建设和调试情况，编制验收监测（调查）报告。火力发电、石油炼制、水利水电、核与辐射等已发布行业验收技术规范的建设项目，按照该行业验收技术规范编制验收监测报告或者验收调查报告。建设单位不具备编制验收监测（调查）报告能力的，可以委托有能力的技术机构编制。建设单位对受委托的技术机构编制的验收监测（调查）报告结论负责。建设单位与受委托的技术机构之间的权利义务关系，以及受委托的技术机构应当承担的责任，可以通过合同形式约定。

（二）法律依据

海上风电项目的环保验收应根据《中华人民共和国海洋环境保护法》（2017 年修订版）、《防治海洋工程建设项目污染损害海洋环境管理条例》（2018 年修订版）、《建设项目竣工环境保护验收管理办法》（国家环境保护总局令第 13 号）、《生态环境部建设项目环境影响报告书（表）审批程序规定》（生态环境部令第 14 号）的规定进行。

二、水土保持验收

（一）相关概念的界定

海上风电项目前期过程中，进行了陆上升压站和综合楼的水土保持方案的编制和审批的相关工作，而水土保持设施验收是生产建设单位按照水土保持法律法规、标准规范、水土保持方案及其审批决定、水土保持后续设计等，组织水土保持设施验收工作，形成水土保持设施验收鉴定书。

2017 年 9 月 22 日，国务院印发《国务院关于取消一批行政许可事项的决定》（国发〔2017〕46 号），把行政主管部门实施的生产建设项目水土保持设施验收审批行政许可事项转由生产建设单位按照有关要求自主开展水土保持设施验收。为贯彻落实国务院决定精神，规范生产建设项目水土保持设施自主验收的程序和标准，切实加强事中事后监管，2017 年 11 月 13 日，水利部印发《水利部关于加强事中事后监管规范生产建设项目水土保持设施自主验收的通知》（水保〔2017〕365 号），在国发〔2017〕46 号文的基础上，进一步明确了水土保持设施自主验收的工作内容、程序和验收标准。

在新规条件下，生产建设项目水土保持设施验收工作的责任主体，由水行政主管部门转移至生产建设单位。随之，验收程序等也发生了变化。

（二）法律依据

水土保持设施验收主要依据《水利部关于加强事中事后监管规范生产建设项目水土保持设施自主验收的通知》（水保〔2017〕365 号），该通知明确了水土保持设施自主验收的工作内容、程序和验收标准。主要依据的法律是《中华人民共和国水土保持法》。

三、消防验收和备案

(一) 相关概念的界定

根据《建设工程消防设计审查验收管理暂行规定》第 14 条和第 15 条规定,对于单机容量 300MW 及以上或总装机容量 600MW 及以上的发电项目属于特殊建设工程,对特殊建设工程实行消防验收制度。特殊建设工程竣工验收后,建设单位应当向消防设计审查验收主管部门申请消防验收;未经消防验收或者消防验收不合格的,禁止投入使用。建设单位编制工程竣工验收报告前,应开展竣工验收消防查验,查验合格后方可编制工程竣工验收报告。

对于不符合单机容量 300MW 及以上或总装机容量 600MW 及以上项目不属于特殊建设项目,实行备案抽查制度,经依法抽查不合格的,应当停止使用。

(二) 法律依据

消防验收的法律依据主要包括《中华人民共和国消防法》《建设工程消防设计审查验收管理暂行规定》,此外还包括国家工程建设消防技术标准强制要求、各省出台的配套消防法规等。

中华人民共和国住房和城乡建设部在 2020 年 6 月 16 日发布了关于印发《建设工程消防设计审查验收工作细则》和《建设工程消防设计审查、消防验收、备案和抽查文书式样》的通知 (建科规〔2020〕5 号) 文件,对建设工程消防设计审查验收工作的流程、所需材料、审核内容与标准等作了进一步的细化。

四、防雷装置验收

(一) 相关概念的界定

根据《中华人民共和国防雷减灾管理办法》(中国气象局令第 24 号) 和《防雷装置设计审核和竣工验收规定》(中国气象局第 21 号令) 的有关规定,防雷装置实行竣工验收制度。新建、改建、扩建建 (构) 筑物竣工验收时,建设单位应当通知当地气象主管机构同时验收防雷装置。防雷装置竣工未经验收合格的,不得投入使用。

(二) 法律依据

海上风电项目的防雷设施验收涉及的政策与法律依据包括《中华人民共和国气象法》(2016 年修订版)、《中华人民共和国防雷减灾管理办法》(2013 年修订版)、《气象灾害防御条例》(2010 年修订版)、《防雷装置设计审核和竣工验收规定》(中国气象局第 21 号令)、《建筑物防雷装置检测技术规范》(GB/T21431—2015)、《防雷装置设计审核审批事项服务指南》(2015 年修订版) 等。

五、职业病防护验收

(一) 相关概念的界定

按照《建设项目职业病防护设施"三同时"监督管理办法》(国家安全生产监督管理总局令第 90 号) 的规定:建设项目职业病防护设施未按照规定验收合格的,不得投入生产或者使用。

属于职业病危害一般或者较重的建设项目，建设单位主要负责人或其指定的负责人应当组织职业卫生专业技术人员对职业病危害控制效果评价报告进行评审以及对职业病防护设施进行验收，并形成是否符合职业病防治有关法律、法规、规章和标准要求的评审意见和验收意见。属于职业病危害严重的建设项目，其建设单位主要负责人或其指定的负责人应当组织外单位职业卫生专业技术人员参加评审和验收工作，并形成评审和验收意见。

建设单位应当将职业病危害控制效果评价和职业病防护设施验收工作过程形成书面报告备查，其中职业病危害严重的建设项目应当在验收完成之日起 20 日内向管辖该建设项目的安全生产监督管理部门提交书面报告。

分期建设、分期投入生产或者使用的建设项目，其配套的职业病防护设施应当分期与建设项目同步进行验收。

（二）法律依据

主要法律依据是《中华人民共和国职业病防治法》，验收报告编制的过程中主要依据《建设项目职业病防护设施"三同时"监督管理办法》（国家安全生产监督管理总局令 第 90 号）、《国家安全监管总局办公厅关于贯彻落实〈建设项目职业病防护设施"三同时"监督管理办法〉的通知》（安监总厅安健〔2017〕37 号）要求。

六、安全设施竣工验收

（一）相关概念的界定

根据《建设项目安全设施"三同时"监督管理办法》（国家安全监管总局 36 号令，2015 年修改版）的有关规定，建设项目竣工投入生产或者使用前，生产经营单位应当组织对安全设施进行竣工验收，并形成书面报告备查。安全设施竣工验收合格后，方可投入生产和使用。

《建设项目安全设施"三同时"监督管理办法》（国家安全监管总局 36 号令，2015 年修改版）第 26 条规定，建设项目的安全设施有下列情形之一的，竣工验收不合格，并不得投入生产或者使用：

（1）未选择具有相应资质的施工单位施工的；

（2）未按照建设项目安全设施设计文件施工或者施工质量未达到建设项目安全设施设计文件要求的；

（3）建设项目安全设施的施工不符合国家有关施工技术标准的；

（4）未选择具有相应资质的安全评价机构进行安全验收评价或者安全验收评价不合格的；

（5）安全设施和安全生产条件不符合有关安全生产法律、法规、规章和国家标准或者行业标准、技术规范规定的；

（6）发现建设项目试运行期间存在事故隐患未整改的；

（7）未依法设置安全生产管理机构或者配备安全生产管理人员的；

（8）从业人员未经过安全教育培训或者不具备相应资格的；

（9）不符合法律、行政法规规定的其他条件的。

建设项目安全设施竣工验收未通过的，生产经营单位经过整改后可以向原验收部门再次申请验收，直到验收合格，才可投入生产和使用。

（二）法律依据

海上风电项目的安全设施竣工验收应该依据《中华人民共和国安全生产法》《中华人民共和国电力法》（2015 年修改）、《中华人民共和国建筑法》《中华人民共和国气象法》（2016 年修改）、《中华人民共和国防洪法》（2016 年修改）、《中华人民共和国防震减灾法》《中华人民共和国消防法》《中华人民共和国劳动法》（2009 年修改）、《中华人民共和国职业病防治法》（2016 年修改）、《中华人民共和国特种设备安全法》等法律法规和政策的规定进行。

七、计量验收

（一）相关概念的界定

根据《中华人民共和国强制检定的工作计量器具检定管理办法》（国发〔1987〕31 号）和《中华人民共和国强制检定的工作计量器具明细目录》（1987 年版），电度表应经计量检定机构检定合格后，方可投入使用。

《中华人民共和国依法管理的计量器具目录》附件中第 35 项为电能表，包括：交流电能表、电子式电能表、分时计度（多费率）电能表、最大需量电能表、直流电能表。《强制检定的工作计量器具检定管理办法》第 5 条规定，使用强制检定的工作计量器具的单位或者个人，必须按照规定将其使用的强制检定的工作计量器具登记造册，报当地县（市）级人民政府计量行政部门备案，并向其指定的计量检定机构申请周期检定。当地不能检定的，向上一级人民政府计量行政部门指定的计量检定机构申请周期检定；第 9 条规定，执行强制检定的机构对检定合格的计量器具，发给国家统一规定的检定证书、检定合格证或者在计量器具上加盖检定合格印；对检定不合格的，发给检定结果通知书或者注销原检定合格印、证。

（二）法律依据

根据《中华人民共和国计量法》（2018 年修订版）、《中华人民共和国计量法实施细则》（2018 年修订版）、《中华人民共和国进口计量器具监督管理办法实施细则》（国家市监总局令第 31 号）等规定，海上风电项目应该进行计量验收。

八、档案验收

（一）相关概念的界定

根据《重大建设项目档案验收办法》（档发〔2006〕2 号）规定，项目档案验收是项目竣工验收的重要组成部分。未经档案验收或档案验收不合格的项目，不得进行或通过项目的竣工验收。

《重大建设项目档案验收办法》（档发〔2006〕2 号）第 8 条规定，项目建设单位（法人）应向项目档案验收组织单位报送档案验收申请报告，并填报《重大建设项目档案验收申请表》。项目档案验收组织单位应在收到档案验收申请报告的 10 个工作日内作出答复；第 19 条规定，项目档案验收结果分为合格与不合格。项目档案验收组半数以上成员同意通过验收的为合格；第 20 条规定，项目档案验收合格的项目，由项目档案验收组出具项目档案验收意见；第 21 条规定，项目档案验收不合格的项目，由项目档案验收组提出整改意见，要求项目建设单位（法人）于项目竣工验收前对存在的问题限期整改，并进行复查。复查后仍不合格的，不得进行竣工验收，并由项目档案验收组提请有关部门对项目建设单位（法人）通报批评。造成档案损失的，应依法追究有关单位及人员的责任。

（二）法律依据

海上风电项目的验收申请应该依据《中华人民共和国档案法》（2020 年修订版）、《重大建设项目档案验收办法》（档发〔2006〕2 号）、《城市建设档案管理规定》（中华人民共和国建设部令第 9 号）、《水利工程建设项目档案管理规定》（水办〔2005〕480号）、《建设工程文件归档规范》（GB/T50328—2014）、《建设电子文件与电子档案管理规范》（CJJ/T117）以及《电力建设工程施工及验收技术规范》（能源基〔1992〕597 号）等政策法律进行。

九、竣工验收

（一）相关概念界定

海上风电工程项目竣工验收一般由项目业主单位组织竣工验收。工程竣工验收在工程移交生产验收后 6 个月内进行，通过后签发工程竣工验收鉴定书。工程竣工验收之前应该已经完成环保验收、水保验收、消防验收、安全验收、计量验收和档案验收等专项验收。

（二）法律依据

海上风电项目的竣工验收主要以中华人民共和国住房和城乡建设部公告第 1004 号《风力发电工程施工与验收规范》（编号 GB/T 51121—2015）和中华人民共和国国家发展和改革委员会于 2004 年 3 月 9 日发布的《风力发电场项目建设工程验收规程》（DL/T 5191—2004）为依据。

第二节 海上风电项目竣工验收阶段法律手续基本内容

一、环保验收的工作内容

海上风电项目的环保验收应根据《中华人民共和国海洋环境保护法》（2017 年修订版）、《中华人民共和国防治海洋工程建设项目污染损害海洋环境管理条例》（2018 年修订版）、《建设项目竣工环境保护验收管理办法》（2017 年修订版）、《生态环境部建设项目环境影响报告书（表）审批程序规定》（生态环境部令第 14 号）的规定进行。

（一）环保验收文书的编制

依据《中华人民共和国海洋环境保护法》（2017 年修订版）以及《中华人民共和国防治海洋工程建设项目污染损害海洋环境管理条例》（2018 年修订版）的规定，海上风电项目的环保验收应该提交以下材料：（1）书面申请；（2）海洋环境影响报告书；（3）专家审查意见；（4）环评单位对报告书的修改说明；（5）公众参与情况；（6）节能减排指标文件；（7）其他相关材料。

《建设项目竣工环境保护验收管理办法》（2017 年修订版）第 5 条规定，建设项目竣工后，建设单位应当如实查验、监测、记载建设项目环境保护设施的建设和调试情况，编制验收监测（调查）报告。火力发电、石油炼制、水利水电、核与辐射等已发布行业验收技术规范的建设项目，按照该行业验收技术规范编制验收监测报告或者验收调查报告。建设单位不具备编制验收监测（调查）报告能力的，可以委托有能力的技术机构编制。建设单位对受委托的技术机构编制的验收监测（调查）报告结论负责。建设单位与受委托的技术机构之间的权利义务关系，以及受委托的技术机构应当承担的责任，可以通过合同形式约定。

（二）环保验收的报送及其审批

根据《建设项目竣工环境保护验收暂行办法》（国环规环评〔2017〕4号）的相关规定，建设项目环保验收期间一般不超过3个月，3个月试生产不具备验收条件的可适当延期环保验收期间，但最长不超过12个月。

根据《建设项目竣工环境保护验收技术指南污染影响类》（生态环境部公告2018年第9号）的规定，建设单位进行环保验收的操作程序如下。

首先，企业应及时公开竣工日期，注意要保留好公开网站截屏或记录等凭证，自证对《建设项目竣工环境保护验收暂行办法》相关信息公开责任的落实。

其次，编制验收调查报告。企业要确定验收操作方式，自己开展还是委托技术服务机构开展。按照《建设项目竣工环境保护验收暂行办法》第5条：建设项目竣工后，建设单位应当如实查验、监测、记载建设项目环境保护设施的建设和调试情况，编制验收监测（调查）报告。建设单位不具备编制验收监测（调查）报告能力的，可以委托有能力的技术机构编制。建设单位对受委托的技术机构编制的验收监测（调查）报告结论负责。建设单位与受委托的技术机构之间的权利义务关系，以及受委托的技术机构应当承担的责任，可以通过合同形式约定。如果是企业自己开展验收，应从环保、生产等相关部门选取领导及技术能力强的人员组成验收工作组；如果是委托技术服务机构开展验收，要从资质、业绩、专长、诚信、人员能力、背景、经验等方面综合评判技术服务机构的能力以及与本项目验收工作的匹配度，再结合价格、时效等方面的因素择优筛选。

再次，成立验收工作组。根据《建设项目竣工环境保护验收暂行办法》第9条：验收工作组可以由设计单位、施工单位、环境影响报告书（表）编制机构、验收监测（调查）报告编制机构等单位代表以及专业技术专家等组成。一般通过现场核查、资料查阅、验收监测报告审查等形式，然后通过召开验收会的形式，在验收会上，技术专家会协助建设单位出具验收意见。专家的意见很大程度上决定了建设项目竣工环保验收能否顺利通过，形成验收意见的程序和方法可简可繁可略，但核心是逐一对照是否涉及《建设项目竣工环境保护验收暂行办法》列出的9种不合格情形，千万"别踩线"。

然后，编制单位根据与会单位代表及专家意见修改报告，建设单位根据专家意见进行整改，完成其他说明的事项编写，最终形成包含验收调查报告、验收组意见、其他需要说明的事项的验收报告。

最后，报告编制完成后5个工作日内进行公示，公示时间不得小于20个工作日，并报送相关环境保护主管部门，公示期满后5个工作日内，上传至全国建设项目竣工环保护验收信息平台，存档备查。在验收过程中，企业具有主动进行信息公开的责任，做好信息公开工作需准确把握公开时间、内容和渠道的相关要求。要注意验收公开时间节点及公开内容，要注意公开渠道必须是便于公众知晓的方式，如网站、电视、报纸等，不可以是内网、特殊权限网站、有收费查看要求等不便于公众知晓的方式。

环保验收流程如图 9-2 所示：

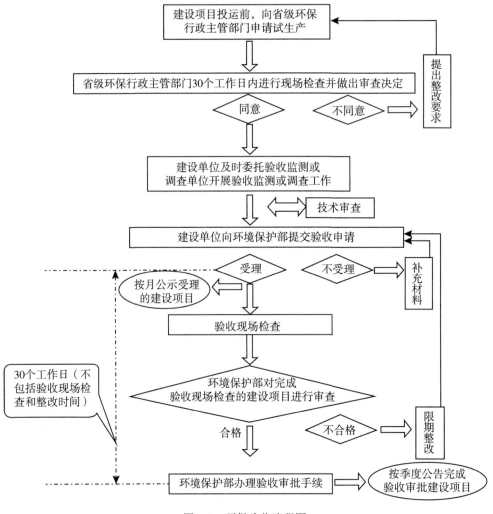

图 9-2　环保验收流程图

（三）注意事项

建设项目的环境保护设施，必须与主体工程同时设计、同时施工、同时投产使用。环境保护设施未经行政主管部门验收，或者经验收不合格的，建设项目不得投入生产或者使用。由负责核准该工程环境影响报告书的主管部门责令停止建设、运行，限期补办手续，并处人民币 5 万元以上 20 万元以下的罚款。

案例 1：陕西省某风电项目 110kV 送出线路投运后，未进行环保验收，当地行政主管部门处罚：限期整改，并处罚款人民币 20 万元。

案例 2：某风电项目升压站及送出线路未报批环境影响评价文件即建成投用，且未经环保部门验收，当地行政部门处罚人民币 76065.48 元。

二、水土保持验收的工作内容

（一）工作内容

水土保持验收除落实水保措施，组织开展水保监测、监理等工作之外，还包括以下几项内容。

1. 编制水土保持设施验收报告

按照《水利部关于加强事中事后监管规范生产建设项目水土保持设施自主验收的通知》（水保〔2017〕365 号）中明确规定，依法编制水土保持方案报告书的生产建设项目投产使用前，生产建设单位应当根据水土保持方案及其审批决定等，组织第三方机构编制水土保持设施验收报告。对编制水土保持方案报告表的生产建设项目，其水土保持设施验收及报备的程序和要求，各省级水行政主管部门可根据当地实际适当简化。海上风电项目的陆上升压站和综合楼的水土保持方案一般都是编制水土保持方案报告表。

2. 明确验收结论

水土保持设施验收报告编制完成后，生产建设单位应当按照水土保持法律法规、标准规范、水土保持方案及其审批决定、水土保持后续设计等，组织水土保持设施验收工作，形成水土保持设施验收鉴定书，明确水土保持设施验收合格的结论。水土保持设施验收合格后，生产建设项目方可通过竣工验收和投产使用。

3. 公开验收情况

除按照国家规定需要保密的情形外，生产建设单位应当在水土保持设施验收合格后，通过其官方网站或者其他便于公众知悉的方式向社会公开水土保持设施验收鉴定书、水土保持设施验收报告和持设施验收鉴定书、水土保持设施验收报告和水土保持监测总结报告。对于公众反映的主要问题和意见，生产建设单位主要问题和意见，生产建设单位应当及时给予处理或者回应。

4. 报备验收材料

生产建设单位应在向社会公开水土保持设施验收材料后、生产建设项目投产使用前向水土保持方案审批机关报备水土保持设施验收材料。报备材料包括水土保持设施验收鉴定书、水土保持设施验收报告和水土保持监测总结报告。生产建设单位、第三方机构和水土保持监测机构分别对水土保持设施验收鉴定书、水土保持设施验收报告和水土保持监测总结报告等材料的真实性负责。

（二）验收流程

（1）委托技术服务机构编制水土保持设施验收报告；（2）组织水土保持设施的自主验收，形成验收鉴定书；（3）在官方网站或者公众平台向社会公示水土保持设施验收情况及相关材料；（4）报备水土保持设施验收材料；（5）整理资料，形成完整的档案存档。

三、消防验收和备案的工作内容

（一）消防验收法律手续的基本工作内容

对于单机容量 300MW 及以上或总装机容量 600MW 及以上的特殊工程建设单位，申请消防验收，应当提交下列材料：（1）消防验收申请表；（2）工程竣工验收报告；（3）涉及消防的建设工程竣工图纸。

消防验收申请表如表 9-1 所示：

表 9-1　　　　　　　　　　　**特殊建设工程消防验收申请表**

工程名称：　　　　　　　（印章）　　　　　　　申请日期：　　　年　　月　　日

建设单位			联系人			联系电话		
工程地址			类　别		□新建　　□扩建 □改建（装饰装修、改变用途、建筑保温）			
工程投资额（万元）			总建筑面积（m²）					
单位类别		单位名称	资质等级	法定代表人（身份证号）		项目负责人（身份证号）		联系电话（移动电话和座机）
建设单位								
设计单位								
施工单位								
监理单位								
技术服务机构								
《特殊建设工程消防设计审查意见书》文号（审查意见为合格的）					审查合格日期			
建筑工程施工许可证号、批准开工报告编号或证明文件编号（依法需办理的）					制证日期			

建筑名称	结构类型	使用性质	耐火等级	层数		高度（m）	长度（m）	占地面积（m²）	建筑面积（m²）	
				地上	地下				地上	地下

□装饰装修	装修部位	□顶棚　□墙面　□地面　□隔断　□固定家具　□装饰织物　□其他		
	装修面积（m²）		装修所在层数	
□改变用途	使用性质		原有用途	
□建筑保温	材料类别	□A　□B1　□B2	保温所在层数	
	保温部位		保温材料	

（背面有正文）

施工过程中消防设施检测情况（如有）
技术服务机构（印章）： 项目负责人签名：　　年　月　日
建设工程竣工验收消防查验情况及意见
一、基本情况   建设单位（印章）： 项目负责人签名：　　年　月　日
二、经审查合格的消防设计文件实施情况   设计单位（印章）： 项目负责人签名：　　年　月　日
三、工程监理情况   监理单位（印章）： 项目总监理工程师签名：　　年　月　日
四、工程施工情况 消防施工专业分包单位（印章）：　　　施工总承包单位（印章）： 项目负责人签名：　年　月　日　　项目经理签名：　　年　月　日
五、消防设施性能、系统功能联调联试情况   技术服务机构（印章）： 项目负责人签名：　　年　月　日
备注：

（二）消防验收的条件和审查意见

消防设计审查验收主管部门收到建设单位提交的特殊建设工程消防验收申请后，符合下列条件的，予以受理；不符合其中任意一项的，消防设计审查验收主管部门一次性告知需要补正的全部内容：（1）特殊建设工程消防验收申请表信息齐全、完整。（2）有符合相关规定的工程竣工验收报告，且竣工验收消防查验内容完整、符合要求。（3）涉及消防的建设工程竣工图纸与经审查合格的消防设计文件相符。

消防设计审查验收主管部门受理消防验收申请后，按照国家有关规定，对特殊建设工程进行现场评定。现场评定包括对建筑物防（灭）火设施的外观进行现场抽样查看；通过专业仪器设备对涉及距离、高度、宽度、长度、面积、厚度等可测量的指标进行现场抽样测量；对消防设施的功能进行抽样测试、联调联试消防设施的系统功能等内容。

消防设计审查验收主管部门自受理消防验收申请之日起 15 日内出具消防验收意见。对符合下列条件的，应当出具消防验收合格意见。

（1）申请材料齐全、符合法定形式。

（2）工程竣工验收报告内容完备。

（3）涉及消防的建设工程竣工图纸与经审查合格的消防设计文件相符。

（4）现场评定结论合格。

对不符合前款规定条件的，消防设计审查验收主管部门出具消防验收不合格意见，并说明理由（格式如下所示）。

特殊建设工程消防验收意见书

（文号）

_____ ：

根据《中华人民共和国建筑法》《中华人民共和国消防法》《建设工程质量管理条例》《建设工程消防设计审查验收管理暂行规定》等有关规定，你单位于　　年　月　日申请_____建设工程（地址：　　　　　　；建筑面积：　　　　　　；建筑高度：　　　　；建筑层数：　　　　　　；使用性质：　　　　　）消防验收（特殊建设工程消防验收申请受理凭证文号：　　　　　）。按照国家工程建设消防技术标准和建设工程消防验收有关规定，根据申请材料及建设工程现场评定情况，结论如下：

□合格。

□不合格。

主要存在以下问题：

如不服本决定，可以在收到本意见书之日起　　日内依法向　　　　申请行政复议，或者　　　　内依法向　　　　人民法院提起行政诉讼。

（印章）

年　月　日

建设单位签收：　　　　　　　　　　　　　　　　　年　月　日

备注：本意见书一式两份，一份交建设单位，一份存档。

（三）消防备案的工作内容

对于不符合单机容量 300MW 及以上或总装机容量 600MW 及以上项目属于其他建设工程。其他建设工程竣工验收合格之日起 5 个工作日内，建设单位应当报消防设计审查验收主管部门备案。建设单位办理备案，应当提交下列材料：

（1）消防验收备案表（如表9-2所示）；

表 9-2　　　　　　　　　　　　　　　建设工程消防验收备案表

编号：

工程名称：　　　　　　（印章）　　　　　　申请日期：　　年　月　日

建设单位		联系人			联系电话		
工程地址		类 别	□新建　　□扩建 □改建（装饰装修、改变用途、建筑保温）				
工程投资额（万元）		总建筑面积（m²）					
单位类别	单位名称	资质等级	法定代表人（身份证号）		项目负责人（身份证号）		联系电话（移动电话和座机）
建设单位							
设计单位							
施工单位							
监理单位							
技术服务机构							
建筑工程施工许可证号、批准开工报告编号或证明文件编号（依法需办理的）			制证日期				

建筑名称	结构类型	使用性质	耐火等级	层数		高度（m）	长度（m）	占地面积（m²）	建筑面积（m²）	
				地上	地下				地上	地下

□装饰装修	装修部位	□顶棚　□墙面　□地面　□隔断　□固定家具　□装饰织物　□其他	
	装修面积（m²）		装修所在层数
□改变用途	使用性质		原有用途
□建筑保温	材料类别	□A　□B1　□B2	保温所在层数
	保温部位		保温材料

（背面有正文）

施工过程中消防设施检测情况（如有）
技术服务机构（印章）： 项目负责人签名：　　年　月　日

建设工程竣工验收消防查验情况及意见
一、基本情况 建设单位（印章）： 项目负责人签名：　　年　月　日
二、符合消防工程技术标准的设计文件实施情况 设计单位（印章）： 项目负责人签名：　　年　月　日
三、工程监理情况 监理单位（印章）： 项目总监理工程师签名：　　年　月　日
四、工程施工情况 消防施工专业分包单位（印章）：　　　　　　　　施工总承包单位（印章）： 项目负责人签名：　　年　月　日　　　　　　　　项目经理签名：　　年　月　日
五、消防设施性能、系统功能联调联试情况 技术服务机构（印章）： 项目负责人签名：　　年　月　日
备注：

（2）工程竣工验收报告；

（3）涉及消防的建设工程竣工图纸。

消防设计审查验收主管部门收到建设单位备案材料后，对备案材料齐全的，出具备案凭证；备案材料不齐全的，应当一次性告知需要补正的全部内容（格式如下所示）。

建设工程消防验收备案/不予备案凭证

（文号）

_____：

根据《中华人民共和国建筑法》《中华人民共和国消防法》《建设工程质量管理条例》《建设工程消防设计审查验收管理暂行规定》等有关规定，你单位于　　年　月　日申请_____建设工程（地址：　　　；建筑面积：　　　；建筑高度：　　；建筑层数：　　　；使用性质：　　　）消防验收备案，备案申请表编号为_____，提交的下列备案材料：

□ 1. 消防验收备案表；

□ 2. 工程竣工验收报告；

□ 3. 涉及消防的建设工程竣工图纸。

□备案材料齐全，准予备案。

□该工程未被确定为检查对象。

□该工程被确定为检查对象，我单位将在十五个工作日内进行检查，请做好准备。

□存在以下情形，不予备案：□1. 依法不应办理消防验收备案；□2. 提交的上列第　　项材料不符合相关要求；□3. 申请材料不齐全，需要补正上列第　　　项材料。

（印章）
年　月　日

建设单位签收：　　　　　　　　　　　　　　　　　年　月　日

备注：本意见书一式两份，一份交建设单位，一份存档。

消防设计审查验收主管部门对备案的其他建设工程进行抽查。抽查工作推行"双随机、一公开"制度，随机抽取检查对象，随机选派检查人员。消防设计审查验收主管部门自其他建设工程被确定为检查对象之日起15个工作日内，按照建设工程消防验收有关规定完成检查，制作检查记录。检查结果通知建设单位，并向社会公示。

（四）注意事项

根据《中华人民共和国消防法》（2019 修正）第 58 条规定：违反本法规定，有下列行为之一的，由住房和城乡建设主管部门、消防救援机构按照各自职权责令停止施工、停止使用或者停产停业，并处 3 万元以上 30 万元以下罚款：

（1）依法应当进行消防设计审查的建设工程，未经依法审查或者审查不合格，擅自施工的；

（2）依法应当进行消防验收的建设工程，未经消防验收或者消防验收不合格，擅自投入使用的；

（3）本法第 13 条规定的其他建设工程验收后经依法抽查不合格，不停止使用的；

（4）公众聚集场所未经消防安全检查或者经检查不符合消防安全要求，擅自投入使用、营业的。

建设单位未依照本法规定在验收后报住房和城乡建设主管部门备案的，由住房和城乡建设主管部门责令改正，处 5000 元以下罚款。

案例 1：淮潘公（消）行罚决字〔2018〕0011 号。某光伏发电有限公司因水面光伏电站项目未经消防设计审核及验收擅自投入使用，当地行政部门责令其停止使用并处罚款 6 万元。

案例 2：共公（消）行罚决字〔2018〕0013 号。某新能源发电有限公司因擅自停运消防设施，当地行政部门对其罚款 20000 元。

案例 3：维公（消）行罚决字〔2017〕0015 号。某发电有限责任公司因消防安全标志、配置设置不合理，当地行政部门对其作出责令改正并处罚款 5000 元的决定。

案例 4：包达公（消）行罚决字〔2017〕0010 号。内蒙古某风力发电有限公司因消防设施、器材未保持完好有效（停用消防水泵、室内消火栓损坏），当地行政部门对其罚款 9500 元。

四、防雷设施验收的工作内容

（一）防雷装置竣工验收应当提交以下材料：

1. 《防雷装置竣工验收申请书》（附件 9-1）；

2. 《防雷装置设计核准意见书》；

3. 施工单位的资质证和施工人员的资格证书的复印件；

4. 取得防雷装置检测资质的单位出具的《防雷装置检测报告》；

5. 防雷装置竣工图纸等技术资料；

6. 防雷产品出厂合格证、安装记录和符合国务院气象主管机构规定的使用要求的证明文件。

附件 9-1

防雷装置竣工验收

申　请　书

申请单位（公章）：＿＿＿＿＿＿＿＿＿＿＿＿＿

申请项目：＿＿＿＿＿＿＿＿＿＿＿＿＿＿＿＿

申请时间：＿＿＿＿年＿＿＿＿月＿＿＿＿日

项目名称			
项目地址			
《防雷装置设计核准意见书》编号			
《防雷装置检测报告》编号			
开工时间		竣工时间	
建设单位	名　称		
	地　址	邮政编码	
	联系人	联系电话	
设计单位	名　称		
	地　址	邮政编码	
	联系人	联系电话	
	资质证编号	资质等级	
施工单位	名　称		
	地　址	邮政编码	
	资质证编号	资质等级	
	资格证编号		
	现场负责人	联系电话	
项目概况	防雷类别		
	注：对建设工程而言，应有单体建筑名称、数量、总建筑面积等信息。		

送审材料：

1. 《防雷装置竣工验收申请书》；　　2. 《防雷装置设计核准意见书》；
3. 施工单位和人员的资质、资格证书；　4. 防雷装置竣工图；
5. 防雷产品安装记录；　　　　　　　6. 防雷产品出厂合格证书；
7. 防雷产品测试报告；　　　　　　　8. 《防雷装置检测报告》

建设单位（公章）： 经办人： 　　　　　　年　月　日	施工单位（公章）： 经办人： 　　　　　　年　月　日
防雷装置检测机构（公章）： 经办人：　　　　　年　月　日	

气象主管机构（公章）：		
	经办人：	年　月　日
办理结果：		
	经办人：	年　月　日

（二）材料受理

防雷装置竣工验收申请材料不齐全或者不符合法定形式的，气象主管机构在收到申请材料之日起 5 个工作日内一次告知申请单位需要补正的全部内容，并出具《防雷装置竣工验收资料补正通知》（附件 9-2）逾期不告知的，收到申请材料之日起即视为受理。

附件 9-2

<h2 style="text-align:center">防雷装置竣工验收资料补正通知</h2>

项目编号：（　）雷验字〔　　〕第　　号

_____（单位）：

你单位报来的_____防雷装置竣工验收资料收悉，资料尚未齐备，请尽快补齐以下打"√"的资料，以便办理验收手续。

□《防雷装置竣工验收申请书》；

□《防雷装置设计核准意见书》；

□ 施工单位和人员资质、资格证书的复印件；

□ 防雷装置竣工图；

□ 防雷产品安装记录；

□ 防雷产品出厂合格证书；

□防雷产品测试报告；

□防雷装置检测报告；

□ 其他材料。

（公章）
年　月　日

气象主管机构在收到全部申请材料之日起 5 个工作日内，按照《中华人民共和国行政许可法》第 32 条的规定，根据规定的受理条件作出受理或者不予受理的书面决定，并对决定受理的申请出具《防雷装置竣工验收受理回执》（附件 9-3）。对不予受理的，书面说明理由。

附件9-3

项目受理号：

防雷装置竣工验收受理回执

申请单位：

组织机构代码：　　　　　　　　　经手人：

申请事项：

收件日期：　　　　　　　　　　　办结期限：

注意事项

1. 本回执为收取资料及领取办理结果的凭证，为了能够顺利地办理有关手续，请务必妥善保管本回执。

2. 如申请事项需要修改、补充资料，或经现场勘验后需要进行整改等，办结期限另行通知。

3. 凭项目受理号或组织机构代码，在办事窗口或互联网上方便地查询到相关信息。

4. 如申请事项已经办结，请您携带本人身份证件和受理回执到办事窗口领取结果。

受理机构（公章）：　　　　　　　受理日期：　　　年　月　日

经办人：　　　　　　　　　　　　查询电话：

查询网址：　　　　　　　　　　　投诉电话：

（三）防雷装置竣工验收内容：

（1）申请材料的合法性；

（2）安装的防雷装置是否符合国家有关标准和国务院气象主管机构规定的使用要求；

（3）安装的防雷装置是否按照核准的施工图施工完成。

气象主管机构在受理之日起10个工作日内作出竣工验收结论。防雷装置经验收符合要求的，气象主管机构应当办结有关验收手续，出具《防雷装置验收意见书》（附件9-4）。防雷装置验收不符合要求的，气象主管机构出具《防雷装置整改意见书》（附件9-5）。整改完成后，按照原程序重新申请验收。

附件9-4

雷验 No：

防雷装置验收意见书

项目名称：

建设单位名称：

项目地址：

经验收，上述防雷装置符合国家有关标准和国务院气象主管机构规定的使用要求。

（公章）：
年　月　日

附：防雷装置检测报告编号：

附件9-5

防雷装置整改意见书

_____（单位）：

你单位承建的_____防雷装置，经现场验收，不符合国家现行技术规范标准和质量标准，请根据以下整改意见尽快组织整改，整改完成后再办理验收手续。

整改意见如下：

1._____
2._____
3._____
4._____
5._____
_____
_____

（公章）
年　月　日

五、职业病防护验收的工作内容

（一）工作内容

建设项目完工后，需要进行试运行的，其配套建设的职业病防护设施必须与主体工程同时投入试运行。试运行时间应当不少于30日，最长不得超过180日，国家有关部门另有规定或者特殊要求的行业除外。

建设项目在竣工验收前或者试运行期间，建设单位应当进行职业病危害控制效果评价，编制评价报告。建设项目职业病危害控制效果评价报告应当符合职业病防治有关法律、法规、规章和标准的要求，包括下列主要内容：

（1）建设项目概况；

（2）职业病防护设施设计执行情况分析、评价；

（3）职业病防护设施检测和运行情况分析、评价；

（4）工作场所职业病危害因素检测分析、评价；

（5）工作场所职业病危害因素日常监测情况分析、评价；

（6）职业病危害因素对劳动者健康危害程度分析、评价；

（7）职业病危害防治管理措施分析、评价；

（8）职业健康监护状况分析、评价；

（9）职业病危害事故应急救援和控制措施分析、评价；

（10）正常生产后建设项目职业病防治效果预期分析、评价；

（11）职业病危害防护补充措施及建议；

（12）评价结论，明确建设项目的职业病危害风险类别，以及采取控制效果评价报告所提对策建议后，职业病防护设施和防护措施是否符合职业病防治有关法律、法规、规章和标准的要求。

建设单位在职业病防护设施验收前，应当编制验收方案。验收方案应当包括下列内容：

（1）建设项目概况和风险类别，以及职业病危害预评价、职业病防护设施设计执行情况；

（2）参与验收的人员及其工作内容、责任；

（3）验收工作时间安排、程序等。

建设单位应当在职业病防护设施验收 20 日将验收方案向管辖该建设项目的安全生产监督管理部门进行书面报告。

（二）职业病防护设施验收意见

属于职业病危害一般或者较重的建设项目，其建设单位主要负责人或其指定的负责人应当组织职业卫生专业技术人员对职业病危害控制效果评价报告进行评审以及对职业病防护设施进行验收，并形成是否符合职业病防治有关法律、法规、规章和标准要求的评审意见和验收意见。属于职业病危害严重的建设项目，其建设单位主要负责人或其指定的负责人应当组织外单位职业卫生专业技术人员参加评审和验收工作，并形成评审和验收意见。

建设单位应当按照评审与验收意见对职业病危害控制效果评价报告和职业病防护设施进行整改完善，并对最终的职业病危害控制效果评价报告和职业病防护设施验收结果的真实性、合规性和有效性负责。

建设单位应当将职业病危害控制效果评价和职业病防护设施验收工作过程形成书面报告备查，其中职业病危害严重的建设项目应当在验收完成之日起 20 日内向管辖该建设项目的安全生产监督管理部门提交书面报告。

产生职业病危害的建设单位应当通过公告栏、网站等方式及时公布建设项目职业病危害预评价、职业病防护设施设计、职业病危害控制效果评价的承担单位、评价结论、评审时间及评审意见，以及职业病防护设施验收时间、验收方案和验收意见等信息，供本单位劳动者和安全生产监督管理部门查询。地方安全监管部门对职业病危害严重建设项目实施重点监督检查，对较重、一般的建设项目实施随机抽查。

六、安全设施竣工验收的工作内容

（一）安全设施竣工验收的文书编制

海上风电项目安全设施竣工文书的编制应该依据《建设项目安全设施"三同时"监

督管理办法》（国家安全监管总局 36 号令，2015 年修改版）的规定。《建设项目安全设施"三同时"监督管理办法》第 22 条规定，建设项目安全设施竣工或者试运行完成后，生产经营单位应当委托具有相应资质的安全评价机构对安全设施进行验收评价，并编制建设项目安全验收评价报告。建设项目安全验收评价报告应当符合国家标准或者行业标准的规定。

《风电场工程安全验收评价报告编制规程》（NB/T 31027—2012）中对报告编制基本内容要求规定如下：

1. 编制说明

（1）应说明安全验收评价的目的、前期准备情况、对象及范围、工作经过和程序。

①安全验收评价的目的是检查建设项目安全设施是否与主体工程同时设计、同时施工、同时投入生产和使用情况；检查安全生产管理措施到位情况；检查安全生产规章制度的建立与执行情况；检查应急预案建立情况；审查确定建设项目满足安全生产法律、法规、规章、标准、规范的符合性；从整体上确定建设项目运行状况和安全管理情况，做出安全验收评价结论。

②安全验收评价的范围包括风电场的风电机组及其基础、箱式变压器、场内集电线路、场内外交通、升压站、作业环境、周边环境安全、地质条件、安全管理、应急管理、公用工程等内容，海上风电场还包括运行维护人员辅助生活设施。

③简要介绍验收评价前期准备情况、工作经过和程序，给出评价程序方框图。

（2）安全验收评价报告编制的基本依据应包括下列内容：

①国家法律、法规、规章、技术标准；

②工程安全预评价报告、可行性研究报告及审查意见；

③相关批复文件、安全验收评价工作委托书。

（3）建应该包括建设单位及各参建单位简介。应简单概述建设单位、设计单位、监理单位、施工单位、运行单位的基本情况、组成、业务范围等。

2. 建设项目概况

应简要说明工程地理位置、自然地理环境、周边环境、风能资源、水文气象、海洋水文特征参数、工程地质、项目任务及规模、风电场场址、风电机组选型及布置、电气、消防、土建工程、工程投资、重大设计变更、工程开工建设及试运行情况、工程特性表等内容。

3. 危险、有害因素及重大危险源辨识与分析

（1）应列出辨识与分析危险、有害因素的依据。

（2）以安全预评价报告为基础，在评价范围或风电场边界内，从周边环境、场址、总平面布置、道路交通、建（构）筑物、风电机组、电气、作业环境、安全管理、应急管理、职业健康管理、机组试运行情况、人员和以往事故案例中，找出与 GB /T 13861 中相对应的危险、有害因素进行辨识与分析，确定生产过程中主要危险、有害因素存在部位、方式，以及发生作用的途径和变化规律。

（3）列举、分析的典型事故案例应具有针对性。

（4）按 GB 18218 等国家标准对风电场生产过程中所涉及的重大危险源进行辨识分析，明确工程生产过程中是否存在重大危险源。若存在，要对重大危险源进行评价并列出危险等级。

4. 评价单元的划分和评价方法的选择

（1）应说明划分评价单元的原则。

（2）应明确风电场工程划分的评价单元。一般风电场安全验收评价单元宜划分为：法律、法规符合性单元，安全预评价和设计变更符合性单元，风电机组单元，集电线路单元，升压站单元，公用工程单元，交通工程单元，特种设备单元，安全监测单元，作业环境单元，安全管理单元，安全投资单元等。也可按单项工程或危险和有害因素的类别进行单元划分。评价单元划分应覆盖评价范围内的全部评价内容和危险、有害因素。

（3）根据评价的目的、要求和评价对象的特点，选择科学、合理、适用的定性、定量评价方法，以便于开展针对性的安全验收评价为基本原则。风电场工程安全验收评价的评价方法宜选用"安全检查表法"，其常用格式如表 9-3 所示。若选用其他评价方法，应说明选定此方法的原因。对于危险程度较高的评价单元应选用至少两种评价方法进行评价，以便于对评价结果进行对比分析。

表 9-3　　　　　　　　　　　　　　　　安全检查表常用格式

序号	检查项目和内容	标准依据	检查记录	检查结果		改进措施
				符合	不符合	
1						
2						
…						

5. 符合性评价和危险危害程度的评价

（1）应根据危险、有害因素分析的结果和确定的评价单元、评价方法，阐述各评价单元符合性评价过程、事故发生可能性及其严重程度分析计算，并对得出的评价结果进行分析。

①符合性评价应包括以下内容：

根据建设项目提供的相关证照、批准文件，评价风电场工程项目建设的合法性；

根据建设项目试生产期间对相关安全条件和参数的勘测、鉴定或专项研究情况，评价风电场工程建设安全条件与参数确定的合法性；

根据建设项目立项、设计、施工、单项工程验收与质量认证、重大设计变更审批等相关情况，评价风电场项目设计建设的合法性；

根据各项安全设施设备的检测检验报告、特种设备检验报告等，评价风电场安全设施、设备等的检测检验合法性；

根据风电场建设项目安全管理机构、制度、作业规程和各级各类从业人员安全培训及考核、持证上岗情况，评价其安全生产管理与从业人员的合法性；

根据风电场建设项目应急救援组织的建立和人员、物资的配备、应急预案演练等情况，评价风电场应急管理及应急预案的有效性与合法性；

根据风电场作业场所尘、毒、噪、高温、高湿等有害因素及对其采取的职业防护、健康查体、作业场所检测、工伤保险等情况，评价风电场职业健康管理的有效性与合法性；

根据综合情况，对风电场建设项目安全生产体系的合法性进行整体评价。

②应对事故发生的可能性及其严重程度进行预测。应采用 GB 6441 确定事故类型，按危险等级进行排序。安全验收评价应对风电机组塔架基础及地基控制工况（如 50 年一遇极限工况或高地震工况等）下的稳定性与承载能力等进行复核计算及评价，并提供有关计算书作为报告附件。

（2）应对风电场工程安全投资概算的执行情况与效果进行评价。

6. 安全对策措施建议

（1）应列出编制安全对策措施建议的依据、原则。

（2）应根据评价结果，依照国家有关安全生产法律法规、标准、规章、规范的要求，提出安全对策措施建议。安全对策措施建议应具有针对性、可操作性和经济合理性；按照针对性和重要性的不同，措施建议可分为应采纳和宜采纳两种类型；安全对策措施应与危险、有害因素的分析和评价相一致。

（3）根据风电场试生产情况、现场安全检查和评价的结果，对不符合安全预评价及安全设计专篇要求、不满足安全生产法律法规和标准规范规定的生产系统、工艺、场所、设施和设备等，应提出明确的改进意见。

（4）应对不符合有关规定要求或不适合所评价风电场特点的安全管理制度、机构设置与人员配置，存在的管理漏洞和不安全的管理行为，提出改进意见。

（5）应对控制防范存在不足或缺陷、可能导致重大事故发生的危险有害因素，提出针对性的安全技术措施及建议。

（6）对风电场现场存在的事故隐患，应提出整改措施及建议。

7. 安全验收评价结论

（1）应列出风电场存在的危险、有害因素种类及其危险危害程度，指出在项目建成投产应重点防范的重大灾害事故和重要的安全对策措施。

（2）应明确给出该风电场是否具备安全验收的条件；对达不到安全验收要求的风电场项目，明确提出整改措施建议。

（3）明确列出评价结论。

8. 附件和附图要求

（1）附件主要包括：工程项目有关批文；设计、施工、监理单位资质证书；消防专项竣工验收意见；生产作业场所有害因素检测报告，包括冬季（1—2 月）和夏季（7—8 月）运行工况下的检测参数；特种设备检验报告；特种设备使用登记证；特种岗位操作人员上岗证；主要负责人、安全生产管理人员的安全培训合格证；风电场安全管理制度、作业标准、岗位规范等文件目录；安全预评价报告审查意见；安全预评价报告在政府安监部门备案证明；事故应急预案在当地政府安监部门备案证明；定量分析计算主要成果等。

（2）附图主要包括：风电场地理位置示意图；工程地质平面图；风电场风能资源分布图；升压变电所和主要建筑物总平面布置图；风电机组布置图；风电机组及箱式变电站基础结构图；施工总平面布置图等。图纸应签署完备。

（二）安全设施竣工验收的报送及审批

海上风电项目安全设施建设竣工后，建设单位应当自行委托具有相应资质的安全评价机构对安全设施进行验收评价，并编制建设项目安全验收评价报告备查。在海上风电项目试运行前，应当将试运行方案报负责建设项目安全许可的安全生产监督管理部门备案。

《建设项目安全设施"三同时"监督管理办法》（国家安全监管总局 36 号令，2015年修改版）中第 20 条规定：建设项目安全设施建成后，生产经营单位应当对安全设施进行检查，对发现的问题及时整改。第 21 条规定，本办法第七条规定的建设项目竣工后，根据规定建设项目需要试运行（包括生产、使用，下同）的，应当在正式投入生产或者使用前进行试运行。试运行时间应当不少于 30 日，最长不得超过 180 日，国家有关部门有规定或者特殊要求的行业除外。生产、储存危险化学品的建设项目和化工建设项目，应当在建设项目试运行前将试运行方案报负责建设项目安全许可的安全生产监督管理部门备案。

（三）注意事项

检查各类安全生产、工业园区建设是否满足安全生产法律法规、标准、规章、规范的要求，检查安全设施、设备、装置是否已与主体工程同时设计、同时施工、同时投入生产和使用，检查安全评价中各项安全对策措施建议的落实情况，检查安全生产管理措施是否到位，检查安全生产规章制度是否健全，检查是否建立了事故应急救援预案。

案例：（冀保涞源）安监管罚〔2017〕二股一004 号。某新能源发电有限公司未按照规定制定生产安全事故应急预案，当地行政主管部门责令限期整改并处罚款 4 万元。

七、计量验收的工作内容

（一）计量验收的法律依据

根据《中华人民共和国计量法》《中华人民共和国计量法实施细则》《中华人民共和国进口计量器具监督管理办法实施细则》等规定，海上风电项目应该进行计量验收。

《中华人民共和国计量法》第 12 条规定，制造、修理计量器具的企业、事业单位，必须具有与所制造、修理的计量器具相适应的设施、人员和检定仪器设备。第 13 条规定，制造计量器具的企业、事业单位生产本单位未生产过的计量器具新产品，必须经省级以上人民政府计量行政部门对其样品的计量性能考核合格，方可投入生产。

海上风电项目的计量验收应该依据《电子式交流电能表》（JJG596—2012）的规定进行。

《电子式交流电能表》（JJG596—2012）中规定：本规程适用于参比频率为 50 Hz 或 60 Hz 单相、三相电子式（静止式）交流电能表（简称电子式电能表或电能表）的首次检定、后续检定。对于具有其他功能的电子式电能表，其相同的检定项目执行本规程。本规程不适用于机电式（感应系）交流电能表、标准电能表、数字电能表（被测电压、电流为数字量的电能表）的检定及电能表的现场检验。

（二）计量验收的报送及其审批

海上风电项目的计量器具的购买和使用需要符合国家规定的相关标准并报当地县（市）级人民政府计量行政部门备案，使用强制检定的工作计量器具的建设单位还需要向其指定的计量检定机构申请周期检定。当地不能检定的，向上一级人民政府计量行政部门指定的计量检定机构申请周期检定。

《中华人民共和国计量法实施细则》第 7 条规定，计量标准器具（简称计量标准，下同）的使用，必须具备下列条件：（1）经计量检定合格；（2）具有正常工作所需要的环境条件；（3）具有称职的保存、维护、使用人员；（4）具有完善的管理制度。第 10 条规定，企业、事业单位建立本单位各项最高计量标准，须向与其主管部门同级的人民政府计量行政部门申请考核。乡镇企业向当地县级人民政府计量行政部门申请考核。经考核符合本细则第七条规定条件并取得考核合格证的，企业、事业单位方可使用，并向其主管部门备案。

《强制检定的工作计量器具检定管理办法》第 5 条规定，使用强制检定的工作计量器具的单位或者个人，必须按照规定将其使用的强制检定的工作计量器具登记造册，报当地县（市）级人民政府计量行政部门备案，并向其指定的计量检定机构申请周期检定。当地不能检定的，向上一级人民政府计量行政部门指定的计量检定机构申请周期检定；第 9 条规定，执行强制检定的机构对检定合格的计量器具，发给国家统一规定的检定证书、检定合格证或者在计量器具上加盖检定合格印；对检定不合格的，发给检定结果通知书或者注销原检定合格印、证。

《中华人民共和国进口计量器具监督管理办法实施细则》（2018 年修正）第 6 条规定，凡进口或者在中国境内销售列入《中华人民共和国进口计量器具型式审查目录》内的计量器具的，应当向国务院计量行政部门申请办理型式批准。未经型式批准的，不得进口或者销售。型式批准包括计量法制审查和定型鉴定。第 25 条规定，申请进口《中华人民共和国依法管理的计量器具目录》所列计量器具的，应当到进口所在地区、部门的机电产品进口管理机构申请登记，并提供符合我国法定计量单位的证明；申请进口《中华人民共和国进口计量器具型式审查目录》所列计量器具的，还应当提供经型式批准的证明。符合我国法定计量单位的证明和经型式批准的证明，可以由政府计量行政部门审查后出具。第 26 条规定，机电产品进口管理机构对没有符合法定计量单位或者型式批准证明的，不予批准进口。海关凭各地区、各部门机电产品进口管理机构签发的机电产品进口登记表验放。

强制检定的工作计量器具检定备案、检定申请表格式如表 9-4 所示：

表9-4   **强制检定的工作计量器具检定备案、检定申请表**

统一社会信用代码   单位名称（盖章）：   单位地址：

联系人员：   联系电话：   电子信箱：   填报日期：

序号	计量器具名称	规格型号	准确度等级	出厂编号	制造单位	投入使用时间	安装/使用地点	使用部门	用途	指定的检定单位	备注
备案意见： 备案人： 年 月 日 审核人： 年 月 日(备案单位盖章)							客户确认(签字)： 年 月 日		检定单位受理意见： 受理人： 年 月 日(检定单位盖章)		

注：申请单位应对照实物如实填写本表的各项内容，确认填写的计量器具属于强检停征范畴，保证填写内容及所提交材料的真实性，如有虚报，应当承担相应的法律责任；

2. 申请单位需携带营业执照复印件并加盖单位公章，安装/使用地点：指具体的科室、部门或使用场所，用途：1—贸易结算，2—安全防护，3—医疗卫生，4—环境监测，5—其他；

3. 备案单位备案人填写"是否备案、备案意见、指定检定单位"等相关内容，审核人应签名，备案单位应盖章，对备案结果负责；

4. 检定单位受理人应当签署明确的受理意见，检定单位应盖章，对受理结果负责；

5. 本表可加行填写，一式三份（指定两个以上检定单位的可增加），备案单位签署备案意见并经客户确认后留存一份，客户将备案后的申请表（每个检定单位两份）报送检定单位受理盖章后留存一份，检定单位留存一份；

6. "民用四表"等量大的强检计量器具，填表时可不填"投入使用时间、使用部门等"，并在"备注"栏内注明"数量"。

八、档案验收的工作内容

（一）工作内容

国家发展和改革委员会组织验收的项目，由国家档案局组织项目档案的验收；国家发展和改革委员会委托中央主管部门（含中央管理企业，下同）、省级政府投资主管部门组织验收的项目，由中央主管部门档案机构、省级档案行政管理部门组织项目档案的验收，验收结果报国家档案局备案；省以下各级政府投资主管部门组织验收的项目，由同级档案行政管理部门组织项目档案的验收；

项目档案验收前，项目建设单位（法人）应组织项目设计、施工、监理等方面负责人以及有关人员，根据档案工作的相关要求，依照重大建设项目档案验收内容及要求进行全面自检。申请项目档案验收应具备下列条件：（1）项目主体工程和辅助设施已按照设计建成，能满足生产或使用的需要；（2）项目试运行指标考核合格或者达到设计能力；（3）完成了项目建设全过程文件材料的收集、整理与归档工作；（4）基本完成了项目档案的分类、组卷、编目等整理工作。

（二）档案验收的报送及其审批

项目建设单位（法人）向项目档案验收组织单位报送档案验收申请报告，并填报《重大建设项目档案验收申请表》（如表9-5所示）。

表9-5　　　　　　　　　　　　　　**重大建设项目档案验收申请表**

项目名称			
审批（核准）机关		立项日期	
投资规模		建设时间	
建设单位（法人）		设计单位	
主　要施工单位		主　要监理单位	
计划档案验收日期		计划竣工验收日期	
联 系 人		联系电话	
地址/邮编		电子信箱	
申请单位自检意见			（单位盖章） 年　月　日
验收组织单位意见			（单位盖章） 年　月　日

项目档案验收申请报告的主要内容包括：

（1）项目建设及项目档案管理概况；

（2）保证项目档案的完整、准确、系统所采取的控制措施；

（3）项目文件材料的形成、收集、整理与归档情况，竣工图的编制情况及质量状况；

（4）档案在项目建设、管理、试运行中的作用；

（5）存在的问题及解决措施。

项目档案验收组织单位在收到档案验收申请报告的 10 个工作日内作出答复。档案验收的依据是《建设项目档案管理规范》（DA/T 28—2018）。项目档案验收结果分为合格与不合格。项目档案验收合格的项目，由项目档案验收组出具项目档案验收意见。项目档案验收不合格的项目，由项目档案验收组提出整改意见，要求项目建设单位（法人）于项目竣工验收前对存在的问题限期整改，并进行复查。复查后仍不合格的，不得进行竣工验收，并由项目档案验收组提请有关部门对项目建设单位（法人）通报批评。造成档案损失的，依法追究有关单位及人员的责任。

九、竣工验收的工作内容

海上风电项目的竣工验收应该依据《风力发电场项目建设工程竣工验收规程》（DL/T 5191—2004）、《风力发电工程达标投产验收规程》（NB/T 31022—2012）规定进行。

（一）竣工验收文书的编制

《风力发电场项目建设工程竣工验收规程》（DL/T 5191—2004）第 9 条规定，工程竣工验收应提供的资料：

（1）工程总结报告。①建设单位的建设总结。②设计单位的设计报告。③施工单位的施工总结。④调试单位的设备调试报告。⑤生产单位的生产准备报告。⑥监理单位的监理报告。⑦质监部门质量监督报告。

（2）备查文件、资料。①施工设计图纸、文件（包括设计更改联系单等）及有关资料。②施工记录及有关试验检测报告。③监理、质监检查记录和签证文件。④各单位工程完工与单机启动调试试运验收记录、签证文件。⑤历次验收所发现的问题整改消缺记录与报告。⑥工程项目各阶段的设计与审批文件。⑦风力发电机组、变电站等设备产品技术说明书、使用手册、合格证件等。⑧施工合同、设备订货合同中有关技术要求文件。⑨生产准备中的有关运行规程、制度及人员编制、人员培训情况等资料。⑩有关传真、工程设计与施工协调会议纪要等资料。⑪土地征用、环境保护等方面的有关文件资料。⑫工程建设大事记。

（3）设备、备品配件及专用工器具清单。

（4）风力发电机组实际输出功率曲线及其他性能指标参数。

（5）工程竣工决算报告及其审计报告。

（6）工程概预算执行情况报告。

（7）水土保持、环境保护方案执行报告。

（8）工程竣工报告。

验收检查项目：①按要求检查竣工资料是否齐全完整，是否按电力行业档案规定整理归档。②审查建设单位"工程竣工报告"，检查工程建设情况及设备试运行情况。③检查历次验收结果，必要时进行现场复核。④检查工程缺陷整改情况，必要时进行现场核对。⑤检查水土保持和环境保护方案执行情况。⑥审查工程概预算执行情况。⑦审查竣工决算报告及其审计报告。

（二）竣工验收的报送及其审批

海上风电项目的竣工验收应该在工程整套启动试运验收后 6 个月内进行，当完成工程决算审查后，建设单位应及时向项目法人单位申请工程竣工验收。项目法人单位应上报工程竣工验收主持单位审批。

《风力发电场项目建设工程竣工验收规程》（DL/T 5191—2004）第 9 条规定，验收应具备的条件：（1）工程已按批准的设计内容全部建成。由于特殊原因致使少量尾工不能完成的除外，但不得影响工程正常安全运行。（2）设备状态良好，各单位工程能正常运行。（3）历次验收所发现的问题已基本处理完毕。（4）归档资料符合电力行业工程档案资料管理的有关规定。（5）工程建设征地补偿和征地手续等已基本处理完毕。（6）工程投资全部到位。（7）竣工决算已经完成并通过竣工审计。

附录一 法律实务部分相关法律、法规及政策性文件

第七章 海上风电项目前期阶段法律手续实务

1. 《中华人民共和国行政许可法》（2004 年 7 月 1 日起施行）
2. 《企业投资项目核准和备案管理条例》（国务院令第 673 号）
3. 《国务院关于发布政府核准的投资项目目录（2016 年本）的通知》（国发〔2016〕72 号）
4. 《企业投资项目核准和备案管理办法》（国家发改委令第 2 号）
5. 《国家发展改革委关于发布项目申请报告通用文本的通知》（发改投资〔2017〕684 号）
6. 《中华人民共和国海域使用管理法》（2002 年 1 月 1 日起施行）
7. 《海域使用权管理规定》（国海发〔2006〕27 号）
8. 《国家海洋局关于进一步规范海上风电用海管理的意见》（国海规范〔2016〕6 号）
9. 《海上风电开发建设管理办法》（国能新能〔2016〕394 号）
10. 《海域使用论证技术导则》（国海发〔2010〕22 号）
11. 《中华人民共和国环境影响评价法》（2018 年 12 月 29 日修订版）
12. 《中华人民共和国海洋环境保护法》（2017 年 11 月 4 日修订版）
13. 《中华人民共和国防治海洋建设工程项目污染损害海洋环境管理条例》（国务院令第 475 号）
14. 《国务院关于印发清理规范投资项目报建审批事项实施方案的通知》（国发〔2016〕29 号）
15. 《建设项目环境影响评价技术导则总纲》（HJ 2.1—2016）
16. 《建设项目环境影响评价分类管理名录》（环境保护部令第 44 号 2018 年 4 月 28 日修改版）
17. 《建设项目环境影响登记表备案管理办法》（环保部令第 41 号）
18. 《环境保护部审批环境影响评价文件的建设项目目录（2015 年本）》（环境保护部公告 2015 年第 17 号）
19. 《建设项目环境影响评价文件分级审批规定》（环境保护部令第 5 号）
20. 《关于印发〈海洋工程环境影响评价管理规定〉的通知》（国海环字〔2008〕367 号）
21. 《国家海洋局关于加强海洋工程建设项目环境影响评价公示工作的通知》（国海

环字〔2013〕49 号）

22.《国家海洋局关于进一步加强海洋工程建设项目和区域建设用海规划环境保护有关工作的通知》（国海环字〔2013〕196 号）

23.《铺设海底电缆管道管理规定》（国务院令第 27 号）

24.《铺设海底电缆管道管理规定实施办法》（国家海洋局令第 3 号）

25.《国家海洋局关于铺设海底电缆管道管理有关事项的通知》（国海规范〔2017〕8 号）

26.《国家电网公司电厂接入系统前期工作管理办法》（国家电网公司〔2007〕243 号）

27.《国家能源局关于印发风电开发建设管理暂行办法的通知》（国能新能〔2011〕285 号）

28.《海上风电开发建设管理暂行办法实施细则》（国能新能〔2010〕29 号）

29.《中华人民共和国航道法》（2015 年 3 月 1 日起施行）

30.《中华人民共和国水上水下活动通航安全管理规定》（交通运输部令 2019 年第 2 号）

31.《中华人民共和国海上交通安全法》（2016 年 11 月 7 日修订版）

32.《中华人民共和国内河交通安全管理条例》（国务院令 676 号）

33.《中华人民共和国海事局通航安全评估管理办法》（海通航〔2007〕629 号）

34.《中华人民共和国海事行政许可条件规定》（2018 年 10 月 8 日修订版）

35.《中华人民共和国安全生产法》（2014 年 8 月 31 日修订版）

36.《建设项目安全设施"三同时"监督管理办法》（国家安全监管总局 36 号令，2015 年修改版）

37.《国务院关于进一步加强企业安全生产工作的通知》（国发〔2010〕23 号）

38.《中华人民共和国军事设施保护法》（2014 年 6 月 27 日修订版）

39.《中华人民共和国军事设施保护法实施办法》（国务院、中央军委令第 298 号）

40.《国务院关于印发清理规范投资项目报建审批事项实施方案的通知》（国发〔2016〕29 号）

41.《国家发展改革委重大固定资产投资项目社会稳定风险评估暂行办法》（发改投资〔2012〕2492 号）

42.《中华人民共和国职业病防治法》（2018 年 12 月 29 日修订版）

43.《建设项目职业病防护设施"三同时"监督管理办法》（安监总局 90 号令）

44.《建设项目职业病危害预评价导则》（AQT8009—2013）

45.《职业病危害因素分类目录》（国卫疾控发〔2015〕92 号）

46.《企业投资项目核准和备案管理条例》

47.《福建省人民政府关于印发政府核准的投资项目目录（对接国家 2016 年本）的通知》

48.《海域使用管理法》

49.《海域使用权管理规定》

50.《福建省海域使用管理条例》

51.《自然资源部关于以"多规合一"为基础推进规划用地"多审合一、多证合一"改革的通知》（自然资规〔2019〕2 号）

52.《建设项目用地预审管理办法》

53.《环境保护法》

54.《环境影响评价法》

55.《福建省工业和信息化厅关于做好发电企业并网运行条件确认工作的通知》

56.《国家电网公司电厂接入系统前期工作管理办法》

57.《涉水工程施工通航安全保障方案编制与技术评审管理办法》

58.《建设项目安全设施"三同时"监督管理暂行办法》

59.《国家安全生产监督管理总局令第 77 号》

60.《军事设施保护法》

61.《军事保护法实施办法》

62.《国家发改委重大固定资产投资项目社会稳定风险评估暂行办法》

63.《中华人民共和国职业病防治法》

第八章　海上风电项目建设阶段法律手续实务

1.《海域使用权管理规定》（国海发〔2006〕27 号）

2.《不动产登记暂行条例》（中华人民共和国国务院令第 656 号）

3.《海上风电开发建设管理暂行办法》（国能新能〔2010〕29 号）

4.《中华人民共和国建筑法》（2019 年本）

5.《中华人民共和国水上水下活动通航安全管理规定（中华人民共和国交通运输部令 2019 年第 2 号）》

6.《中华人民共和国海上交通安全法》（2016 年本）

7.《中华人民共和国海事行政许可条件规定》（中华人民共和国交通运输部令 2016 年第 73 号）

8.《铺设海底电缆管道管理规定实施办法》（中华人民共和国国家海洋局令第 3 号）

9.《铺设海底电缆管道管理规定》（中华人民共和国国务院令第 27 号）

10.《国务院关于第二批取消 152 项中央指定地方实施行政审批事项的决定》（国发〔2016〕9 号）

11.《中华人民共和国海域使用管理法》（中华人民共和国主席令第 61 号）

12.《中华人民共和国水上水下活动通航安全管理规定》（中华人民共和国交通运输部令第 69 号）

13.《港口危险货物安全管理规定》（中华人民共和国交通运输部令 2012 年第 9 号）

14.《海域使用管理法》

15.《中华人民共和国土地管理法实施条例》

16.《福建省实施〈中华人民共和国土地管理法〉办法》

17.《海上风电开发建设管理暂行办法》

18.《中华人民共和国水上水下活动通航安全管理规定》

19.《电力工程质量监督实施管理程序（试行）》（中电联质监〔2012〕437号）

20.《风力发电工程质量监督检查大纲》（国家能源局2016年发布）

21.《中华人民共和国消防法》（1998年4月29日中华人民共和国主席令第四号公布）

22.《建设工程消防设计审查验收管理暂行规定》（2020年住建部令第51号）

23.《建设工程消防设计审查验收工作细则》（建科规〔2020〕5号）

24.《防雷装置设计审核和竣工验收规定》（2011年中国气象局第21号令）

25.《中华人民共和国气象法》（1999年10月31日第九届全国人民代表大会常务委员会第十二次会议通过）

26.《气象灾害防御条例》（2010年1月27日中华人民共和国国务院令第570号公布）

27.《用人单位职业病危害因素定期检测管理规范》（安监总厅安健〔2015〕16号）

28.《中华人民共和国职业病防治法》（2018年12月29日中华人民共和国主席令第二十四号）

29.《工作场所职业卫生监督管理规定》（2012年4月27日国家安全生产监督管理总局令第47号）

30.《建设项目海洋环境影响跟踪监测技术规程》（国家海洋局于2002年4月颁布）

31.《环境保护法》（2014年4月24日中华人民共和国主席令第九号）

32.《海洋环境保护法》（2017年11月4日中华人民共和国主席令第81号）

33.《中华人民共和国环境噪声污染防治法》（2018年12月29日中华人民共和国主席令第24号）

34.《中华人民共和国水污染防治法》（2017年6月27日中华人民共和国主席令第70号）

35.《中华人民共和国大气污染防治法》（2015年8月29日中华人民共和国主席令第三十二号）

36.《中华人民共和国土壤污染防治法》（2018年8月31日中华人民共和国主席令第八号）

37.《中华人民共和国固体废物污染环境防治法》（2020年4月29日中华人民共和国主席令第43号）

38.《铺设海底电缆管道管理规定》（1989年2月11日国务院令第27号）

39.《铺设海底电缆管道管理规定实施办法》（1992年8月26日国家海洋局令第3号）

40.《中华人民共和国水上水下活动通航安全管理规定》（中华人民共和国交通运输部令2019年第2号）

41.《风力发电工程施工与验收规范》（住建部2015年12月3日公告第1004号　编号GB/T 51121—2015）

42.《风力发电场项目建设工程验收规程》（发改委2004年3月9日发布编号DL/T 5191—2004）

43. 《电力工程质量监督实施管理程序（试行）》（中电联质监〔2012〕437号）

44. 《用人单位职业病危害因素定期检测管理规范》

45. 《职业病防治法》

46. 《海洋沉积物质量综合评价技术规程》

47. 《中华人民共和国水污染防治法》

48. 《中华人民共和国固体废物污染环境防治法》

49. 《海底电缆管道保护规定》

50. 《中华人民共和国水上水下活动通航安全管理规定》

51. 《地表水环境质量标准》（GB3838—2002）

52. 《污水综合排放标准》（GB8978—1996）

53. 《城乡规划法》

54. 《建筑法》

55. 《建筑工程施工许可管理办法》

56. 《风电开发建设管理暂行办法》

57. 《电力业务许可证管理规定》

58. 《建设项目安全设施"三同时"监督管理暂行办法》

59. 《电力工程质量监督管理规定》

60. 《政府核准的投资项目目录（2016年本）》（国发〔2016〕72号）

61. 《光伏电站项目管理暂行办法》

62. 《分布式光伏发电项目管理暂行办法》

63. 《关于发挥价格杠杆作用促进光伏产业健康发展的通知》（发改价格〔2013〕1638号）

64. 《中华人民共和国消防法》

65. 《中华人民共和国水土保持法》

66. 《水利部关于进一步深化"放管服"改革全面加强水土保持监管的意见》（水保〔2019〕160号文）

67. 《水利部办公厅关于印发生产建设项目水土保持监督管理办法的通知》（办水保〔2019〕172号文）

68. 《铺设海底电缆管道管理规定》

69. 《海上风电开发建设管理实施细则》

70. 《防治海洋工程建设项目污染损害海洋环境管理条例》

71. 《国家发展和改革委员会关于调整光伏发电陆上风电标杆上网电价的通知》

第九章　海上风电项目竣工验收阶段法律手续实务

1. 《海上风电开发建设管理暂行办法》（国能新能〔2010〕29号，2011年7月15日实施）

2. 《GBT51121—2015风力发电工程施工与验收规范》（2016年8月1日起实施）

3. 《住房和城乡建设部办公厅关于国家标准〈海上风力发电工程施工与验收规范（征求意见稿）〉公开征求意见的通知》（2020年7月1日发布）

4. 《国家发展改革委办公厅关于水电站基本建设工程验收管理有关事项的通知》（发改办能源〔2003〕1311号）

5. 《中华人民共和国海洋环境保护法》（2017年修订版）

6. 《防治海洋工程建设项目污染损害海洋环境管理条例》（2018年修订版）

7. 《建设项目竣工环境保护验收管理办法》（国家环境保护总局令第13号）

8. 《生态环境部建设项目环境影响报告书（表）审批程序规定》（生态环境部令第14号）

9. 《中华人民共和国安全生产法》（国家主席令〔2014〕第13号）

10. 《中华人民共和国电力法》（国家主席令〔1995〕第60号，2015年修改）

11. 《中华人民共和国建筑法》（国家主席令〔2011〕第46号）

12. 《中华人民共和国气象法》（国家主席令〔1999〕第23号，2016年修改）

13. 《中华人民共和国防洪法》（国家主席令〔1997〕第88号，2016年修改）

14. 《中华人民共和国防震减灾法》（国家主席令〔2008〕第7号）

15. 《中华人民共和国消防法》（国家主席令〔2008〕第6号）

16. 《中华人民共和国劳动法》（国家主席令〔1994〕第28号，2009年修改）

17. 《中华人民共和国职业病防治法》（国家主席令〔2011〕第52号，2016年修改）

18. 《中华人民共和国特种设备安全法》（国家主席令〔2013〕第4号）

19. 《中华人民共和国消防法》（2019年修订版）

20. 《建设工程消防监督管理规定》（公安部令第106号）

21. 《中华人民共和国档案法》（2020年修订版）

22. 《重大建设项目档案验收办法》（档发〔2006〕2号）

23. 《城市建设档案管理规定》（中华人民共和国建设部令第9号）

24. 《水利工程建设项目档案管理规定》（水办〔2005〕480号）

25. 《建设工程文件归档规范》（GB/T50328—2014）

26. 《建设电子文件与电子档案管理规范》（CJJ/T117）

27. 《电力建设工程施工及验收技术规范》（能源基〔1992〕597号）

28. 《中华人民共和国气象法》（2016年修订版）

29. 《中华人民共和国防雷减灾管理办法》（2013年修订版）

30. 《气象灾害防御条例》（2010年修订版）

31. 《防雷装置设计审核和竣工验收规定》（中国气象局第21号令）

32. 《防雷装置设计审核和竣工验收规定》（中国气象局令第21号）

33. 《建筑物防雷装置检测技术规范》（GB/T21431—2015）

34. 《防雷装置设计审核审批事项服务指南》（2015年修订版）

35. 《中华人民共和国计量法》（2018年修订版）

36. 《中华人民共和国计量法实施细则》（2018年修订版）

37. 《中华人民共和国进口计量器具监督管理办法实施细则》（国家市监总局令第31号）

38. 《建设项目竣工环境保护验收暂行办法》

39. 《中华人民共和国水污染防治法》

40. 《中华人民共和国固体废物污染环境防治法》

41. 《中华人民共和国环境噪声污染防治法》

42. 《建设工程消防监督管理规定》

43. 《消防验收规范标准》

44. 《中华人民共和国大气污染防治法》

45. 《建设项目环境保护管理条例》

46. 《中华人民共和国水土保持法》

47. 《中华人民共和国消防法》

48. 《行政处罚法》

49. 《土地管理法》

50. 《建设用地审查报批管理办法》

51. 《政府核准的投资项目目录（2016 年本）》（国发〔2016〕72 号）

52. 《城乡规划法》

53. 《建设项目安全设施"三同时"监督管理暂行办法》

54. 《建筑工程施工许可管理办法》

附录二 海上风电项目开发建设法律手续流程图

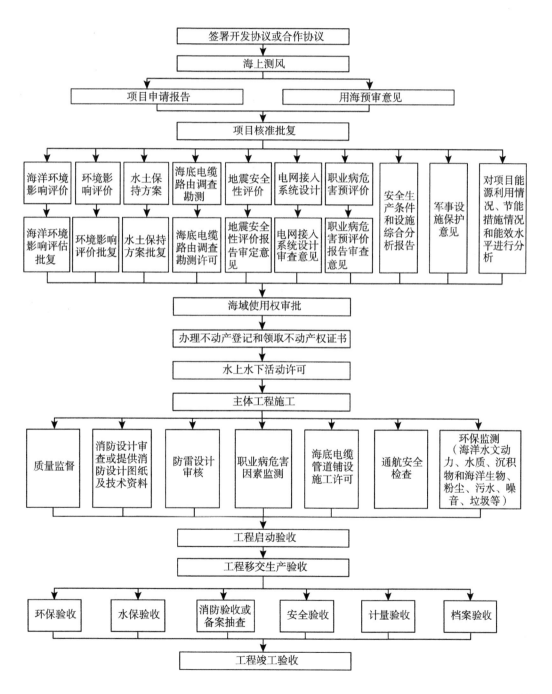

附录三　海上风电项目开发建设法律手续清单

项目名称：　　　　　　　　　　　　　　　装机规模：

开发主体：　　　　　　　　　　　　　　　制表时间：

阶段		应办手续	是否适用	是否完成	取得的法律手续	审批部门	结论	备注	说明
前期	海上风电项目前期	用海预审	是( )否( )	是( )否( )					
		项目核准	是( )否( )	是( )否( )					
		海洋环境影响评价	是( )否( )	是( )否( )					
		环境影响评价	是( )否( )	是( )否( )					
		水土保持方案	是( )否( )	是( )否( )					
		海底电缆路由调查勘测	是( )否( )	是( )否( )					
		地震安全性评价	是( )否( )	是( )否( )					
		电网接入系统设计	是( )否( )	是( )否( )					
		职业病危害预评价	是( )否( )	是( )否( )					
		军事设施保护意见	是( )否( )	是( )否( )					
		能源利用、节能措施和能效水平分析	是( )否( )	是( )否( )					
		安全生产条件和设施综合分析报告	是( )否( )	是( )否( )					
		其他法律手续	是( )否( )	是( )否( )					
	送出工程前期（如涉及）	建设项目用地预审和选址意见	是( )否( )	是( )否( )					
		送出工程项目核准	是( )否( )	是( )否( )					
		环境影响评价	是( )否( )	是( )否( )					
		水土保持方案	是( )否( )	是( )否( )					
		电网接入系统设计	是( )否( )	是( )否( )					
		文物保护调查	是( )否( )	是( )否( )					
		矿产压覆查询	是( )否( )	是( )否( )					
		军事设施保护意见	是( )否( )	是( )否( )					
		地质灾害危险性评估	是( )否( )	是( )否( )					
		安全生产条件和设施综合分析报告	是( )否( )	是( )否( )					
		其他法律手续	是( )否( )	是( )否( )					

续表

阶段		应办手续	是否适用	是否完成	取得的法律手续	审批部门	结论	备注	说明
建设期	施工准备期	海域使用权审批	是( )否( )	是( )否( )					
		工程规划许可	是( )否( )	是( )否( )					
		水上水下活动许可	是( )否( )	是( )否( )					
		消防设计审查或提供消防设计图纸及技术资料	是( )否( )	是( )否( )					
		防雷设计审核	是( )否( )	是( )否( )					
		取水用水手续	是( )否( )	是( )否( )					
	主体工程施工期	质量监督	是( )否( )	是( )否( )					
		技术监督	是( )否( )	是( )否( )					
		水保监测	是( )否( )	是( )否( )					
		职业病危害因素监测	是( )否( )	是( )否( )					
		海洋水文动力监测	是( )否( )	是( )否( )					
		水质监测	是( )否( )	是( )否( )					
		沉积物和海洋生物监测	是( )否( )	是( )否( )					
		粉尘监测	是( )否( )	是( )否( )					
		污水监测	是( )否( )	是( )否( )					
		噪音监测	是( )否( )	是( )否( )					
		垃圾监测	是( )否( )	是( )否( )					
		光污染监测	是( )否( )	是( )否( )					
	工程启动验收	质量监督机构验收	是( )否( )	是( )否( )					
		并网调度协议	是( )否( )	是( )否( )					
		电价文件	是( )否( )	是( )否( )					
		并网启动验收	是( )否( )	是( )否( )					
		高压供用电合同	是( )否( )	是( )否( )					
		购售电合同	是( )否( )	是( )否( )					
	工程移交生产验收	工程移交生产验收	是( )否( )	是( )否( )					

续表

阶段		应办手续	是否适用	是否完成	取得的法律手续	审批部门	结论	备注	说明
运营期	专项验收	环保验收	是( )否( )	是( )否( )					
		水保验收	是( )否( )	是( )否( )					
		安全验收	是( )否( )	是( )否( )					
		消防验收或备案抽查	是( )否( )	是( )否( )					
		计量验收	是( )否( )	是( )否( )					
		档案验收	是( )否( )	是( )否( )					
	工程竣工验收	工程竣工验收	是( )否( )	是( )否( )					
		不动产产权手续	是( )否( )	是( )否( )					
		电力业务许可	是( )否( )	是( )否( )					

参 考 文 献

一、著作

[1] 毛金生．风力发电行业专利分析［M］．北京：知识产权出版社，2012.

[2] 赵万清，王晖．风电场评估与开发［M］．北京：中国电力出版社，2019.

[3] 李俊峰，时璟丽，施鹏飞，喻捷．风力12在中国［M］．北京：化学工业出版社，2005.

[4] 肖创英．欧美风电发展的经验与启示［M］．北京：中国电力出版社，2010.

[5] 康宁．无限的原始能源风能［M］．北京：北京工业大学出版社，2015.

[6] 肖松，刘艳娜．风资源评估及风电场选址实例［M］．沈阳：东北大学出版社，2016.

[7] 王民浩，易跃春，陈观福，李伟宏．中国风电场工程建设标准与成果汇编［M］．北京：中国水利水电出版社，2009.

[8] 方创琳．中国城市化进程的能源保障与风电产业发展格局［M］．北京：中国经济出版社，2014.

[9] 袁越，严慧敏，张钢，等．海上风力发电技术［M］．南京：河海大学出版社，2014.

[10] 赵振宇，朱茳．中国风电产业链发展研究［M］．北京：中国电力出版社，2015.

[11] 李晓霞，刘蕴博．海上风电场建设指南［M］．武汉：湖北科学技术出版社，2016.

[12] 郭咸纲．西方管理学说史［M］．北京：中国经济出版社，2003.

[13] 周三多．管理学．原理与方法（第五版）［M］．上海：复旦大学出版社，2009.

[14] 赵宏中．公共关系学［M］．武汉：武汉理工大学出版社，2006.

[15] 周三多，陈传明，鲁明泓编著．管理学——原理与方法（第3版）［M］．上海：复旦大学出版社，1999.

[16] 芮明杰．管理学：现代的观点［M］．上海：上海人民出版社，2006.

[17] 芦艳荣．信息化背景下的政府采购问题研究［M］．北京：国家行政学院出版社，2012.

[18] 丁煌．西方行政学史（修订版）［M］．武汉：武汉大学出版社，1999.

[19] 王玉荣，葛新红．流程管理（第5版）［M］．北京：北京大学出版社，2016.

[20] 王璞．流程再造［M］．北京：中信出版社，2005.

[21] 钱学森．论系统工程：新世纪版［M］．上海：上海交通大学出版社，2007.

[22] 贾长松．企业组织系统［M］．北京：北京大学出版社，2014.

[23] 吴之明，卢有杰．项目管理引论［M］．北京：清华大学出版社，2000.

[24] 王璞，何平．组织结构设计咨询实务［M］．北京：中信出版社，2003.

[25] 孙成志．管理学［M］．大连：东北财经大学出版社，2001．

[26] 朱舟，周健临．管理学教程［M］．上海：上海财经大学出版社，2017．

[27] 姚玲珍．工程项目管理学［M］．上海：上海财经大学出版社，2003．

[28] 赵西萍，宋合义，梁磊．组织与人力资源管理［M］．西安：西安交通大学出版社，1999．

[29] 孙成志，刘明霞．管理学（第五版）［M］．大连：东北财经大学出版社，2014．

[30] 吴鸿，唐建荣．管理学原理［M］．天津：南开大学出版社，2015．

[31] 姬定中，张俊杰．管理学（第三版）［M］．北京：科学出版社，2015．

[32] 厉伟，胡兴球，杨恺钧．管理学［M］．南京：南京大学出版社，2017．

[33] 叶龙，郭名．管理学（第三版）［M］．北京：中国铁道出版社，2020．

[34] 张昕，李泉．行政组织学［M］．北京：中国人民大学出版社，2011．

[35] 孙柏瑛，祁凡骅．公共部门人力资源开发与管理（第四版）［M］．北京：中国人民大学出版社，2016．

[36] 周三多，陈传明，刘子馨，贾良定．管理学——原理与方法（第七版）［M］．上海：复旦大学出版社，2018．

[37] 余凯成，程文文，陈维政．人力资源管理［M］．大连：大连理工大学出版社，1999．

[38] 吴国存，谢晋宇．公司人力资源开发与管理［M］．天津：南开大学出版社，1995．

[39] 陈树文，乔坤．人力资源管理［M］．北京：清华大学出版社，2010．

[40] 张俊杰．管理学（第三版）［M］．北京：科学出版社，2015．

[41] 邹莹．人力资源管理［M］．上海：上海财经大学出版社，2019．

[42] 朱舟，周健临．管理学教程［M］．上海：上海财经大学出版社，2017．

[43] 冯虹．现代企业人力资源管理［M］．北京：经济管理出版社，1997．

[44] 龙晓云．绩效优异评估标准［M］．北京：中国标准出版社，2002．

[45] 魏均．绩效指标设计方法［M］．北京：北京大学出版社，2006．

[46] 陈胜军．周边绩效理论与实践［M］．北京：对外经贸大学出版社，2007．

[47] 颜世富．绩效管理［M］．北京：机械工业出版社，2008．

[48] 张磊．国有企业领导班子和领导人员考评探究——以国家电网省级电力公司为例［M］．北京：人民出版社，2018．

[49] 赵曙明，赵宜萱．薪酬管理——理论、方法、实务［M］．北京：人民邮电出版社，2018．

[50] 方振邦，刘琪．绩效管理——理论、方法与案例［M］．北京：人民邮电出版社，2018：170-171．

[51] 中国档案学会外国档案学术委员会．《文件与档案管理规划》报告选编［M］．北京：档案出版社，1990．

[52] 刘家真．电子文件管理理论与实践［M］．北京：科学出版社，2003．

[53] 周耀林，王艳明．电子文件管理概论［M］．武汉：武汉大学出版社，2016．

[54] 刘越男．建立新秩序——电子文件管理流程研究［M］．北京：中国人民大学出版社，2005．

[55] 何静 . 核电企业文档知识资源建设探索 [G] //国家档案局 . 档案管理与利用——方法技术实践：国家档案局档案科学技术研究所专题资料汇编 . 北京：中国文史出版社，2013.

[56] 居延安 . 公共关系学 [M]. 上海：复旦大学出版社，2013.

[57] 周安华 . 公共关系理论、实务与技巧 [M]. 北京：中国人民大学出版社，2019.

[58] 郑杭生 . 社会学概论新修 [M]. 北京：中国人民大学出版社，2014.

[59] 林祖华 . 公共关系学 [M]. 北京：中国时代经济出版社，2002.

[60] 赵宏中 . 公共关系学 [M]. 武汉：武汉理工大学出版社，2006.

[61] 臧乐源 . 人际关系学 [M]. 天津：天津人民出版社，1990.

[62] 李元授 . 交际艺术品评 [M]. 武汉：华中理工大学出版社，1997.

[63] 肖松，刘艳娜 . 风资源评估及风电场选址实例 [M]. 沈阳：东北大学出版社，2016.

[64] 王民浩主编，易跃春，陈观福，李伟宏副主编 . 中国风电场工程建设标准与成果汇编 [M]. 北京：中国水利水电出版社，2009.

[65] [美] 加里·德斯勒，曾湘泉 . 人力资源管理（第10版）[M]. 北京：中国人民大学出版社，2007.

[66] [美] 劳伦斯·S. 克雷曼 . 人力资源管理：获取竞争优势的工具 [M]. 北京：机械工业出版社，1999.

[67] [美] 丹尼尔·A. 雷恩 . 管理思想史 [M]. 北京：中国人民大学出版社，2009.

[68] [美] F·W. 泰勒 . 科学管理原理 [M]. 胡隆昶等译 . 北京：中国社会科学出版社，1984.

[69] [美] 卡斯特，罗森茨韦克 . 组织与管理：系统方法与权变方法 [M]. 傅严等译 . 北京：中国社会科学出版社，2000.

[70] [美] 丹尼尔·A. 雷恩著 . 管理思想的演变（第四版）[M]. 李驻流等译 . 北京：中国社会科学出版社，1997.

[71] [美] 加布里埃尔·A. 阿尔蒙德，小G. 宾厄姆·鲍威尔著，比较政治学——体系、过程和政策 [M]. 曹沛霖等译 . 上海：上海译文出版社，1987.

[72] [美] 戴维·伊斯顿著 . 政治生活的系统分析 [M]. 王浦劬等译 . 北京：华夏出版社，1998.

[73] [美] 哈罗德·孔茨，海因茨·韦里克著 . 管理学（第十版）[M]. 张晓君等编译 . 北京：经济科学出版社，1998.

[74] [美] 弗莱蒙特·E. 卡斯特，詹姆斯·E. 罗森茨韦克 . 组织与管理：系统与权变方法（第四版）[M]. 傅严等译 . 北京：中国社会科学出版社，2000.

[75] [美] 戴维·奥斯本，特德·盖布勒 . 改革政府：企业精神如何改革着公营部门 [M]. 东方编译所编译 . 上海：上海译文出版社，1996.

[76] [美] 弗雷德里克·泰勒 . 科学管理原理 [M]. 北京：机械工业出版社，2013.

[77] [法] 亨利·法约尔 . 工业管理与一般管理 [M]. 北京：中国社会科学出版社，1998.

[78] [英] 安东尼·吉登斯. 资本主义与现代社会理论——对马克思、涂尔干和韦伯著作的分析 [M]. 上海：上海译文出版社，2013.

[79] [美] 乔治·埃尔顿·梅奥. 工业文明的社会问题 [M]. 北京：机械工业出版社，2016.

[80] [美] 切斯特·巴纳德. 经理人员的职能 [M]. 北京：机械工业出版社，2013.

[81] [美] 弗里蒙特·E. 卡斯特，詹姆斯·E. 罗森茨韦克. 组织与管理——系统方法与权变方法 [M]. 北京：中国社会科学出版社，1985.

[82] [美] W. 理查德·斯科特，杰拉尔德·F. 戴维斯. 组织理论：理性、自然与开放系统的视角 [M]. 北京：中国人民大学出版社，2011.

[83] [美] 艾尔弗雷德·钱德勒. 战略与结构——美国工商企业成长的若干篇章 [M]. 昆明：云南人民出版社，2002.

[84] [英] 奈杰尔·尼科尔森. 布莱克韦尔组织行为学百科词典 [M]. 北京：对外经济贸易大学出版社，2003.

[85] [美] 伊查克·爱迪思. 企业生命周期 [M]. 北京：中国人民大学出版社，2017.

[86] [美] 理查德·L. 达夫特，多萝西·马西克. 管理学原理（第 10 版）[M]. 北京：机械工业出版社，2018.

[87] [美] 斯蒂芬·P. 罗宾斯，蒂莫西·A. 贾奇. 组织行为学（第 14 版）[M]. 北京：清华大学出版社，2012.

[88] [美] 哈罗德·孔茨，海因茨·韦里克. 管理学（第九版）[M]. 北京：经济科学出版社，1993.

[89] [美] 彼得·德鲁克. 管理的实践 [M]. 北京：机械工业出版社，2006.

[90] [美] 彼得·德鲁克. 公司绩效测评 [M]. 北京：中国人民大学出版社，哈佛商学院出版社，1999.

[91] [美] 弗雷泽·P. 西泰尔. 公共关系实务 [M]. 潘艳丽，吴秀云译. 北京：清华大学出版社，2017.

[92] [美] 斯科特·卡特利普，艾伦·森特. 有效的公共关系 [M]. 明安香译. 北京：华夏出版社，2002.

[93] Paul E. McMahon. 虚拟项目管理 [M]. 北京：中国机械出版社，2004.

[94] Pfeffer, J. and Salancik, G. R. The External Control of Organizations：A Resource Dependence Perspective [M]. New York：Harper & Row，1978.

[95] French, W. L. Human Resources Management [M]. Boston：Houghton Mifflin Company，1986.

[96] Robert L. Mathis, John H. Jackson. Human Resource Management Thirteenth Edition [M]. SOUTH-WESTEM CENGAGE Learning，2010.

[97] Bernardin, H. J., & Beatty, R. W.. Performance appraisal：Assessing human behavior atwork [M]. Boston：Kent，1984.

[98] Henry Mintzberg. The Structuring of Organizations [M]. NJ：Prentice Hall，1979.

二、期刊论文

[1] 张庆阳，郭家康．世界风能强国发展风电的经验与对策 [J]．中外能源，2015（6）．

[2] 夏云峰．德国陆上风电发展现状 [J]．风能，2018（10）．

[3] 涂波．风电项目开发前期工作浅谈 [J]．低碳世界，2019（11）．

[4] 高煜坤，李杨，王辉．浅谈风电项目环境影响评价中风电场选址的论证条件 [J]．资源节约与环保，2014（4）．

[5] 杨丽娜．我国风电产业链发展现状 [J]．风能，2016（1）．

[6] 骆川．浅析我国风电行业发展现状 [J]．数码设计（下），2019（2）．

[7] 威廉·G．大内，阿尔弗雷德·H．耶格．Z 型组织：流动性中的稳定性 [J]．管理评论，1978（4-3）．

[8] 哈罗德·孔茨．管理理论丛林 [J]．管理学术杂志，1961（11-3）．

[9] 叶克林．现代结构功能主义：从帕森斯到博斯科夫和利维——初论美国发展社会学的主要理论流派 [J]．学海，1996（6）．

[10] 刘慧龙，王成方，吴联生．决策权配置、盈余管理与投资效率 [J]．经济研究，2014（8）．

[11] 彼得·德鲁克，许是祥．卓有成效的管理者 [J]．当代电力文化，2013（6）．

[12] 林毅夫．信息化——经济增长新源泉 [J]．科技与企业，2003（8）．

[13] 雷壮吉．浅谈戴明环循环的管理模式 [J]．石油库与加油站，2004（2）．

[14] 赵宝．迈克尔·哈默与业务流程再造 [J]．企业管理，2003（12）．

[15] 赵中建．戴明的质量管理思想及其在教育中的应用 [J]．外国教育资料，1998，27（1）．

[16] 赵涛．基于戴明环的企业质量信息管理研究 [J]．低温与超导，2009，37（2）．

[17] 张志刚，黄解宇，岳澎．流程管理发展的当代趋势 [J]．现代管理科学，2008（1）．

[18] 柴天佑．生产制造全流程优化控制对控制与优化理论方法的挑战 [J]．自动化学报，2009，35（6）．

[19] 刘飚，蔡淑琴，郑双怡．业务流程评价指标体系研究 [J]．华中科技大学学报（自然科学版），2005（4）．

[20] 黄崴．西方古典组织理论及其模式在教育管理中的运用与发展 [J]．华南师范大学学报（社会科学版），2000（6）．

[21] 侯光明．面向中国创新发展实践的组织管理系统学构建思考 [J]．中国软科学，2018（7）．

[22] 李靖．基于人性假设视角的组织管理理论梳理研究 [J]．华东经济管理，2009，23（12）．

[23] 王炳成，丁浩．员工考核方法对组织绩效的影响研究——以组织结构为调节变量 [J]．南大商学评论，2012，9（2）．

[24] 侯光明．面向中国创新发展实践的组织管理系统学构建思考 [J]．中国软科学，2018（7）．

[25] 李隽，李新建，王玉姣．人力资源管理角色研究述评［J］．外国经济与管理，2011（4）．

[26] 曹仓．管理组织中的熵定律及其对组织管理的影响［J］．经济问题，2000（1）．

[27] 沈波，李岩．经济全球化时代的企业管理组织变革与创新趋势以及对我们的启示［J］．南京社会科学，2001（S2）．

[28] 李安邦．浅谈"经营管理"的客观必然性［J］．贵州社会科学，1985（6）．

[29] 赵曙明，张敏，赵宜萱．人力资源管理百年：演变与发展［J］．外国经济与管理，2019，41（12）．

[30] 任萍，刘国亮．我国企业人力资源管理存在的问题与对策［J］．经济纵横，2016（5）．

[31] 朱斌，张佳良，范雪灵，刘军．匹配观视角下的战略人力资源管理模式——碧桂园集团人力资源管理之道解析［J］．管理学报，2020，17（6）．

[32] 赵晓理．新时代下人力资源管理存在的问题及其完善对策［J］．吉首大学学报（社会科学版），2018，39（S2）．

[33] 刘翔宇，李新建，曹霞．多重匹配下柔性人力资源管理构型与组织成长性绩效——技能延展力的中介作用［J］．科技进步与对策，2019，36（16）．

[34] 李天勇．基于平衡计分卡的政府绩效评估研究［J］．山东社会科学，2019（9）．

[35] 张勇．职位评价方案的设计与实施［J］．中国人力资源开发，2006（7）．

[36] 方雯，闫双营．民营企业职位评价体系的构建与应用［J］．中国人力资源开发，2013（5）．

[37] 张维东．企业绩效评估问题分析及对策［J］．山西财经大学学报，2011，33（S4）．

[38] 吴品才．半现行文件的科学处置：三者并存［J］．北京档案，1998（12）．

[39] 李晓玲．电子时代文档一体化的新走向［J］．科技情报开发与经济，2005，15（13）．

[40] 唐姝．国有企业文档一体化发展的问题研究［J］．黑龙江档案，2019（3）．

[41] 冯静．知识管理环境下企业文档一体化研究［J］．中国管理信息化，2018，21（17）．

[42] 徐平，王小明，宋战旺．压覆矿产资源储量的技术要点与程序设计［J］．矿业研究与开发，2013（2）．

[43] 周自强，陈豫津．生产建设项目水土保持方案编制工作的思考［J］．中国水土保持，2019（2）．

[44] 方韬．英国海上风电发展模式及借鉴意义［J］．中国能源，2014，36（12）．

[45] 高煜坤，李杨，王辉．浅谈风电项目环境影响评价中风电场选址的论证条件［J］．资源节约与环保，2014（4）．

[46] 刘佰琼，徐敏，刘晴．我国海上风电发展的主要问题与对策建议［J］．海洋开发与管理，2015，32（3）．

[47] 刘慧龙，王成方，吴联生．决策权配置、盈余管理与投资效率［J］．经济研究，2014（8）．

[48] 五项船舶能效相关标准出台［J］．品牌与标准化，2014（7）．

[49] 中国新能源"风""光"走出去 [J]. 广西节能, 2020 (3).

[50] 娄奇鹤, 谢国辉, 李娜娜. 平价上网时代新能源发电经济性分析和发展趋势 [J]. 中国电力, 2019, 52 (12).

[51] 李昊璋, 刘苹元, 王锦鸿, 张翼鹏, 陈剑波. 我国风电产业的发展现状分析及未来展望 [J]. 机电信息, 2020 (21).

[52] 贺德馨. 风能技术可持续发展综述 [J]. 电力设备, 2008 (11).

[53] 叶军, 仲雅娟. 海上风能利用及其成本分析综述 [J]. 太阳能, 2018 (6).

[54] 郑培金. 经济发展新常态下的土地利用计划管理研究 [J]. 工程技术 (全文版).

[55] 王诗思. 土地利用年度计划的管理变革 [J]. 中国土地, 2020.

[56] 牛海鹏, 张安录. 耕地利用效益体系重构及其外部性分析 [J]. 中国土地科学, 2009, 23 (9).

[57] 龙浩, 张春雨. 土地法律责任问题探析 [J]. 中国土地, 2003, 01 (1).

[58] 曹燕杰. 论项目建议书和可行性研究在项目管理中的重要性 [J]. 经济师, 2017 (5).

[59] 杨贞贞. 浅析当前建设项目用地预审工作现状及对策 [J]. 农村经济与科技, 2017, 28 (19).

[60] 罗天发. 会理风电场使用林地法律政策风险和防范化解措施刍议 [J]. 四川林勘设计, 2019 (3).

[61] 肖君, 张雁. 规范用地管理 助力脱贫攻坚——解读《关于规范我区光伏发电站用地管理的通知》[J]. 南方国土资源, 2018, 189 (9).

[62] 唐明良, 骆梅英. 地方行政审批程序改革的实证考察与行政法理——以建设项目领域为例 [J]. 法律科学: 西北政法学院学报, 2016 (5).

[63] 张耀宇, 陈会广, 林奕冉. 土地违法行为是一种"堤内损失堤外补"的策略吗?——基于审批约束与效率损失的研究视角 [J]. 上海财经大学学报 (哲学社会科学版), 2017, 019 (006).

[64] Lawrence T B. Institutional Strategy [J]. Journal of Management, 1999, 25 (2).

[65] Carvalho MMD, Patah L A, De Souza Bido D. Project management and its effects on project success: Cross-country and cross-industry comparisons [J]. International Journal of Project Management, 2015, 33 (7).

[66] Lippitt, Gordon L. and Warren H. Schmidt. Crises in a Developing Organization [J]. Harvard Business Review, 1967.

[67] LuisL. Martins, Lucy L. Gilson, M. Travis Maynard, Virtual Teams: What Do We Know and Where Do We Go From Here? [J]. Journal of Management, 2004 (30).

[68] Takeuchi, R., Chen, G., & Lepak, D. P.. Through the Looking Glass of a Social System: Cross-level Effects of High-performance Work Systems on Employees' Attitudes [J]. Personnel Psychology, 2009 (62).

[69] Paul M. Romer. Increasing Returns and Long-Run Growth [J]. Journal of Political Economy, 1986 (5).

［70］Kristof Brown A. L. , Zimmerman R. D. , Johnson E. C. . Consequence of Individuals'Fit at Work: A Meta-analysis of Person-Job, Person-Organization, Person-Group and Person-Supervisor Fit ［J］. Personnel Psychology, 2005, 58 (2).

［71］Elaine D. Pulakos, Neal Schmitt, David W. Dorsey, Sharon Arad, Walter C. Borman&Jerry W. Hedge. Predicting adaptive performance: future tests of a model of adaptability ［J］. In Human Performance, 2002 (15).

后　记

　　本书是长期实践积累、大规模调研与理论分析的产物。中国三峡新能源（集团）股份有限公司基于项目开发建设管理科学化、规范化的实际需要，开展新能源项目开发建设法律事务标准化建设工作，刘继瀛先生不断积累与总结实践经验，结集形成了《新能源项目用地法律指引》《新能源项目开发建设法律指引》《海上风电项目开发建设法律指引》等创新作品，为书稿的撰写，尤其是架构搭建奠定了重要实践基础。由于新能源项目国家政策多变，且开发建设所在区域多为偏远荒僻之地，不同项目开发建设法律手续构成、操作流程及其具体政策要求不尽相同。为了尽量多搜集实践资料，在中国三峡新能源（集团）股份有限公司的支持下，本书撰写组成员远赴江苏盐城，安徽淮南、桐城、巢湖，云南昆明以及贵州普安多地，经由重点访谈、集体座谈和实地考察，搜集数十万字的一手资料和图片。在此基础上，本书撰写组成员理论联系实际，运用管理学基本原理，立足于实践，尤其是紧扣我国相关领域法律与政策发展趋势，为实现海上风电项目开发建设法律手续管理科学化、规范化、标准化，完成了这本具有一定开创性质、国内首创的专业著作。

　　本书是项目组成员共同努力的结晶。陈世香、刘继瀛和潘晔华共同完成了本书提纲的拟定和书稿的修订、定稿工作。其中，陈世香、刘继瀛完成了本书序言、后记的撰写和书稿的整体规划工作。其余各章分工如下：第一章陈世香、李帅；第二章陈世香、吕志杰；第三章陈世香、魏元琳、向淼；第四章陈世香、徐蕾；第五章黄菁、潘晔华；第六章潘晔华、陈世香；第七章刘继瀛、肖丽芬；第八章刘继瀛、张家雪；第九章刘继瀛、魏元琳、何芳艳。此外，庞子玥、冯柯铭、鲍子欣分别参与了第七至九章的撰写工作。同时需要特别致谢中国三峡新能源（集团）股份有限公司刘兵、杨振峰、陈华、陈华准等专家为本书提供的专业支持和宝贵建议。